ULLSTEIN

Das Buch

Mit ihrer witzigen und frechen Art hat »Ally McBeal« die Herzen von Millionen Fans erobert. Als charmante, aber eiserne Bostoner Anwältin ist Ally nie um eine Verhandlungsstrategie verlegen, ob sie nun einen Baum vertritt oder Gott verklagt. Doch das Privatleben des notorischen Großstadtsingles sieht anders aus: Auf ihrer Suche nach Mr. Right muss Ally von misslungenen One-Night-Stands bis zu schmerzlichen Debakeln mit verheirateten Männern alles ertragen. An eines aber glaubt sie ganz fest: die ewige Liebe.
Ulrich Hoffmann verrät Ihnen, was Sie über diese einmalige Serie wissen müssen: Werfen Sie einen Blick hinter die Kulissen, lesen Sie alles über den Produzenten David E. Kelley und die Musik von Vonda Shepard. Erfahren Sie die Hintergründe von Elaines phantastischen Erfindungen und reisen Sie in das Hollywood-Studio von »Ally McBeal«.

Der Autor

Ulrich Hoffmann arbeitet seit 15 Jahren als freier Journalist, Autor und Übersetzer. Sein Spezialgebiet ist Entertainment. Er war u. a. als Redakteur der Fachzeitschrift »Cinema« und als freier Mitarbeiter von »Hörzu«, »TV Movie«, »Online Today«, »TV Spielfilm« und »Bild« tätig. Zusammen mit seiner Frau Carolin, dem größten »Ally«-Fan der Welt, lebt er in Hamburg und Kalifornien.

Ulrich Hoffmann

Ally McBeal

Alle Folgen, alle Facts und die besten Sprüche

Ullstein

Hinweis

Die Zitate im Kapitel »Die neuen Folgen: alle Geheimnisse der dritten Staffel« sind direkte Übersetzungen aus dem Amerikanischen und folgen somit nicht den deutschen Dialogbüchern (sie lagen bei Redaktionsschluss noch nicht vor). Die deutschen Titel der Folgen 3.19, 3.20, 3.21 standen bei Redaktionsschluss noch nicht fest.

Der Ullstein Taschenbuchverlag ist ein Unternehmen der
Econ Ullstein List Verlag GmbH & Co. KG, München
Originalausgabe
4. Auflage 2001

Umschlagkonzept: Lohmüller Werbeagentur GmbH & Co. KG, Berlin
Umschlaggestaltung: DYADEsign, Düsseldorf
Titelabbildung: action press, Hamburg
Gesetzt aus der MetaPlusNormal und Trixie
Satz: Josefine Urban – KompetenzCenter, Düsseldorf
Druck und Bindearbeiten: Ebner Ulm
Printed in Germany
ISBN 3-548-25068-8

für carolin

für immer

Inhalt

Vorwort: Alles nur aus Liebe

Typisch Ally McBeal! Anfangs mochte ich die neue TV-Serie um die junge Anwältin aus Boston gar nicht. Ich habe bloß meiner Frau Carolin zuliebe mitgeguckt. (Und um ganz ehrlich zu sein, vor allem auch, damit sie die Serie nicht mit einem anderen Mann, einem erklärten Ally-Fan, anschaute: eine typische Ally-Motivation.)

Die erste Staffel fand ich noch recht normal. Voice overs hin, »Dancing Baby« her, ich konnte mich nicht gerade mit Ally identifizieren. Die zweite Staffel – in der Nelle und Ling dazukamen und die Beziehungen zwischen den Personen absurder, intensiver und insgesamt liebevoller wurden – gefiel mir schon besser. Ally selbst hatte anfangs immer bloß genörgelt und gequengelt, nun bekam sie tatsächlich einen eigenen Charakter. John Cage wandelte sich vom Bürogespött zu einer liebevollen Karikatur von jedermanns Schwächen. Die eiskalte Nelle zeigte plötzlich Herz und tat sich mit dem schrulligen John zusammen. Der zynische Richard Fish verliebte sich unerwartet in die heißkalte Ling. Und das Liebeskarussell mit Ally, Billy und Georgia an Bord drehte sich immer schneller – bis es einem vorkam wie im wirklichen Leben.

Und dann sah ich in den USA die dritte Staffel; sie startet in Deutschland voraussichtlich am 5. September 2000. Die dritte Staffel hat mich süchtig gemacht. Denn die neuen Folgen sind ein aberwitziger, temporeicher Mix aus Liebe, Sex, Drama, Komödie, Tragödie, Seifenoper und exzentrischem Justiz-Krawall. »Ally McBeal« ist nach nur drei Jahren zu einer der besten TV-Serien aller Zeiten herangewachsen.

Inzwischen kann ich mir eine Woche ohne Ally kaum mehr vorstellen. Weil mir die Serie gefällt. Weil die Serie immer eigenwilliger und besser wird. Und natürlich, um meiner Frau Carolin eine Freude zu machen. Das ist der Unterschied zwischen TV und Wirklichkeit: Wir schauen uns die Leiden der Single-Frau Ally McBeal zu zweit an und denken nicht gerade wehmütig zurück.

Auf den folgenden Seiten wollen wir unser Fachwissen – und unsere Begeisterung – mit Ihnen teilen!

Ein ganz besonders dickes Dankeschön gebührt dafür auch den Ally-Fachleuten Dana Bonistalli, Tony C. und Ansgar Pein, die viele Fakten und Zitate überprüften!

Dieses Fanbuch wendet sich sowohl an Fans der ersten Stunde wie auch an alle Neueinsteiger. Aber Vorsicht: In diesem Buch stehen viele so genannte »Spoiler« – Infos aus der dritten Staffel (und z. T. sogar darüber hinaus)!

Um Ihnen nicht die Spannung zu nehmen, haben wir die vollständigen Inhaltsangaben der einzelnen Folgen deutlich abgesetzt gedruckt, damit sie auf Wunsch leichter zu überspringen sind. Die Kurzinhalte der jeweiligen Folgen entsprechen in etwa den Informationen, die Sie ohnehin in Ihrer Fernsehzeitschrift finden werden.

Dennoch werden Sie auch in anderen Kapiteln hier und dort auf Tatsachen stoßen, die Hinweise auf den weiteren Verlauf der Serie geben. Wenn Sie also lieber langweilig auf der Couch sitzen, nichts wissen und sich komplett berieseln lassen wollen, legen Sie dieses topaktuelle Buch bitte beiseite und lesen Sie erst nach Ausstrahlung der dritten Staffel weiter!

Für alle anderen gilt: Keine Sorge – Sie erfahren in diesem Buch nichts, was Ihnen den Spaß an »Ally McBeal« nehmen wird. Im Gegenteil: Je mehr Sie wissen, desto mehr Details werden Sie bemerken!

Ich verspreche Ihnen: Der Blick hinter die Kulissen lohnt sich! Selbst mich als alten Kino- und TV-Spezialisten hat manches an der Entstehung von »Ally McBeal« verblüfft und begeistert. Die Serie wird von einem einzigen Autor verfasst und produziert (der nebenbei noch zwei andere Serien sowie etliche Kinofilme liefert). Sie wird weltweit begleitet von Klatsch und Tratsch. Die charmante Hauptdarstellerin Calista Flockhart wird ihrer Rolle so hervorragend gerecht, dass viele Fans Calista und Ally nicht mehr auseinander halten können. Gedreht wird meist auf den letzten Drücker, manchmal bis wenige Tage vor US-Erstausstrahlung …

Lassen Sie sich überraschen von der absurden, faszinierenden, ungewöhnlichen, spannenden, zauberhaften Welt von »Ally McBeal«!

Übrigens: Weitere aktuelle Informationen finden Sie auf meiner Webseite http://www.jeeny.com (einfach auf »Ally McBeal« klicken).

Hamburg/Oceanside, Juni 2000

Eine wie keine: Das Besondere an "Ally McBeal"

An manchen Abenden ist »Ally McBeal« unterhaltsam, an anderen witzig, frech, nachdenklich, kritisch, kontrovers – kaum eine andere Fernsehserie bietet so viele Fassetten wie diese wohl meistdiskutierte und umstrittenste TV-Serie Amerikas. Hauptdarstellerin Calista Flockhart kommentiert den gigantischen Erfolg zufrieden: »Ich liebe Ally gerade deswegen, weil sie mal gewinnt und mal verliert. Sie lebt ein richtiges Leben, mit allen Problemen, die das so mit sich bringt. Sie muss nicht immer ganz perfekt sein – und das gefällt mir sehr gut!«

Wirklichkeitscheck

Wie ernst manche Menschen "Ally" nehmen, bewies kürzlich ein Pole, der illegal Kaviar aus Frankfurt nach Miami schmuggeln wollte. Er wurde erwischt und bat die US-Zollbeamten angeblich allen Ernstes, die Anwältin Ally McBeal anzurufen und mit seiner Verteidigung zu beauftragen!

Die abgefahrenen Abenteuer der eigenwilligen Anwältin wurden mittlerweile sogar wissenschaftlich untersucht! Richard Martin vom Metropolitan Museum of Art in New York erkannte Allys Mikro-Röcke als Trend und erforschte deren TV-geschichtliche Herkunft. Als Urmutter des sexy Outfits im seriösen Business-Umfeld ermittelte er ausgerechnet Heather Locklear (die später Amanda in »Melrose Place« spielte) im »Denver Clan« der achtziger Jahre: »Heather Locklear entwickelte das Bild einer Geschäftsfrau, die in etwas, das noch entfernt an ein Business-Kostüm erinnert, sehr erotisch wirken kann«, stellte Martin fest. Was Ally inzwischen absolut mühelos gelingt!

Selbst »Simpsons«-Erfinder Matt Groening parodiert auf Allys Heimatsender FOX in seiner neuen Trickfilmshow »Futurama« die Anwaltsserie: In der Folge »When Aliens Attack« (Folge 1.12, lief in den USA am 7. September 1999) taucht die TV-Serie »Single Female Lawyer« auf, deren Hauptdarstellerin »Jenny McNeal« Männerprobleme hat, mit all ihren Mandanten schläft und ultrakurze Röcke trägt! Außerdem gibt es darin eine Unisex-Toilette, die von einer neugierigen Sekretärin behaust wird. Spott ist immer noch das höchste Lob! (Einen Ausschnitt aus der Folge finden Sie unter http://www.fox.com/futurama/news/video/sfl.rmm im Internet. In Deutschland soll »Futurama« ab Herbst 2000 auf Pro 7 ausgestrahlt werden.)

»Wenn Ally McBeal auf Vox versucht, ihr Leben in den Griff zu bekommen, versammelt sich eine treue Fangemeinde vor dem Fernseher«, staunte das TV-Magazin »TV Spielfilm« anlässlich der Wiederholungen (!) der ersten

Staffel im Frühsommer 2000 und bezeichnete Hauptfigur Ally als »geliebte Nervensäge«. Denn auch drei Jahre nach Serienstart beeindrucken die mutigen Drehbücher und ungewöhnlichen visuellen Spezialeffekte noch immer Zuschauer und Kritiker, und »das bunte Gemisch aus Machos und Verzagten, Egoisten und Draufgängern gleicht oftmals einem Pulverfass«. Denn »Ally McBeal« ist mehr als die Geschichte von Ally – auch ihre skurrilen, liebenswerten Kollegen Billy und Georgia, John und Richard, Elaine und Renée, Nelle und Ling sind wichtige Elemente der Serie. Nicht zu vergessen: die wunderbare Vonda Shepard als Barsängerin und musikalische Stimme Allys! Bei dieser Charakter-Vielfalt findet einfach jeder Zuschauer eine Möglichkeit, sich mit einer der Figuren zu identifizieren!

Aber die Hauptperson ist und bleibt natürlich Ally selbst. Angeblich formte Serien-Mastermind, Produzent und Drehbuchautor David E. Kelley sie nach dem Vorbild seiner Frau, der sexy Erfolgsschauspielerin Michelle Pfeiffer.

Was aber macht die superclevere Anwältin Ally McBeal nun so liebenswert und unvergesslich? Eine kleine Auswahl:

☆ Ally ist sexy, aber kompetent.
☆ Ally sagt, was sie denkt.
☆ Ally denkt, was sie sagt.
☆ Ally hat Männerprobleme.
☆ Ally glaubt aber trotzdem an die Liebe.
☆ Ally hat Prinzipien – und hält sich daran.
☆ Ally trägt Schaf-Schlafanzüge.

- ☆ Ally weint, wenn sie einen Fall verliert.
- ☆ Ally hilft gern.
- ☆ Ally weint, wenn sie nicht helfen kann.
- ☆ Ally hat gern Erfolg.
- ☆ Ally macht gern Karriere.
- ☆ Ally trägt gern kurze Röcke, und wenn das einem Richter nicht passt, beschimpft sie ihn als »chauvinistisches Schwein«: endlich mal eine Feministin ohne lila Korksandalen.
- ☆ »Ally McBeal ist eine moderne Pippi Langstrumpf für Frauen, die sich weigern, erwachsen zu werden« (findet »Der Spiegel«).
- ☆ Ally mag sogar Georgia, die Frau ihres immer noch geliebten Billy.
- ☆ Ally hasst sich aber dafür, dass sie sogar Georgia mag.
- ☆ Ally isst Eis gegen Frust.
- ☆ Mit Ally wird Cappuccino-Trinken sexy!
- ☆ Ally achtet darauf, was sie anhat und wie sie aussieht – aber sie stolpert und stottert, wenn sie unsicher ist.
- ☆ Ally ist wie du und ich – bloß im Fernsehen.

»Selbst wenn ich meine ganzen Probleme beseitige, dann nur, um mir neue zu suchen«, sagt Ally, denn »ich habe meine Probleme gern!«

Und wir haben Ally gern – gerade wegen ihrer Probleme, die unseren eigenen oftmals ähnlicher sind, als uns lieb ist.

Denn »wahrscheinlich ist Ally den Männern zu anstrengend«, mutmaßte die Komikerin Anke Engelke im »Spiegel«. »Sich den ganzen Scheiß anhören, den wir Frauen den ganzen Tag unreflektiert rausplappern, das muss ein Mann erst mal hinkriegen.« Damals freute sie sich noch, dass ihr Mann immer mit ihr zusammen »Ally McBeal« schaute, heute leben die beiden getrennt …

Aber – wie gesagt – es ist nicht Ally allein, die diese Serie so unvergesslich macht, denn:

- ✫ In der Kanzlei gibt es eine Unisex-Toilette, was ungewöhnlich und spannend ist.
- ✫ »Gummibärchen« John Cage ist knuddelig süß.
- ✫ Eine saubere Kloschüssel ist wirklich nicht zu verachten.
- ✫ In jedem Büro gibt es eine Elaine.
- ✫ Nelle wird immer netter.
- ✫ Ling wird auch immer netter.
- ✫ Elaine wandelt sich von der Kanzleischreckschraube in eine liebenswerte Ulknudel.
- ✫ Richard Fish ist der Satan in jedem von uns – und das macht ihn so liebenswert (In der dritten Staffel schlafft er leider etwas ab).
- ✫ Billy ist ein langweiliger Chauvi, aber hat nicht jeder von uns so jemanden lieb?

Zugegeben: Man muss sich an die merkwürdigen Gestalten gewöhnen, die Drehbuchautor Kelley ebenso rasant wie tabulos durch die verrücktesten Fettnäpfchen trampeln lässt. Aber nach zwei bis drei Folgen ist fast jeder süchtig. Denn:

Sind wir nicht alle ein bisschen »bealy«?!

Vom Flop zum Hit: Wie alles begann

Speziell in Deutschland hatte »Ally McBeal« starke Anlaufschwierigkeiten. In ihrem Heimatland Amerika wurde die Serie um die charmante Bostoner Anwältin 1997 innerhalb weniger Wochen zum Hit. Der Kölner Privatsender VOX erwarb schon bald die deutschen Rechte und sendete am 8. April 1998, auf den Tag genau sieben Monate nach dem Start in den USA, den Pilotfilm »Am Anfang war das Feuer«.

Mit ungewöhnlichen Spezialeffekten und verrückten Voice overs verblüffte »Ally McBeal« die deutschen Zuschauer. TV-Zeitschriften wie »TV Spielfilm« und »TV Today« veröffentlichten erste, noch recht kurze Artikel. Presse und Publikum waren erfreut über die neue, absolut ungewöhnliche Serie – und doch wurde sie nach nur acht Folgen wieder abgesetzt! Ohne jede Vorwarnung wechselte VOX nach der legendären »Cappuccino-Folge« (in der Ally und Georgia ihren Cappuccino trinken, als sei es eine sexuelle Supernova) zur Krimiserie »Cagney & Lacey«. Denn »Ally McBeal« hatte einfach viel zu wenig Zuschauer(innen)!

Der Hauptgrund für den grandiosen Misserfolg war wohl

der Sendeplatz: »Ally McBeal« lief mittwochs um 21 Uhr – direkt nach der Krimiserie »Nash Bridges« und, schlimmer noch, zeitgleich mit der Champions League (also Fußball). Zielgruppe von »Ally McBeal« sind bekanntermaßen vor allem Frauen, Zielgruppe von »Nash Bridges« sind zu etwa 150% Männer. Vor der Glotze »hängenzubleiben« und den neuen TV-Import aus den USA zufällig kennen und lieben zu lernen war also praktisch ausgeschlossen. (Das hatten die Amis besser gelöst: Der US-Sender Fox strahlte »Ally McBeal« monatelang direkt nach »Melrose Place« aus und erreichte so genau die Kernzielgruppe.) In vielen Haushalten war der Fernseher zudem von Männern belegt, die gebannt die »Champions League« verfolgten. Und selbst wer weder mit Fußball noch »Nash Bridges« beschäftigt war, zappte kaum um 21 Uhr aus einem halbfertigen Spielfilm rüber zu VOX, nur um eine noch unbekannte neurotische Anwältin zu beobachten.

Die Zuschauerquoten schwankten damals um zwei Prozent herum. Kurzerhand warf VOX Ally aus dem Programm, bevor im Sommer '98 auch noch die Fußball-WM begann, die »Ally McBeal« endgültig den Garaus gemacht hätte. (Frankreich wurde übrigens Weltmeister.)

Frustrierte Fans bombardierten daraufhin VOX und alle wichtigen TV-Zeitschriften mit E-Mails und Protestbriefen. Allein das von Anfang an besonders Ally-freundliche Magazin »TV Today« druckte in einer Ausgabe fünf Forderungen ab, »Ally McBeal« doch weiter auszustrahlen (von insgesamt sieben Leserbriefen).

Aufgrund des hohen Zuschauerinteresses gelobte VOX

Besserung und suchte nach einem neuen Sendeplatz mit geeigneterem Umfeld. Das ORF startete derweil (im Herbst 1998, ein Jahr nach US-Sendebeginn) ebenfalls die Serie, sodass zumindest die Fans im süddeutschen Raum und die mit Kabelanschluss wieder »Ally McBeal« sehen konnten.

Fast auf den Tag genau ein Jahr nach dem ersten Versuch begann VOX, die Serie erneut auszustrahlen, und zwar am Dienstag um 22.10 Uhr. Und diesmal klappte es. VOX bewies Ausdauer, die TV-Zeitschriften berichteten ausführlich, begeisterte Fans empfahlen die Serie weiter – und die Quote stieg! Inzwischen erreicht »Ally McBeal« Woche für Woche etwa 8–10 % Zuschaueranteil (das sind deutlich über 1 Mio. Menschen). Und ein Werbespot während »Ally McBeal« kostet satte DM 278,00 bis DM 388,00 *pro Sekunde* (für Spots unter 20 Sekunden werden 18 % Aufschlag fällig) – das macht VOX glücklich und sichert uns Fans weitere Folgen!

Ein weiteres Ergebnis des deutschen »Ally«-Booms: Auf dem VOX-Messageboard im Internet fanden sich normalerweise etwa ein bis zwei Nachrichten pro Woche, nach der »Ally«-Absetzung im Frühsommer 1998 gingen dort täglich knapp zehn Beschwerden ein, und inzwischen wurde sogar ein eigenes Messageboard nur für »Ally McBeal«-Fans eingerichtet!

Nahtlos nacheinander strahlte VOX die erste und die in der Zwischenzeit fertig gestellte zweite Staffel aus. Danach wurden für Späteinsteiger noch einmal die frühen Folgen wiederholt. Für Herbst 2000 ist in Allys Heimatland die vierte Staffel geplant, in Deutschland werden dann die schrillen Folgen der dritten Staffel zu sehen sein.

Es mag vielleicht »schnippisch« von VOX gewesen sein, »Ally McBeal« so abrupt abzusetzen, aber im Nachhinein stellte es sich als die richtige Entscheidung heraus, denn Sendeplatz und Umfeld waren einfach falsch. VOX hätte die herrliche Serie sinnlos verheizen und bei weiteren Folgen enttäuscht abwinken können. Aber die liebenswerte Ally hatte offenbar auch schon von Anfang an Fans bei dem Kölner Sender gefunden, die der Meinung waren, »Ally McBeal« müsse doch auch in Deutschland ein Erfolg werden können. Und VOX' Konsequenz und Ausdauer machten sich bezahlt: Beim Neustart erreichten die Programmplaner die richtigen Zuschauer(innen) – und der gigantische US-Medienrummel um »Ally McBeal« (von der »Golden-Globe«-Preisverleihung bis zur angeblichen Magersucht von Hauptdarstellerin Calista Flockhart) hat sicher nicht geschadet. Also: »Schwamm drüber« – aber nicht wieder machen!

Die neuen Folgen: Alle Geheimnisse der dritten Staffel

Achtung:
Wenn Sie sich von den neuen Folgen überraschen lassen wollen, sollten Sie vielleicht nicht unbedingt dieses Buch ganz beiseite legen, aber auf alle Fälle erst wieder ab Seite 123 weiterlesen! Denn in diesem *Kapitel erfahren Sie die kompletten Storys der dritten Staffel von »Ally McBeal«. Das ist zwar an sich nicht schlimm, denn je mehr man über die Folgen weiß, desto mehr Feinheiten sieht man. Aber trotzdem: Wer inhaltlich möglichst unwissend bleiben will, sollte dieses Kapitel einfach überspringen!*

3.01 Eine klatschnasse Affäre

Unglaublich: Ally hat Sex in der Autowaschanlage! Zu ihrer eigenen Überraschung soll sie dann auch noch Trauzeugin bei der Hochzeit ihres Kurzzeit-Lovers sein.

John hat Probleme mit Nelle und kann keine Barry-White-Songs mehr hören.

Es ist Wochenende in Boston. Das Wetter ist herrlich. Ally kommt tropfnass – aber strahlend glücklich – ins Büro gestapft. Zufälligerweise ist John auch da. Er will natürlich gleich wissen, was los ist. Ally grinst breit, ziert sich aber trotzdem erst noch. Dann erzählt sie von ihrem unglaublichen Erlebnis (und wir sehen dabei, was geschah): Ally fährt in die Autowaschanlage. Einer der Autowäscher fällt ihr auf, er ist unglaublich süß. Sie schauen einander an. »Es war, als wären wir uns schon einmal in einem früheren Leben begegnet«, berichtet Ally. Sie fährt in die Waschanlage ein. Plötzlich geht die Beifahrertür auf und der Autowäscher steigt zu ihr in den Wagen. Sie küssen sich wortlos. Ally erzählt John begeistert: »Wir waren klatschnass, und es schien, als könnten wir unsere geheimsten Gedanken lesen, unsere Phantasien.« Schließlich steigen die beiden aus und lieben sich im Stehen während des Waschgangs. Die großen Bürsten wirbeln wild schäumend über die Karosserie …

John starrt Ally entgeistert an. Sie strahlt immer noch von innen heraus.

Anfang der folgenden Woche bittet Richard dann Ally bei einem neuen Fall um Hilfe. Risa, die Tochter eines wichtigen Mandanten, will heiraten – aber der Pfarrer weigert sich, die Trauung zu vollziehen. Der Grund: Der Pfarrer (auch privat ein Freund der wohlhabenden Familie) hat Risa mit einem anderen Mann im Bett erwischt!

Risa betont, es sei ein One-Night-Stand gewesen, quasi eine Junggesellinnen-Nummer: »Mein Verlobter darf auf keinen Fall davon erfahren, sonst verlässt er mich!« Sie ist verzweifelt. Ally und Richard überlegen sich eine Verteidigungsstrategie: Ist die Zusage des Pfarrers nicht vielleicht eine Art bindender Vertrag, von dem er nicht so einfach zurücktreten kann?

John behagt der Fall gar nicht: »Mir sind hier zu viele sexgierige Frauen«, murmelt er. Ally ist empört. Richard bekommt das mit und fragt fasziniert: »Hat Ally etwa Sex?«

Renée packt derweil die Sachen in ihrem Staatsanwältinnen-Büro ein. Sie hat gekündigt und macht sich als Anwältin selbständig. Richterin »Whipper« Cone kommt vorbei und fragt, ob sie als Partnerin in Renées neue Firma einsteigen könne.

Ally und Richard gehen mit Risas Fall vor Gericht, aber der Richter lehnt es ab, den Pfarrer zum Schließen der Ehe zu verurteilen. Ally vereinbart daher ein Gespräch mit Risa und dem Pfarrer. Und überraschenderweise gelingt es ihr tatsächlich, den Pfarrer zu überzeugen, dass Risas Verhalten nur ein Ausrutscher war. Risa sagt, sie liebe niemanden mehr als ihren Verlobten Joel. Allerdings gibt sie zu:

»Der Sex ist leider nicht so toll, Joel weiß einfach nicht, wie man eine Frau anfassen muss.« Der Pfarrer erklärt sich zähneknirschend zur Eheschließung bereit. Aus lauter Erleichterung bittet Risa spontan Ally, ihre Trauzeugin zu sein.

John war in der Woche zuvor geschäftlich in Detroit. Vertraulich erzählt er Ally, dass er aus dem Hotelzimmer seine Freundin Nelle anrief – und sie mit ihm Telefonsex haben wollte! Seitdem ist er vollkommen verunsichert und kann auch seinen geliebten Barry White nicht mehr hören. Außerdem verunsichere ihn Allys Sexabenteuer. John grübelt darüber nach, ob Frauen auch »guten Sex« haben können, ohne verliebt zu sein. Ally denkt zurück an die Autowaschanlage und bestätigt das zufrieden strahlend. John ist ratlos.

Renée und Whipper führen derweil in ihrem neuen Büro Bewerbungsgespräche mit Männern. Am Ende jedes Gespräches bitten sie den Kandidaten, das Oberhemd auszuziehen. Renée erklärt: »Wir Frauen werden unsere Weiblichkeit einsetzen, um Mandanten an Land zu ziehen, und da ist es nur fair, wenn der männliche Partner mithalten kann.« Die Männer sind etwas verwundert, die meisten spielen aber mit.

Risas Hochzeit kann nun am Samstag tatsächlich stattfinden. Unter den Gästen sind auch Richard und seine Freundin Ling. Ally steht als Trauzeugin direkt vor dem Altar.

Da kommt Risas Bräutigam herein: Es ist ausgerechnet – Allys Lover aus der Autowaschanlage! Ally schreit erschrocken auf, aber die Zeremonie beginnt trotzdem. Als der Pfarrer jedoch fragt, ob jemand Einwände gegen die Hochzeit habe, meldet sich Ally zitternd zu Wort. Sie flüstert dem Pfarrer ins Ohr: »Letzte Woche hatte ich Sex mit dem Bräutigam.« Unglücklicherweise spricht Ally zugleich in das kleine Kragenmikrofon des Pfarrers, sodass alle Anwesenden mithören können.

Ling ist begeistert: »Das ist die beste Hochzeit, auf der ich je war!«, haucht sie Richard feixend ins Ohr. Der Pfarrer bittet um eine kurze Pause, da er sich mit Risa, Joel und Ally besprechen möchte. Risa verzeiht Joel, der ja nichts anderes getan hat als sie selbst auch. Die Trauung wird fortgesetzt.

Aber Ally denkt zurück an den heißen Sex mit Joel – und ihr wird klar, dass der Bräutigam sehr wohl weiß, wie man eine Frau anzufassen hat! Sie kann daher nicht an sich halten und mischt sich erneut ein, obwohl die übrigen Gäste sie ausbuhen. Sie nimmt Risa beiseite und erklärt ihr leise: »Joel weiß genau, wie man eine Frau anfassen muss; er ist der beste Lover, den ich je hatte!« Ally mutmaßt, Joel wolle bloß reich heiraten, empfinde aber keine Leidenschaft für Risa, »und als deine Anwältin und Trauzeugin muss ich dir deshalb dringend von dieser Ehe abraten«. Risa verlässt weinend die Kirche. Die Hochzeit ist geplatzt!

John wirft Nelle währenddessen in der Kanzlei vor, sie fantasiere (wie angeblich alle Frauen) während des Eisprungs von wildem Sex mit heißen Kerlen, und er könne es nicht ausstehen, eine ganze Woche im Monat aus ihrem Geist ausgeschlossen zu sein. Nelle weigert sich, ihre Gedanken von John kontrollieren zu lassen. John präzisiert frustriert: »Ich will deine Gedanken nicht kontrollieren. Ich will, dass *Du* sie kontrollierst!«

Elaine belauscht das Gespräch und nimmt sich wenig später John im Waschraum vor: »Nelle ist mit dir zusammen, weil du der heißeste Typ im ganzen Büro bist. Nur gut, dass du das selbst nicht weißt«, haucht sie. Das beruhigt John. Am Abend reißt er sich das Unterhemd vom Leib und steigt zufrieden zu Nelle ins Bett.

In der Bar verkündet Whipper offiziell ihren Rückzug von der Richterbank. Sie hat gekündigt und eröffnet mit Renée zusammen eine neue Kanzlei. Alle klatschen Beifall und wünschen ihr viel Glück. Anschließend fauchen Whipper und Ling sich an, was Richard freut: »Ja, streitet euch um mich! Das macht mich an!«

Renée malt ihren Namen an die Tür des neuen Büros. Ally geht allein – aber nicht unglücklich – in ihrem Brautjungfernkleid nach Hause. Eine junge Frau in einem Brautkleid hingegen schleicht unglücklich – und ebenfalls allein – durch eine andere, einsame Straße ...

Das Unglaubwürdigste an dieser Folge ist sicherlich Allys Spontansex in der Autowaschanlage. Aber US-Kritiker betonen nicht zu Unrecht: Es war Sex mit dem gutgebauten Jason Gedrick (»Bodystrip – Entblößte Seele«, »Backdraft – Männer, die durchs Feuer gehen«) – und welche Frau würde da schon Nein sagen? (Meine, hoffentlich!) Auf jeden Fall ist die Folge ein furioser Saisonauftakt der abenteuerlichen dritten Staffel!

Gäste:

Jason Gedrick (Joel)
Ray Walston (Priester Breyer)
Tracy Middendorf (Risa Helms)
Dyan Cannon (Richterin Jennifer »Whipper« Cone)
Albert Hall (Richter Seymore Walsh)
Alec Murdock (Mr. Helms)
Lillian Byrd (Mrs. Helms)
Edith Varon (Joels Mutter)

Richmond Shepard (Joels Vater)
Freeman Michaels (Daniel)

Musik:

»Sweet Inspiration« (Vonda Shepard)
Hochzeitsmarsch
»Walking On The Sun« (Smash Mouth)
Trauermarsch
»You're The First, The Last, My Everything« (Barry White)
»Venus« (Vonda Shepard, Coverversion eines Bananarama-Hits)
»Staying Power« (Barry White)
»No Mistakes« (Vonda Shepard)

Drehbuch:

David E. Kelley

Regie:

Billy Dickson

Originaltitel	Erstausstrahlung USA	Geplante Erstausstrahlung Deutschland	Fazit	Note
Car Wash	FOX: 25.10.1999	VOX: 05.09.2000	Sexy, frech, spannend, gutes Thema!	1

3.02 Heiße Küsse, harte Schläge

Chaos bei Cage/Fish: Ally küsst Ling, John schlägt Nelle mit der Haarbürste.

Die ganze morgendliche Konferenz über starrt Ling Ally mit einem merkwürdigen Blick an. Danach gesteht Ling ihr verunsichert, sie habe geträumt, Ally zu küssen. Ally ist entsetzt und geschmeichelt zugleich. Ling lädt sie zum Essen ein, denn auch wenn Ally sie nicht küssen will, möchte sie doch zumindest ihre Freundin werden.

Billy soll Alice verteidigen, deren Kollegen ihr vorwerfen, sich zu sexy anzuziehen. Da die Firma, in der die junge Frau arbeitet, ebenfalls Mandant von Cage/Fish ist, zieht die Kanzlei Renée als Co-Anwältin hinzu, um Interessenkonflikte zu vermeiden. Billy und Renée streiten sich jedoch: Er findet, sie kleide sich – genau wie die Angeklagte – zu sexy. »Dein Aufzug sieht prima aus – im Fernsehen. Aber auch nur dort!«, schimpft Billy, es sei aber unpassend, wenn der Angeklagten vorgeworfen werde, sie ziehe sich so an, dass die Männer in der Firma sie bloß noch als »die Leckere« bezeichnen.

Ling fragt Richard, ob er schon mal davon geträumt habe, einen Mann zu küssen, woraufhin Richard erschrocken seinen Kaffee ausspuckt. Anschließend berichtet sie ihm von ihrem überraschenden Interesse an Frauen: »Ich fürchte, ich werde homosexuell«, gesteht Ling nervös. Richard sieht das anders und findet die Vorstellung sich küssender Frauen nicht wirklich unattraktiv.

Später am Tag fragt Ling ihre Freundin Nelle, ob es normal sei, von Frauenküssen zu träumen. Nelle findet das okay und erzählt ihrerseits eine Fantasie: von einem Mann auf den Hintern geschlagen zu werden.

John hat Nelles Geständnis zufällig mitbekommen. Er fragt Richard um Rat. Richard ist ebenso verwirrt wie John. Gemeinsam surfen sie im Internet und stellen fest: 30 Prozent aller Frauen lassen (angeblich) ihre Haarbürsten auf dem Nachttisch liegen, weil sie auf Schläge hoffen. Richard rät John lässig, es doch einfach mal auszuprobieren. Eins ist klar, befindet Richard frustriert: »Du und ich, wir stellen unsere Frauen im Bett nicht zufrieden.«

Ally und Ling gehen essen und tanzen miteinander. Sie amüsieren sich und verbringen einen netten Abend. Aber sie küssen sich nicht.

Am nächsten Tag sitzt Ally in ihrem Büro und streichelt sich über die Lippen. Als Ling herein kommt, purzelt Ally vor Aufregung aus ihrem Stuhl. Aus lauter Neugier, wie es sich wohl anfühlen würde, küssen sie sich dann doch noch. Es ist schön, aber beiden fehlt etwas dabei …

Vor Gericht sagt Alice aus, dass sie sich gerne attraktiv fühle und deswegen entsprechend anziehe. »Außerdem bin ich nicht die Klügste, aber meine Kollegen – vor allem die Männer – helfen mir bei der Arbeit. Einer attraktiven Frau sieht man einfach mehr nach ...« In einer Verhandlungspause beschwert Billy sich bei Renée, dass diese schon wieder im sexy Outfit aufgetaucht sei. Renée kontert: »Du magst keine erotischen Frauen. Deswegen bist du auch vor Ally weggelaufen. Du konntest ihr nicht vorschreiben, was sie anziehen und wie sie sich verhalten sollte – im Gegensatz zu deiner kleinen Barbie-Frau!« Billy kocht vor Wut und wirft Renée vor, ihre Brüste vor sich herzutragen »wie zwei Wohnungen, die zu vermieten sind«.

Am Abend erzählt Ally gerade ihrer Freundin Renée von ihrem Kuss mit Ling, als es an der Tür klingelt. Billy steht davor, er will seine Strategie mit Renée abstimmen. Die ist sauer: »Was gibt es denn da zu koordinieren? Du verdammst sexuelle Be-lästigung als solche, und dann versuche ich meine beiden Wohnungen zu vermieten.«

Am nächsten Tag begegnen Ally und Ling sich in der Bibliothek der Kanzlei. Ling drängt: »Wir müssen reden« und erzählt Ally von ihrem neuesten Traum: »Ich habe Richard gesagt, nachdem ich dich geküsst habe, könnte ich ihn nie wieder küssen.«

Ally ist geschmeichelt. Ling betont jedoch: »Es war ein Traum! Und obwohl du gut küsst, mir fehlt da einfach etwas ...« Ally grinst. »Aber ich bin froh, dass wir es probiert haben«, bekräftigt Ling. Ally nickt. Sie verspricht augenzwinkernd: »Ich werde nie eine andere Frau küssen!«

Alice wird freigesprochen. Wenn überhaupt, hätten ihre Kolleginnen nicht Alice und die Firma verklagen müssen, sondern die geifernden Männer.

John nimmt all seinen Mut zusammen, schnappt sich abends im Bett Nelles Haarbürste und verpasst ihr einige entschlossene Klapse. Nelle schreit entsetzt auf und wirft John raus!

Richard und Ling hingegen versöhnen sich turtelnd auf der Tanzfläche in der Bar. Richard erkundigt sich, ob Ling sich »jetzt wieder hetero« fühle. Sie grinst und nickt. Renée kommentiert frech in Richtung Ally: »Schau mal, da tanzt einer mit deiner Freundin.«

Gäste:

Heidi Mark (Alice Gaylor)
Dee Wallace Stone (Gail Clarkson)
Paula Newsome (Phyllis Butters)
Michael Kagan (Robert Perry)
Nancy Stephans (Richterin Washington)
Victoria L. Kelleher (Helen Fisher)

Musik:

»Fire« (Vonda Shepard, komponiert von Bruce Springsteen, ein Hit der Pointer Sisters)
»Pretty Woman« (Roy Orbison)
»This Magic Moment« (Vonda Shepard, ein Hit der Drifters)

Drehbuch:

David E. Kelley

Regie:

Mel Damski

Originaltitel	Erstausstrahlung USA	Geplante Erstausstrahlung Deutschland	Fazit	Note
Buried Pleasures	FOX: 01.11.1999	VOX: 12.09.2000	Schöne, liebevolle Folge – und ein packendes Finale!	2

3.03 Showtime

Ally fantasiert von Soulsänger Al Green. Ihre Ersatz-Therapeutin will ihr deswegen das Antidepressivum Prozac verschreiben. Cage/Fish verteidigen einen Teenager, der eine Klassenkameradin gegen ihren Willen geküsst hat. Billy wird Mitglied bei den Anonymen Chauvinisten und will Georgia am liebsten barfuß und schwanger am häuslichen Herd sehen.

Ally berichtet ihrer Psychotherapeutinnen-Vertretung Dr. Flott (wunderbar schrill: Betty White aus den »Golden Girls«), dass sie – wie schon gegen Ende der zweiten Staffel – von dem Soulsänger Al Green träume und fantasiere. Dr. Flott verschreibt Ally sofort Prozac, ein starkes Antidepressivum, denn »Glück findet man weder in der Liebe noch durch Gott, Glück bekommt man in kleinen Pillen«. Dr. Flott kichert fröhlich. Ally ist entsetzt.

Cage/Fish verteidigen den Teenager Kirby, der eine Klassenkameradin gegen ihren Willen geküsst hat – und dafür von der Schule geflogen ist. John und Nelle übernehmen den Fall. Ally verlässt die Morgenkonferenz verstört, denn von der Donutschachtel aus strahlte sie Al Greens Gesicht an (die Donuts stammten von »Al's Donuts«).

Ally vertraut sich John an: »Ich habe wegen meiner Halluzinationen Prozac verschrieben bekommen, aber ich habe Angst, es zu nehmen.« John entgegnet: »Es ist doch höchste Zeit, dass du so was nimmst.«

Billy geht zu einem Treffen der Anonymen Chauvinisten. Er gesteht der Gruppe, dass er verlange, seine Frau solle sich nicht sexy kleiden, und am liebsten würde er sie daheim und bei den Kindern sehen. Das berichtet er später auch seiner Frau. Die ehrgeizige Georgia ist entsetzt.

Ally begegnet mehrfach Al Green, der einmal sogar mit Allys Kollegen zusammen für sie singt und tanzt. Sie sucht Rat bei Dr. Flott, die ihr aber bloß aus einem Umhänge-Pillenspender einige alternative Antidepressiva anbietet.

Nelle versucht, Kim (das Mädchen, das Kirby geküsst hat) zu überreden, die Sache auf sich beruhen zu lassen. Kim erklärt, dass Kirby sie zum Gespött der Schule gemacht habe. Kirby gesteht, er habe in einem Buch gelesen, dass Mädchen es toll fänden, einfach »genommen« zu werden. Letztendlich kann Nelle Kim dazu bringen, Gnade walten zu lassen und ihre Beschwerde zurückzuziehen.

John wundert sich, dass Nelle der Meinung ist, Kim solle Kirby verzeihen, sie ihm aber weiterhin übel nimmt, dass er sie mit der Haarbürste geschlagen hat.

Richard geht mit Billy auf ein Chauvinisten-Treffen und hält eine flammende Rede gegen das Weichei im Manne. Am Ende skandieren die Männer im Chor: »Ich will meinen Schwanz zurück! Ich will meinen Schwanz zurück!« Richard ist begeistert und fragt Billy, wann das nächste Treffen sei. Billy lehnt entsetzt ab: »Dich nehme ich ganz bestimmt nie wieder mit!«

Ally kauft zögernd ihr Prozac, schüttet es dann aber doch in die Toilette.

Nelle küsst Kirby auf dem Schulhof, damit seine Klassenkameraden ihn bewundern. John ist gerührt von dieser Geste. Die beiden versöhnen sich – ganz im Gegensatz zu Billy und Georgia, die wutentbrannt miteinander über den Platz der Frau in der Gesellschaft im Allgemeinen und in ihrer Ehe im Besonderen streiten.

Am Schluss tanzt Ally mit Al Green, bis dieser sich in nichts auflöst.

Der Rechtsfall ist völlig absurd, aber nicht untypisch für die USA. Der Auftritt von Betty White als pillengeiler Therapeutin ist großartig, ebenso Richards Tirade bei den Anonymen Chauvinisten. Ebenfalls sehr schön: der Gesangsauftritt mit Al Green.

Gäste:

Betty White (Dr. Shirley Flott)
Brad Wilson (Harold)
Gerry Becker (Myron Stone)
Keegan De Lancie (Kirby Gallin)
Marnie Mosiman (Marcia Gallin)
Tim Snay (Walter Gallin)
Ashlee Turner (Kim Puckett)
Wylie Small (Mrs. Puckett)
Brian Eyers (Mr. Puckett)
William Stanford Davis (Jim)
Al Green

Gladys Knight
Renee Goldsberry (Ikette Nr. 1)
Vatrina King (Ikette Nr. 2)
Sy Smith (Ikette Nr. 3)

Musik:

»Keep On Pushing« (Al Green)
»How Do You Mend A Broken Heart« (Calista Flockhart und Al Green, ein Hit der Bee Gees)
»It's Only Love« (Al Green)
»Keep On Pushing« (Al Green)
»I'm Still In Love With You« (Al Green)
»Let's Stay Together« (alle Darsteller, Al Green und Gladys Knight)
»For The Good Times« (Al Green, ein Hit von Andy Williams)
»To Sir, With Love (Lulu)« (Al Green und Vonda Shepard)

Drehbuch:

David E. Kelley

Regie:

Peter MacNicol

Originaltitel	Erstausstrahlung USA	Geplante Erstausstrahlung Deutschland	Fazit	Note
Seeing Green	FOX: 08.11.1999	VOX: 19.09.2000	Wunderbar schrille, sehr lustige Folge voller verblüffender Ideen.	1

3.04 Sex und hopp

Risa (aus Folge 3.01, »Eine klatschnasse Affäre«) verklagt Ally wegen Behinderung ihrer Eheschließung. Billy stellt seine neue – sexy – Assistentin Sandy vor. Außerdem lässt er sich die Haare blondieren. Georgia flirtet in einer Bar mit einem einsamen Mann. Ling gesteht Richard, dass sie ihm ihre Orgasmen immer nur vorgespielt habe. Und Ally hat erneut Sex mit Risas Verlobtem aus der Autowaschanlage …

Ling will mit Richard »reden«. Daraufhin schrillt sein Feueralarm los. Er ist stimmaktiviert: Will Ling »reden«, heult die Sirene. Noch schlimmer ist es bei dem Wort »Hochzeit« …

Risa (aus Folge 3.01) kommt in die Kanzlei. Richard informiert Ally. »Erinnerst du dich noch an die Frau, mit deren Verlobtem du geschlafen hast, bevor du ihre Hochzeit ruiniertest? Da kommt sie!« Risa verklagt Ally, weil diese ihre Eheschließung verhindert habe. Ally hatte mit Risas Verlobtem Joel Sex in der Autowaschanlage gehabt und Risa daher von einer Ehe mit Joel abgeraten.

Im Unisex-Waschraum diskutieren Billy, Ling und Nelle den Fall. Zweifelsohne *hat* Ally die Hochzeit verhindert – »die Frage lautet: Wolltest du Risa helfen, oder wolltest du bloß nicht, dass sie ihn heiratet, weil du mit ihm den besten Sex deines Lebens hattest?«, fragt Nelle spitzzüngig. Mittlerweile sind auch John, Richard und Georgia hereingekommen. Plötzlich rauscht die Spülung und eine sehr ansehnliche junge Dame kommt (mit Klopapier am Schuh) aus einer Toilettenkabine. Billy stellt sie als seine neue Assistentin vor: Sandy Hingle. Georgia ist entsetzt. Billy sucht Verständnis bei einem Treffen der Anonymen Chauvinisten, die alle seine Auflehnung gegen die weibliche Dominanz beklatschen.

Renée und Whipper verteidigen Ally vor Gericht gegen Risa. Entscheidend ist die Frage, ob Ally die Hochzeit *absichtlich* und gezielt gestört hat. Zumindest Whipper hat großes Verständnis für Risa.

Ling passt Richard auf dem Flur ab, um mit ihm zu »reden«. Er versucht sie abzuwimmeln, aber Ling lässt nicht locker. »Na gut, aber mach's kurz«, sagt Richard genervt. Ling kommt gleich zur Sache: »Ich habe dir meine Orgasmen nur vorgespielt.« Richard prustet John entsetzt seinen Kaffee ins Gesicht – und ist nun tatsächlich bereit, ausführlicher mit Ling zu »reden«.

Renée und Whipper schlagen Ally vor, Joel zu überzeugen, gegen Risa auszusagen – oder sie doch noch zu heiraten. Ally fährt in die Autowaschanlage und vereinbart einen Termin mit Risa und Joel. Joel kommt zu früh, Ally und er fallen erneut übereinander her. Aber diesmal behalten sie es für sich und Joel heiratet letztendlich Risa, die daraufhin natürlich ihre Klage zurückzieht.

Ally allerdings fantasiert davon, Joels Babys zur Welt zu bringen.

John, Richard und Ling liegen rücklings auf dem Büroteppich und diskutieren über Orgasmen. John gesteht, dass Nelle beim Sex immer nur leise »Uh, uh« mache, »sie hat auch einmal geschrien, aber nur, weil eine Biene sie gestochen hatte.« Ling erklärt: »Leute, ein Orgasmus dauert doch nur fünf, höchstes sechs Sekunden. Wir Frauen wollen Bindungen, Freundschaften. Wir suchen jemanden, mit dem wir Tag und Nacht verbringen können. Jemanden, der uns glücklich macht. Stattdessen über fünf Sekunden Muskelkontraktionen zu reden ist doch albern.«

Georgia ist höllisch eifersüchtig auf Sandy. Billy erklärt ihr, er habe Jahre damit verbracht, ein »neuer Mann« sein zu wollen, und er habe es satt, sich zu verstellen: »Ich schäme mich, es zuzugeben, aber ich will Kinder, ich will, dass die Mutter meiner Kinder zu Hause bleibt und ich will ganz altmodisch abends nach Hause kommen und meine Bedürfnisse befriedigen.« Georgia stapft entsetzt hinaus.

Billy lässt sich die Haare platinblond färben wie Billy Idol, außerdem trägt er ab jetzt einen glitzernden Ohrstecker. Sein Motto: »There's A New Man In Town«! Georgia geht allein in eine Bar und flirtet dort frustriert mit George, einem sehr sympathischen älteren Herrn.

Ling fragt Nelle, ob es wohl eine gute Idee gewesen sei, Richard mit der Wahrheit über ihre Orgasmen zu konfrontieren. Sie wolle doch bloß, dass er das blöde Viagra absetze und sie es während des Werbeblocks einer TV-Serie hinter sich bringen können, wie andere Paare auch. Nebenbei entfährt Ling, dass John Richard gesagt habe, Nelle mache beim Sex nur »Uh, uh«, und »im Sommer wäre eine Grille lauter als du«. Nelle ist sauer. Ling seufzt resigniert: »Na toll. Genau deswegen bin ich gegen Ehrlichkeit.«

Trotz allem verbringen Nelle und Ling den Abend gemeinsam. Richard sitzt missmutig allein in seinem Büro. Whipper kommt vorbei und sagt, dass sie ihn vermisse. Nicht ganz uneigennützig fragt sie, wo Ling sei, denn Richard gehe es offensichtlich nicht gut.

Georgia stellt währenddessen in der Bar ihren Mann Billy zur Rede und wirft ihm vor: »Willst du, dass ich dich verlasse? Wenn du einen Psychologen fragst, würde der wahrscheinlich herauskriegen, dass du dein Leben nicht magst, insbesondere deine Ehe, dass du aber ein zu netter Kerl bist, um zu gehen. Also biete ich es dir an.« Billy sagt, er liebe Georgia. Aber es hört sich nicht besonders überzeugend an.

Ally fährt im Regen zu Joels Autowaschanlage und starrt dort verträumt in die Dunkelheit. Sie denkt zurück an den großartigen Sex mit Joel. Ob sie ihn vermissen wird?

Einer der schönsten Gags entgeht einem bei den vielen hitzigen Wortgefechten in dieser Folge: Billys Assistentin heißt Sandy Hingle – tauscht man die Anfangsbuchstaben, wird daraus *handy single* (deutsch: leicht verfügbarer Single). Genau das, was Billy sucht. Ein typischer Scherz von Drehbuchautor David E. Kelly.

Gäste:

Jason Gedrick (Joel)
Tracy Middendorf (Risa Helms)
James Naughton (George McBeal)
Aaron Lustig (Bowe)
Gina Philips (Sandy Hingle)
William Stanford Davis (Jim)
Gerry Becker (Myron Stone)
Brad Wilson (Harold)
Dyan Cannon (Exrichterin Jennifer »Whipper« Cone)

Musik:

»Toccata und Fuge in d-Moll« (Johann Sebastian Bach)
»Voulez-vous coucher avec moi ce soir« (aus: »Lady Marmelade«)
»New Man In Town« (Mighty Sam McClain)
»Lady Marmelade« (LaBelle, das Trio von Patti LaBelle vor ihrer Solokarriere)
»Heat Wave« (Vonda Shepard, ein Hit von Martha & the Vandellas)
»Long, Long Time« (Vonda Shepard, ein Hit von Linda Ronstadt)

Drehbuch:

David E. Kelley

Regie:

Alex Graves

Originaltitel	**Erstausstrahlung USA**	**Geplante Erstausstrahlung Deutschland**	**Fazit**	**Note**
Heat Wave	FOX: 15.11.1999	VOX: 26.09.2000	Viele schrille, überdrehte Dialoge. Schönes Thema: Wie sinnvoll ist Ehrlichkeit?	1

3.05 Sturmfront

Georgia küsst George. Ally lädt alle ihre Freunde zum Thanksgiving-Dinner ein. Dort stellt sich heraus, dass George … Allys Vater ist!

Georgia trifft sich mit George in derselben Bar wie in der letzten Folge. Sie küssen einander. Als Georgia sich mit ihm für den kommenden Tag verabreden will, erinnert er sie daran, dass Thanksgiving sei – einer der wichtigsten amerikanischen Feiertage! Georgia erschrickt, denn sie hat total vergessen, einen Truthahn zu kaufen! Panisch taucht sie in der Bar auf und fragt ihre Freunde, ob die wüssten, wo sie jetzt noch schnell einen Truthahn besorgen könne. Richard befindet uncharmant: »Thanksgiving ist ja auch nur die einzige Gelegenheit für eine Frau, sich außerhalb des Bettes zu profilieren – und du hast es *vergessen*?« Aus lauter Mitleid lädt Ally alle ihre Freunde und Kollegen zum Thanksgiving-Essen mit ihren Eltern ein.

Bei dem Essen am nächsten Tag allerdings stellt sich heraus: George aus der Bar ist Allys Vater! Er gesteht Ally zudem: »Ich habe deine Mutter schon einmal betrogen, als du auf dem College warst.« Allys Mutter hört mit und verkündet dann den versammelten Gästen, dass ihr Mann in einer Bar Georgia geküsst habe. Ally wirft alle Gäste raus

(Ling und Richard nehmen den Truthahn mit und feiern bei sich weiter.)

Allys Eltern beginnen sich zu streiten, und als Ally sich einmischen will, weist ihre Mutter sie brüsk ab: »Bleib du doch ruhig in deiner Traumwelt, wo immer alles in Ordnung ist!« Daraufhin erklärt Ally wutentbrannt, *wieso* sie sich in ihre Traumwelt zurückgezogen habe: »In einer Traumwelt setzt man sich in den Schrank und sieht ein Einhorn. In der Wirklichkeit kommt eine Dreijährige ins Schlafzimmer ihrer Eltern und erwischt ihre Mutter mit einem anderen Mann! Spotte nicht über meine Traumwelt – *du* bist schuld an ihr!«, tobt Ally. Ihre Mutter ist entsetzt, denn sie hatte nicht mit Allys gutem Gedächtnis gerechnet.

George will sich scheiden lassen. Ally überredet ihre Eltern zu einer gemeinsamen Therapiesitzung. Dr. Tracy findet heraus: »George war offenbar mehr in Ally verliebt als in seine eigene Frau.« Daher sei es kein Wunder, dass er damals frustriert gewesen sei, als Ally das elterliche Heim verließ, um aufs College zu gehen. Der Betrug an seiner Frau habe aber nicht so sehr in der Affäre, sondern in all den lieblosen Jahren davor bestanden. George stürmt wütend davon. Ihre Mutter aber versichert Ally: »Wir werden das schon überleben.« Die romantische Ally ist entsetzt, aber ihre Mutter findet, es gebe schlimmere Beschreibungen für eine Ehe.

Georgia gesteht Billy, dass sie ihr Leben lang dagegen angekämpft habe, als Barbiepuppe bezeichnet zu werden. Dass er sie nun ebenfalls so sehen will, ist zu viel für sie. Deswegen habe sie George geküsst. Billy ist trotzdem wütend und marschiert allein durch die winterlichen Straßen Bostons. Zufällig trifft er seine Assistentin Sandy und geht mit ihr einen Kaffee trinken. Georgia geht ebenfalls spazieren – traurig und allein.

Thanksgiving ist der ultimative »Heile-Welt«-Familienfeiertag in den USA, was diese Folge so schaurig-schön macht. Die Wendungen und Windungen sind verblüffend. Allys Charakter und der Grund für ihre Flucht in eine Fantasiewelt werden weiter erhellt.

Durch das Internet geistert übrigens das Gerücht, dass James Naughton, der Allys Vater George McBeal spielt, im wahren Leben der Ehemann von Bette Midler sei. Aber das stimmt nicht: Bette ist nach wie vor mit Martin von Haselberg verheiratet. In dem Pilotfilm (Folge 1.01) spielte übrigens noch Tom Virtue den Papa der Titelheldin.

Gäste:

James Naughton (George McBeal)
Jill Clayburgh (Jeannie McBeal)
Tracey Ullman (Dr. Tracy)

Amy Castle (Ally als Mädchen)
Dyan Cannon (Jennifer »Whipper« Cone)
Gina Philips (Sandy Hingle)

Musik:

»New Man In Town« (Mighty Sam McClain)
»New Man In Town« (Vonda Shepard)
»Swinging On A Star« (Gil Bellows und Jane Krakowski, ein Hit von Bing Crosby)
»Lida Rose« (James Naughton und Amy Castle)
»Swinging On A Star« (Levi Stubbs und Vonda Shepard)
»Dulcinea« (Calista Flockhart, James Naughton und Vonda Shepard)

Drehbuch:

David E. Kelley

Regie:

Joanna Kerns

Originaltitel	Erstausstrahlung USA	Geplante Erstausstrahlung Deutschland	Fazit	Note
Troubled Water	FOX: 22.11.1999	VOX: 03.10.2000	Zynisch, erschreckend, spannend – und wunderbar realistisch!	1

3.06 Stunde der Wahrheit

Billy küsst eine Mandantin (Farah Fawcett). Richard und Ling trennen sich. Georgia kündigt.

Billy und John vertreten Mrs. Robin Jones (Farah Fawcett), die sich bei einer Zeitschrift nach oben geschlafen hat und nun – nach dem Tod ihres 86-jährigen Mentors – von ihren Angestellten gemobbt wurde, woraufhin man sie rauswarf. Die beiden ungleichen Anwälte streiten sich ständig darüber, wie die Verteidigung abzulaufen habe.

John muss mehrfach TV-Interviews zu dem aktuellen Fall geben. Er stottert dabei ganz schrecklich – und schämt sich sehr, als er die Interviews in den Nachrichten sieht. Richard amüsiert sich köstlich über die TV-Clips und schaut sie sich immer wieder an. John erwischt ihn dabei und ist enttäuscht über die Häme seines Freundes Richard.

Ling und Richard trennen sich, weil sie beide nicht voneinander bekommen können, was sie wirklich wollen. Da sie aber beide eigentlich auch nicht recht wissen, was sie wollen, kommt ihnen die Entscheidung trotz allem unsinnig und konstruiert vor.

John lässt vor Gericht seine Schuhe »explodieren« (er scheint Platzpatronen darunter geklebt zu haben), um die Aufmerksamkeit der Geschworenen zu erregen. Billy beschwert sich in einer Verhandlungspause über Johns »Tricks«. Die Mandantin aber findet sein Auftreten gar nicht schlecht. Billy rät ihr, sich auf eine außergerichtliche Einigung einzulassen, doch Robin will unbedingt einen Sieg vor Gericht erringen.

John debattiert mit dem Anwalt der Gegenseite. Billy streitet sich darüber mit John, bis Robin John kündigt und nur noch Billy als Anwalt behält. John schimpft wie ein Rohrspatz, zieht aber von dannen. Billy und Robin verlieren den Fall.

Im Waschraum (!) kündigt Georgia ihren Job. Sie werde bei Renée und Whipper mitarbeiten, um nicht täglich an Billys Seite sein zu müssen. Richard lässt augenblicklich Georgias Büro versiegeln, betont aber: »Wenn du meinst, hier angekrochen und betteln und deinen Job wiederhaben zu können – jederzeit!«

Richard und John fragen sich, ob man seinen Charakter ändern könne. Richard würde sich gern fest an Ling binden, John wäre gern ein »ganz normaler« Anwalt, der nicht stottert und über den keiner lacht. Frustriert stellen sie fest: Man ist eben einfach, wie man ist.

Trotzdem versucht Richard, sich wieder mit Ling zu versöhnen, und Ling ist auch durchaus interessiert.

Ally rät Georgia im Waschraum, sie solle doch ihre Kündigung zurücknehmen, denn Billy werde sich bestimmt bald wieder ändern. John mischt sich frustriert ein: »Die Menschen können sich nicht ändern, das ist bloß eine Erfindung der Klamottenläden, um Frauen ständig neue Kleider zu verkaufen!« Später heult er sich bei Ally aus, die ihm aber klarmachen kann: »John, du bist, wie du bist, aber wärst du wirklich lieber ein stinknormaler Anwalt wie alle anderen auch?«

Billy und Mrs. Jones küssen sich in seinem Büro. Georgia kommt unerwartet herein. Sie bleibt erschrocken stehen, zieht dann ihren Ehering ab und legt ihn auf Billys Schreibtisch: »Ich habe meinen Job gekündigt. Jetzt kündige ich auch meine Ehe.«

Gäste:

Farrah Fawcett (Robin Jones)
Andy Umberger (Fordham)
Drew Snyder (Hughes)
Gina Philips (Sandy Hingle)

Musik:

»New Man In Town« (Mighty Sam McClain)
»Me And Mrs. Jones« (Billy Paul)

Drehbuch:

David E. Kelley

Regie:

Arlene Sanford

Original-titel	Erstaus-strahlung USA	Geplante Erstaus-strahlung Deutschland	Fazit	Note
Changes	FOX: 29.11.1999	VOX: 10.10.2000	Spannende Entwicklung zwischen Billy und Georgia, ansonsten eine eher sperrige, konstruierte Folge.	2–3

3.07 Ein dickes Ding

Ein Kaufhaus will seinen fetten Weihnachtsmann durch ein sportives Weihnachtsteam ersetzen. John verteidigt den gefeuerten Weihnachtsmann vor Gericht, Georgia vertritt das Kaufhaus. Ally rät Billy und Georgia, es noch einmal miteinander zu versuchen.

Georgia will eine Jeans kaufen, doch die Modelle sind alle zu weit geschnitten. »Das wollen die jungen Leute heutzutage so«, erklärt ihr eine Verkäuferin, »wahrscheinlich, damit die Jungs ihre Waffen und die Mädchen ihre Schwangerschaften verstecken können.« Dann setzt sie eiskalt hinzu: »Sie haben sich gerade getrennt, oder? Mir ist die weiße Stelle von Ihrem Ring aufgefallen. Frisch getrennte Frauen wollen immer enge Jeans. Ist ja klar, wenn man einen Mann sucht, muss man seinen Arsch gut verkaufen.« Georgia ist sprachlos. Aber bevor sie etwas entgegnen kann, gerät sie mitten in einen handgreiflichen Streit zwischen dem kostümierten Weihnachtsmann, dem Leiter des Kaufhauses und den zwergenhaften Elfen des Weihnachtsmannes. Georgia fühlt sich bedrängt und kickboxt die Elfen durch den halben Laden. Der Weihnachtsmann soll gefeuert werden und benennt seinen Freund John Cage als Anwalt. Georgia – die gerade erst bei Cage/Fish gekündigt hat – übernimmt die Vertretung des Kaufhauses vor Gericht.

Billy ist sauer, dass Georgia gleich mit ihrem ersten Fall gegen Cage/Fish antritt. Aber Georgia betont, sie könne doch einen so wichtigen neuen Mandanten wie das Kaufhaus »Newman's« nicht ablehnen.

Der Weihnachtsmann-Darsteller berichtet John, dass er gefeuert wurde, weil er zu dick sei – der Weihnachtsmann zu dick! Georgia weist darauf hin, dass das Kaufhaus keinen schriftlichen Vertrag mit Weihnachtsmann Steven hatte, insofern gebe es auch keine Kündigungsfrist und im Grunde noch nicht einmal eine Kündigung.

Ally begegnet sich selbst als kleinem Mädchen. »Du musst ihm helfen«, sagt Klein-Ally zu Groß-Ally. Sie ist verwirrt – was hat das zu bedeuten?

In einer Prozesspause rät Ally Georgia, es doch noch einmal mit Billy zu versuchen. Aber Georgia will nicht. Die beiden schreien sich an. Andererseits ist auch Ally empört darüber, dass Billy in der letzten Folge seine Mandantin geküsst hat. Was ist aus »ihrem« Billy nur geworden?

Ally und Billy begegnen sich im Unisex-Waschraum. Billy bittet Ally, ihn nicht aufgrund seines Äußeren, insbesondere der blondierten Haare, zu beurteilen. Aber sie kontert knallhart: »Zu spät, das Urteil steht schon fest – du bist ein Schwein!«

John vertritt die Position, der Weihnachtsmann in diesem speziellen Kaufhaus sei *der* Weihnachtsmann schlechthin, und »der Weihnachtsmann ist nun einmal nicht dünn, also ist der Kündigungsgrund nichtig«. Sein Abschlussplädoyer hält John vor einer ganzen Schar kleiner Kinder, die zu weinen anfangen, weil es Santa Claus an den Kragen gehen soll. Der Kaufhausleiter fängt vor lauter Wut an, wild mit den Armen zu fuchteln. Als Georgia einmal Einspruch erhebt, weist John sie zurück: »Geh doch ein paar Elfen treten!« Der Richter aber ist unbeeindruckt – John und der Weihnachtsmann verlieren den Prozess.

Nach dem Sieg von »Newman's« bietet der Kaufhausleiter dem Weihnachtsmann jedoch seinen alten Job wieder an: »Das Plädoyer hat zwar den Richter nicht überzeugt und es war für uns wichtig, offiziell zu gewinnen. Aber *uns* hat das Plädoyer überzeugt und wir möchten Steven gerne wieder als Santa Claus engagieren.«

Später denken Ally und Billy in seinem Büro darüber nach, was aus ihrem Leben geworden ist, ob sie ihre Kindheitsträume verwirklichten. Beide haben das Gefühl, ihre Ideale verraten zu haben. Georgia kommt, um sich mit Billy auszusprechen. Ally lässt die beiden allein. Während sie vor der Bürotür wartet, ruft Mrs. Robin Jones (die Mandantin, die Billy in der letzten Folge geküsst hat) für Billy an, aber Ally fertigt Robin eiskalt ab und legt auf. Georgia verlässt Billys Büro – die beiden haben sich nicht versöhnen können, denn Georgia kommt mit Billys Chauvinismus einfach nicht klar. Sie zieht sich in ihr neues Büro in Renées Kanzlei zurück und starrt mit leerem Blick zum Fenster hinaus.

Diese Folge steckt voller Anspielungen auf einen der bekanntesten US-Weihnachtsfilme, »Miracle On 34th. Street«. Es gibt eine moderne Version dieses

Films (deutscher Titel: »Das Wunder von Manhattan«) mit Richard Attenborough als Santa Claus und Dylan McDermott als Santas Anwalt. Und Dylan McDermott wiederum spielt die Hauptrolle in David E. Kelleys Zweit-Serie »Practice – Die Anwälte«.

Ein weiterer Gag am Rande: Der Kaufhausleiter leidet am »Tourette-Syndrom«, weswegen er unkontrollierbar mit den Armen zuckt. Derselbe Darsteller (John Short) spielte eine ähnliche Rolle bereits in »L. A. Law«, der ersten Serie, an der David E. Kelley je mitarbeitete.

Gäste:

Vicki Lawrence (Dana)
Lenny Wolpe (James Russell)
John Short (Larry)
Albert Hall (Richter Seymore Walsh)
Gina Philips (Sandy Hingle)
Jim O'Heir (Steven Mallory)
Amy Castle (Ally als Mädchen)
Ron Taylor (Sänger)
Nicholas Pappone (Billy als Junge)
Cynthia Calhoun (Ikette Nr. 1)
Renee Goldsberry (Ikette Nr. 2)
Vatrena King (Ikette Nr. 3)

Musik:

»Neighborhood« (Vonda Shepard)
»Cheat & Lie To Me« (Vonda Shepard und Ron Taylor)
»Happy Being Fat« (Ron Taylor)
»To See You Again« (Vonda Shepard)

Drehbuch:

David E. Kelley

Regie:

Rachel Talalay

Originaltitel	Erstausstrahlung USA	Geplante Erstausstrahlung Deutschland	Fazit	Note
Saving Santa	FOX: 13.12.1999	VOX: 17.10.2000	Unausgewogene Folge: von aggressiv (Billy/Ally/Georgia) bis zutiefst romantisch und rührend (Johns Plädoyer).	2

3.08 Ihr Kinderlein kommet

Elaine findet ein Baby und will es adoptieren. Das Jugendamt ist dagegen. Und dann taucht auch noch die biologische Mutter auf.

Ally und Elaine gehen abends nach Hause. Elaine versucht Ally zu überreden, auf der Weihnachtsparty von Cage/Fish zu singen. Auf der anderen Straßenseite steht eine Krippe mit Eseln, Hirten, Maria und Josef – und in der Krippe liegt ein echtes, weinendes Baby. Elaine findet es süß – und nimmt es mit nach Hause. (Ally hat das Baby im ersten Augenblick für das »Dancing Baby« gehalten, das ihr schon so oft erschienen ist, und deshalb ein paar Mal »Ooga Chaka« gesummt, aber dieses Baby ist tatsächlich echt.)

Am nächsten Morgen bringt Elaine das Baby mit ins Büro. Es ist ein Junge. »Ich habe ihn Elliot genannt, ich werde ihn behalten«, sagt sie. Ally ist entsetzt.

Billy macht Oben-ohne-Fitnessübungen in seinem Büro. Seine Assistentin Sandy kommt herein – und ist verstört. Er zieht sein Hemd an. Sandy rät ihm, Georgia zur Weihnachtsfeier einzuladen. Billy lehnt jedoch ab. Er fürchtet, Georgia werde sowieso nicht kommen.

John und Ally vertreten Elaine vor Gericht gegen das Jugendamt. Sie ziehen Margaret Camaro (eine lesbische Soziologin und Adoptivmutter) als Fachfrau hinzu. Sie hat selbst gerade ein Baby adoptiert und soll über frühkindliche Bindungen aussagen.

Billy überwindet sich und lädt Georgia zur Weihnachtsfeier ein. Sie lehnt ab. Billy sucht Zuflucht und Verständnis bei den Anonymen Chauvinisten. Als er wenig später Elliot auf dem Arm hält, kommt

Ally zu ihm ins Büro und staunt nachdenklich: »Vor sieben Jahren hätte ich noch gedacht, das wäre bestimmt *unser* Sohn.«

Sowohl Georgia als auch die Mitarbeiter von Cage/Fish werden von Sozialarbeitern befragt, ob Elaine wohl eine gute Mutter wäre. Vor Gericht betont das Jugendamt daraufhin Elaines promiskuitives, unzuverlässiges Verhalten – »und zudem hat sogar ihre eigene Familie sie wegen Ideendiebstahls verklagt!« (Das war in der zweiten Staffel.) Diese üblen Infos stammen von Georgia. Ally sagt zu Gunsten von Elaine aus. Elaine gewinnt den Prozess – sie darf Elliot behalten!

Ein Grund mehr zum Feiern! Ally singt im kurzen sexy Weihnachts-Outfit »Santa Baby« auf der Weihnachtsfeier. Elaine geht mit Elliot hoch in die Kanzlei, wo es leiser ist. Zum Windelnwechseln trägt sie ihre neueste Erfindung, eine Schutzbrille mit Scheibenwischern, damit Elliot sie nicht anpinkeln kann. Es klingelt. Eine junge Frau kommt mit ihrer Familie aus dem Fahrstuhl. Sie ist die wahre, biologische Mutter des Jungen. Sie habe Elliot in einem Anfall postnataler Depression ausgesetzt, aber jetzt wolle sie ihn wiederhaben. Alle – selbst Richard und Ling – eilen Elaine zu Hilfe und sichern ihr Unterstützung zu. Aber Elaine entscheidet sich anders: Sie gibt das Baby seiner Mutter zurück!

Gäste:

Wendy Worthington (Margaret Camaro)
Gina Philips (Sandy Hingle)
Robert Curtis Brown (McCabe)
Linda Pine (Lynn)
Brad Wilson (Harold)
Aloma Wright (Harris)
Gerry Becker (Stone)
Joanna Sanchez (Janine Waller)

Musik:

»Macho Man« (Village People)
»No One Is Alone« (Vonda Shepard, aus Stephen Sondheims Musical »Into The Woods«)
»Santa Baby« (Jane Krakowski)
»New Man In Town« (Mighty Sam McClain)
»You're The First, The Last, My Everything« (Barry White)
»All The Pretty Little Horses« (Vonda Shepard)
»Santa Baby« (Calista Flockhart)

Drehbuch:

David E. Kelley

Regie:

Jonathan Pontell

Original-titel	Erstaus-strahlung USA	Geplante Erstaus-strahlung Deutschland	Fazit	Note
Blue Christmas	FOX: 20.12.1999	VOX: 24.10.2000	Juristisch raffiniert; sehr trauriger, nicht ganz glaubwürdiger Schluss. Allys Song ist richtig sexy.	1–2

3.09 Echte Kerle

Ally freundet sich mit einem Obdachlosen an. Ling wird angeklagt, weil sie angeblich ein (illegales) Bordell betreibt.

Auf der Straße pöbelt ein Obdachloser Ally an. Sie ist entsetzt, aber seine Vorwürfe treffen den Nagel auf den Kopf – Ally kommt ins Grübeln, kehrt um und geht mit dem Mann einen Kaffee trinken. Louis, der Obdachlose, versteht sich gut mit ihr. Sie ist sogar kurz davor, sich zu verlieben. Louis erzählt ihr, er habe einige dumme finanzielle Entscheidungen getroffen und dadurch alles verloren, aber er sei zu stolz, um im Obdachlosenheim Unterschlupf zu suchen.

Ling wird verhaftet, weil sie einen Begleitservice betreibt, bei dem minderjährige Jungen schöne Mädchen als Begleiterinnen für Partys bestellen können. Eines ihrer Mädchen hat mit einem Kunden geschlafen. Gehörte dies zum bezahlten Service, wäre es (strafbare) Zuhälterei.

Billy ist begeistert und bestellt bei Ling sechs bildschöne Mädchen, um einen potentiellen Mandanten zu beeindrucken.

Nelle und John streiten sich, weil Nelle erfahren hat, dass John einmal mit einem Callgirl Sex hatte. John verteidigt sich: »Wenn ein Mann in eine Bar geht, ist er doch auch nur auf Sex aus. Ich hatte dafür zu viel zu tun. Für mich war es einfacher, mit der Maus auf ›Begleitservice‹ zu klicken!« Aber er betont, inzwischen ein ganz anderer Mensch zu sein. Nelle hingegen findet, Menschen seien immer nur die Summe ihrer Vergangenheit.

Louis besucht Ally in der Kanzlei. Er trägt einen Anzug. Er behauptet, in Wirklichkeit gar nicht obdachlos zu sein, sondern bloß für ein Buch recherchiert zu haben. Hauptberuflich arbeite er bei einer Versicherung. Ally ist ernsthaft interessiert an Louis, weiß aber nicht recht, ob sie ihm Glauben schenken kann.

Vor Gericht sagt der junge Marcus aus, ein Kunde von Lings Begleitservice: »Ich habe mehrfach eine junge Dame bestellt, um meine Klassenkameraden neidisch und meine Klassenkameradinnen auf mich aufmerksam zu machen. Ich habe für den Sex nichts extra bezahlt, sondern ihn für eine Art ›Upgrade‹

gehalten.« Der Richter findet keinen Anhaltspunkt für »Sex gegen Geld« und spricht Ling deshalb widerwillig frei.

John und Nelle streiten sich immer noch. Nelle wirft ihm vor, er habe das Callgirl doch bestimmt auch geschlagen, oder etwa nicht? John bestreitet das und fragt Nelle, warum sie so wütend auf ihn sei. Nelle gesteht: »So tolerant ich an und für sich bin, die Vorstellung, dass der Mann, den ich einmal heiraten werde, der Vater meiner Kinder, bei einer Prostituierten war, das tut weh. Ich weiß, Heirat ist noch kein Thema für dich, John, aber irgendwann wirst du verheiratet sein, mit irgendwem, und was werden dann deine Kinder sagen?« John starrt Nelle entgeistert an.

Ally hat sich inzwischen noch ein paarmal mit Louis getroffen und findet ihn immer sympathischer. Aber als sie ihn einmal in seinem Büro besuchen will, erlebt sie eine böse Überraschung: Er arbeitet schon lange nicht mehr dort. Ally kehrt in die Kanzlei zurück, wo Louis mit einem Blumenstrauß auf sie wartet. Es stellt sich heraus, dass Louis sowohl die Anzüge als auch die Blumen gestohlen hat und dass er an starken Persönlichkeitsstörungen leidet. Schweren Herzens teilt Ally Louis mit, dass aus ihnen nichts werden könne. Er kehrt auf die Straße zurück.

> Ted Marcoux, der Darsteller des Obdachlosen Louis, war wenige Wochen nach Erstausstrahlung dieser Folge als Mordverdächtiger in David E. Kelleys zweiter US-Hitserie »Practice – Die Anwälte« zu sehen (Folge 4.12, »New Evidence«).

Gäste:

Ted Marcoux (Louis)
Fred Koehler (Marcus)
Rikki Dale (Leslie)
Austin Tichenor (Warren Tisbury; gleiche Rolle wie in »Practice – Die Anwälte«)
Albert Hall (Richter Seymore Walsh)
Gina Philips (Sandy Hingle)
Harry Danner (Hallen)

Musik:

»Neighborhood« (Vonda Shepard)
»I Hope That I Don't Fall In Love With You« (Vonda Shepard, ein Hit von Tom Waits)

Drehbuch:

David E. Kelley (Story: Josh Caplan und David E. Kelley)

Regie:

Dennie Gordon

Originaltitel	Erstausstrahlung USA	Geplante Erstausstrahlung Deutschland	Fazit	Note
Out In The Cold	FOX: 10.01.2000	VOX: 31.10.2000	Lustiger Fall, aber langweilige und unglaubwürdige Lovestory.	3

3.10 Freunde, Feinde und Liebhaber

Ally verliebt sich plötzlich in John. Billys Assistentin kündigt. Und Elaine erlebt ein frustrierendes Rendezvous.

Ally arbeitet lange. Vor dem Fahrstuhl trifft sie John. Die beiden küssen sich leidenschaftlich. Puff, Ally wacht auf: alles nur ein Traum! Aber ... vielleicht ist John trotz allem doch der Richtige, der Mann fürs Leben? Ally geht ganz aufgeregt ins Büro, vielleicht findet ihr trübes Single-Dasein bald ein Happy End?!

Billy tritt mit sechs in schwarzes Latex gekleideten Models und einer fetten Zigarre auf, um einen millionenschweren Mandanten zu beeindrucken. Ally findet ihn einfach nur peinlich.

Elaine zieht in Allys Büro eine knallenge und in Sex-Duftstoffen eingelegte (!) Hose an. Sie ist mit Bob verabredet und der ist am Telefon sehr charmant.

Wann immer Ally an diesem Tag auf John trifft, grinst sie breit und stellt dumme Fragen. John ist verwirrt, er wird aus ihrem merkwürdigen Verhalten nicht schlau.

Ally fragt Ling im Waschraum: »Was sollte ich tun, wenn ich *den richtigen Mann* gefunden habe, er aber noch mit einer anderen Frau zusammen ist?« Ling rät ihr, es trotzdem zu versuchen. Später kommt Ling darauf, dass Ally ihrer Freundin Nelle den Freund – John – ausspannen will. Sie stürzt in Allys Büro und faucht sie an. (Sie speit wortwörtlich Feuer, ein wunderbarer Spezialeffekt.) Ally faucht zurück.

Sandy kündigt bei Billy, »weil dein Auftreten mir zu peinlich geworden ist. Ich liebe meinen Job und dein Verhalten lässt mich schlecht dastehen«. Er entschuldigt sich und verspricht, nicht mehr mit den Models herumzulaufen. Sandy bleibt.

Elaine hat das Date mit Bob auf den Abend verschoben. Stolz erklärte sie Ally noch: »Wenn du *den richtigen Mann* treffen willst, musst du auch etwas dafür tun.« Doch der an sich nette Abend endet abrupt, als Bob unbedingt noch mit in Elaines Apartment will – sein Freund habe vor ein paar Wochen doch auch gleich am ersten Abend mit ihr geschlafen, erklärt er vorwurfsvoll! Elaine ist entsetzt: Gerade weil sie Bob *mag*, hatte sie ihn nicht heraufgebeten. Am nächsten Tag kommt sie im klassischen, hochgeschlossenen Kleid ins Büro – Elaine ist ganz wild darauf, ihren schlechten Ruf abzustreifen.

Ally gesteht John ihren Traum und versucht, ihn zu einer Romanze zu überreden. John denkt darüber nach, entscheidet aber schließlich, lieber »Nelle als Freundin und Ally als Therapeutin« zu behalten, weil Ally einfach zu merkwürdig für ihn sei und Nelle ihm andererseits viel Halt gebe. Ally ist frustriert, aber John tröstet sie. Und letztlich muss auch sie zugeben, dass er wahrscheinlich Recht hat und gar nicht der Mann ihrer Träume ist – oder eben gerade *nur* ihrer Träume.

Kaum ist dieses Drama ausgestanden, kommt Georgia in die Kanzlei gestapft – und drückt Billy den Scheidungsantrag in die Hand. Billy fragt entgeistert: »Und das musstest du hier höchstpersönlich vorbeibringen?« Georgia zischt selbstzufrieden: »Ja!«

Am Schluss gehen John und Nelle (die von Allys Liebesattacke nichts mitbekommen hat) Hand in Hand durch die verschneiten Straßen Bostons. Er macht ihr ein rührendes Geständnis: »Ich liebe dich!« Ally und Elaine gehen ebenfalls gemeinsam nach Hause. Der traurige Billy begleitet Sandy zu ihrem Apartment. Und Georgia marschiert allein und verbittert durch die Kälte.

Amüsanterweise konnten Calista Flockhart und Peter MacNicol bereits in einem romantischen Theaterstück die Liebe üben: Beide standen in New Yorker Inszenierungen von »Romeo und Julia« auf der Bühne, MacNicol als Romeo, Calista als Julia!

Gäste:

Carlos Jacott (Bob Russell)
Gina Philips (Sandy Hingle)

Musik:

»See Me, Feel Me …« (Vonda Shepard, ein Hit von The Who)
»New Man In Town« (Mighty Sam McClain)
»It's So Easy« (Vonda Shepard, ein Hit von Linda Ronstadt)
»You're My First, My Last, My Everything« (Barry White)
»Keep Your Hands Off My Baby« (Vonda Shepard, ein Hit von Little Eva/Carole King)
»Seems Like A Mighty Long Time« (Vonda Shepard)
»You've Got A Friend« (Vonda Shepard, ein Hit von James Taylor/Carole King)

Drehbuch:

David E. Kelley

Regie:

Michael Schultz

Original-titel	Erstaus-strahlung USA	Geplante Erstaus-strahlung Deutschland	Fazit	Note
Just Friends	FOX: 17.01.2000	VOX: 07.11.2000	Getragene, etwas konstruierte Folge mit schönem, ruhigem Schluss.	2

3.11 Schwere Geschütze

Georgia verklagt Cage/Fish, ihre Ehe mit Billy zerstört zu haben.

Georgia verklagt Cage/Fish, durch eine »sexuell aufgeladene Atmosphäre« ihre Ehe mit Billy zerrüttet zu haben: Die Kanzlei habe den »neuen« (chauvinistischen) Billy hervorgebracht und dadurch sei ihre Ehe kaputt gegangen. Diese Argumentation ist selbst Richard zu weit hergeholt. Aber schon aus Trotz erscheint die gesamte Kanzlei vor Gericht. Georgias kleinwüchsiger Anwalt Fallow demütigt insbesondere John und seine Macken. Das ist ein Fehler, denn nun nimmt John sich vor, Georgia auseinander zu nehmen: »Die kriege ich! Die kriege ich!«, murmelt er zornbebend.

Ally wirft Georgia in einer Verhandlungspause vor, einfach nur vom Leben enttäuscht zu sein und deshalb ihre Freunde zu verklagen. Georgia kontert: »Vor zwei Jahren hast du dich wie Julie Andrews benommen, und jetzt kannst du nicht mal mehr deinen Wagen in die Waschanlage fahren, ohne jemanden zu vögeln – und du willst mir erzählen, diese Kanzlei sei nicht sexuell geladen?«

Selbst Renée stellt Georgias Motivation infrage, aber die wehrt ab: »Richard hat Billy gesagt, er solle sich nicht schämen, ein Chauvi zu sein. Nelle flirtet dauernd mit ihm. Ally hat ihn geküsst. John Cage hat nichts davon verhindert. Und diese Leute sollen meine Freunde sein?«

Nach dem nächsten Verhandlungstag sprechen Ally und Billy darüber, wie enttäuscht sie beide vom Leben sind. Zwischendurch verwandeln sie sich wieder in Kinder, wie es in der gesamten Folge allen Beteiligten mehrmals geschieht.

Richard ist frustriert darüber, was aus der Firma geworden ist. Er will die Kanzlei stärker strukturieren und in fachspezifisch orientierte Einheiten unterteilen. John ist dagegen – er hat den Traum von einer einzigartigen Kanzlei, in der es Spaß macht zu arbeiten, noch nicht verloren.

John hat in seinem Bürozimmer probeweise Hunderte von Wassergläsern eingegossen, als Nelle ihn am nächsten Verhandlungstag abholt. Während des Plädoyers von Georgias Anwalt gießt John genüsslich und geräuschvoll Wasser in sein Glas – ein herrlicher Störeffekt.

Vor Gericht betont Billy, wenn seine Ehe zu retten gewesen sei, indem er anderswo arbeitet, hätte er das selbstverständlich getan. Selbst Georgia muss zugeben, ihn aber auch nie darum gebeten zu haben. John macht Georgia im Verhör zur Schnecke: »Sie hat selbst keinerlei Anstrengungen unternommen, um ihre Ehe zu retten! Und nun will sie *uns* die Verantwortung dafür geben!« Dann hält er eines seiner besten – und zornigsten – Schlussplädoyers. Am Ende steht ausgerechnet Billy auf und unterbricht John, der sonst wahrscheinlich Georgia gnadenlos niedergemacht hätte.

Während Georgia und Cage / Fish auf das Urteil warten, beschwert sie sich, niemand habe nach ihrer Kündigung auch nur angerufen, »ich habe noch nicht mal einen Kuchen zum Abschied bekommen«. Ally lächelt und sagt: »Um Zeit mit deinen Freunden verbringen zu können, musst du uns doch nicht verklagen.« Georgia verliert den Prozess, geht aber am Abend mit den anderen essen. Und der Richter betont amüsiert: »Wenn ich bei Ihnen in der Gegend bin und mal muss, werde ich bestimmt vorbeikommen und mir diese legendäre Unisex-Toilette anschauen.«

Gäste:

Curtis Armstrong (Jimmy Fallow)
Roy Brocksmith (Richter Norway)
Amy Castle (Ally als Mädchen)

Musik:

»Over The Rainbow« (Vonda Shepard)
»Going The Distance« (aus: »Rocky«)

Drehbuch:

David E. Kelley

Regie:

Alan Myerson

Original-titel	Erstaus-strahlung USA	Geplante Erstaus-strahlung Deutschland	Fazit	Note
Over The Rainbow	FOX: 07.02.2000	VOX: 14.11.2000	Eine der spannendsten und entlarvendsten Folgen.	1

3.12 Zwergenaufstand

Ally fährt dem süßen Dennis hinten rein, um ihn kennen zu lernen. Und Ling kämpft vor Gericht für einen alten Mann, der Wahnvorstellungen hat.

Ally fährt mit dem Auto durch Boston. Der junge Mann im Wagen vor ihr sieht verdammt gut aus, also fährt sie ihm übermütig hinten rein, um ihn kennen zu lernen.

Gleichzeitig, aber anderswo in Boston: Richard schleicht Ling nach. An einer roten Fußgängerampel fährt sie einen Blindenstock aus und überquert rotzfrech die Straße. Hupend bleiben alle Autos stehen. Richard läuft ihr entsetzt nach und beschwert sich vorwurfsvoll: »Ling, es gibt *echte* Blinde!« Ling kontert kühl: »Ja, aber von denen hat mich keiner gesehen.« Eigentlich wollte Richard nur herausfinden, wohin Ling immer so geheimnisvoll verschwindet. Zähneknirschend nimmt sie ihn mit – zum Tanztee im Altersheim! Vor allem der freundliche Marty dort hat es ihr angetan.

Die Altenheimleiterin aber will Marty rauswerfen, weil der mit seinen absurden Storys die anderen Alten ganz durcheinander bringt. Vor allem hat er von Pygmäen berichtet, die angeblich Jagd auf Rentner machen. Als Ling in der Kanzlei davon erzählt, wundert sich John Cage, denn »Pygmäen sind an und für sich friedlich«.

Ally hat es geschafft und geht mit ihrem Unfallopfer Dennis aus. Das Date fängt ganz gut an, denn Dennis arbeitet als Onkologe. Kommentar Ally: »Du siehst also gut aus und kannst Krebs heilen.« Das ist zwar schön, aber leider lacht Dennis darüber wie ein grunzendes Schwein. So hat er keine Chance bei Ally; sie verbringt den ganzen restlichen Abend damit, ein schreckliches Thema nach dem anderen anzuschneiden – von Aids bis zum Holocaust –, nur damit Dennis nicht wieder lacht.

Ling übernimmt Martys Verteidigung, zieht vor Gericht und verliert. Marty ist ein gebrochener Mann. Ling bietet ihm an, er könne bei ihr wohnen und jederzeit seine Freunde im Altersheim besuchen. Richard, John, Ling und Marty gehen spazieren und besprechen die Situation. Plötzlich sieht Marty wilde Pygmäen und rennt verzweifelt auf die Straße. Ein Auto fährt ihn um. (Die Pygmäen sind entsetzlich schlechte Computeranimationen; dass Marty sich da vors Auto stürzt, ist verständlich.)

Marty wird ins Krankenhaus eingeliefert. Er ist ins Koma gefallen. John, Ling und Richard fahren mit und übernachten sogar im Krankenhaus (eine sehr rührende Szene). Ling entscheidet schließlich – gegen ihren Willen, aber in Martys Sinne –, die lebenserhaltenden Maschinen abschalten zu lassen.

Ally hat Dennis wegen seines Lachens eiskalt abserviert. Dennis staunt: »Du warst verzweifelt genug, mir hinten rein zu fahren, aber du bist nicht verzweifelt genug für …« Darüber muss er schon wieder lachen. Ally flieht. Dennis rächt sich mit einer gigantischen Schmerzensgeldforderung wegen des Auffahrunfalls. Ally muss tatsächlich 25.000 Dollar (rund 50.000 Mark) zahlen. Dennis und sein Bruder – der zugleich sein Anwalt ist – lachen sich tot. Und zu allem Überfluss lacht Dennis' Bruder ebenso grässlich wie er …

Gaststar Craig Bierko (Dennis) war u. a. in »Fear And Loathing In Las Vegas« zu sehen und trat im Frühjahr 2000 am Broadway ausgerechnet in Ally McBeals Lieblingsmusical »The Music Man« auf.

Gäste:

Annie Abbott (Taylor)
Daniel Nathan Spector (Donald)
Raphael Sbarge (Burlingham)
Lillian Adams (Marion)
Albert Hall (Richter Seymore Walsh)
Richard Penn (Dr. Yellen)
Orson Bean (Lings Freund)
Craig Bierko (Dennis)

Musik:

»Beechwood 4-5789« (Vonda Shepard, ein Hit der Marvelettes)

»The Chattanooga ChooChoo« (Yvonne Williams, ein Hit von Glenn Miller)
»They Were You« (Yvonne Williams)
»Once Upon A Time« (Orson Bean)

Drehbuch:

David E. Kelley (Story: David E. Kelley und Josh Caplan)

Regie:

Arvin Brown

Originaltitel	Erstausstrahlung USA	Geplante Erstausstrahlung Deutschland	Fazit	Note
In Search Of Pygmies	FOX: 14.02.2000	VOX: 21.11.2000	Miese Computeranimationen, z. T. wirres Drehbuch. Aber herzerwärmende Szenen mit Ling, Richard und John.	2

3.13 Kalter Kaffee

Ein Mandant will seine Ehe annullieren lassen, weil seine Frau lesbisch ist. Ally kippt einem bisexuellen Richter Kaffee über den Kopf. Und Sandy küsst Billy – auf Allys Rat hin!

Ally bestellt morgens im Coffeeshop einen Cappuccino. Der Kaffeeverkäufer stellt sich vor – er heißt Hammond Dearing – und baggert sie an. Sie wehrt ab. Er küsst sie, denn »meine Ex sagte immer, ich könne gut küssen«. Empört gießt Ally ihm ihren frisch gebrauten Kaffee über den Kopf. »Und Ihre Ex«, setzt sie zickig hinzu, »hat gelogen.«

Nelle hat Verständnis für Allys Reaktion: »Wie kann ein Kaffeeverkäufer es wagen, eine Anwältin anzuquatschen?«, urteilt sie im Unisex-Waschraum. John hört mit und ist entsetzt. Er findet Nelle arrogant, weil sie nicht bereit wäre, zum Beispiel mit einem Klomann auszugehen. *Er* würde mit einer Klofrau ausgehen. »Typisch, solange eine Frau gut aussieht, interessieren keinen Mann ihre inneren Werte«, mault Nelle. Sie findet, John sei ein Heuchler: »Du bist eigenartig. Ich bin trotzdem mit dir zusammen. Aber hätte ich überhaupt angefangen, mich für dich zu interessieren, wenn du kein Geld hättest? Bestimmt nicht!«

Während John und Nelle streiten, treffen sich Ally und Richard im Konferenzraum mit ihrem Mandanten Evan, der seine Ehe mit Lisa annullieren lassen will, weil Lisa lesbisch ist – was er aber erst nach dem Eheschwur erfuhr. Lisa wird von Georgia vertreten.

Am Abend holt Ally sich noch einen Kaffee. Der Verkäufer versucht es erneut. Er entschuldigt sich für den Kuss und verrät Ally, dass ihm der Laden sogar gehört. Ally ist trotzdem nicht interessiert und gießt ihm einen weiteren Kaffee über den Kopf.

Am nächsten Tag soll sie vor Gericht für Evan argumentieren – aber einer der Richter ist der Coffeeshop-Besitzer! (Das wäre in Amerika theoretisch möglich, wenn auch extrem unwahrscheinlich.) Ally ist der Meinung, »eine Ehe ist ein Vertrag, und verheimlichtes Lesbentum ist Betrug – also ein Vertragsbruch«. Der Richter gesteht, bisexuell zu sein, und weist die Klage ab.

Ally beschwert sich bei Richter Dearing, dass er sie »betrogen« habe, da er ihr im Coffeeshop nicht sagte, dass er Richter sei. Der Richter erklärt ihr, die Ehe bestehe »in guten und in schlechten Zeiten« fort, auch wenn sie offenbar glaube, »Schwulsein sei schlecht«. Daraufhin bezeichnet Ally den Richter als »Schwein«. Der lässt sie vom Sicherheitsdienst abführen: »Sie können mir Kaffee über den Kopf gießen, wenn ich in Zivil bin, aber hier bin ich Richter!« Am Abend kommt er Ally im Gefängnis besuchen und bietet ihr an: »Eine Entschuldigung und Sie sind draußen.« Ally knurrt: »Es tut mir sehr Leid, dass Sie so ein Arschloch sind!« Dearing verurteilt Ally zu einer Nacht »Sozialdienst« in seinem Coffeeshop, da zahlreiche Angestellte sich krank gemeldet haben. Nach einiger Zeit im Coffeeshop scheint Ally sich an Dearing gewöhnt zu haben – sie kommt aber nicht darüber hinweg, dass er auch mit Männern ins Bett geht.

Nelle geht aus der Bar noch einmal hoch in die Kanzlei, um nachzuschauen, wo John bleibt. »Kommst du bald, mich machen dauernd irgendwelche Typen an«, beklagt sie sich. »Hoffentlich keine Klomänner«, lästert John beleidigt. Nelle zieht wieder von dannen. John tanzt zu »Gimme Dat Ding«, um sich abzureagieren. Aber er bleibt nicht lange ungestört. Richard schaut bei ihm vorbei und verkündet: »John, du bist klein, siehst nicht besonders gut aus und benimmst dich ziemlich eigenartig. Aber Nelle mag Männer mit Geld. Statt sie dafür zu verdammen, solltest du dankbar sein, denn sonst hättest du bei ihr doch gar keine Chance gehabt.« John ist perplex.

Billy hat derweil seiner Assistentin Sandy gestanden, dass er sich zu ihr »hingezogen« fühle, was natürlich völlig unmöglich sei … trotzdem haben die beiden sich geküsst. Sandy ist total durcheinander. Am Abend geht sie sich auf dem Heimweg noch schnell einen Kaffee holen – und begegnet Ally, der sie von ihrer Verwirrung erzählt. Ally macht ihr Kaffee und rät: »Wenn er dir wirklich gefällt, versuch es unbedingt, denn ich kann Billy nur empfehlen.«

Sandy befolgt Allys Rat.

Gäste:

Richard Topol (Evan)
Pamela Warren (Lisa)
Rosemary Forsyth (Richterin Graves)
Eric Christmas (Richter Morrison)
Mark Feuerstein (Richter Kevin Hammond)
Gina Philips (Sandy Hingle)

Musik:

»Gimmie Dat Ding« (Vonda Shepard)
»The Java Jive« (Vonda Shepard, ein Hit von Manhattan Transfer)
»Love On A Two-Way Street« (Vonda Shepard)
»Both Sides Now« (Vonda Shepard, ein Hit von Joni Mitchell)
»I Get Around« (Vonda Shepard, ein Hit der Beach Boys)
»Tell Him« (Vonda Shepard)

Drehbuch:

David E. Kelley

Regie:

Jonathan Pontell

Originaltitel	Erstausstrahlung USA	Geplante Erstausstrahlung Deutschland	Fazit	Note
Pursuit Of Loneliness	FOX: 21.02.2000	VOX: 28.11.2000	Witzige, anregende Idee; etwas banale Umsetzung. Sandy und Billy sind schrecklich berechenbar!	2

3.14 Locker aus der Hüfte

Ally gewinnt einen Auftritt als Background-Sängerin von Tina Turner. Und ausgerechnet John vertritt drei Mandanten, die gekündigt wurden, weil sie »merkwürdig« sind.

Tina Turner (die echte!) wird in der Bar auftreten, wo sonst immer Vonda Shepard aufspielt. Elaine und Ally sind ganz aufgeregt: Sie nehmen an einem Wettbewerb teil – und der Hauptpreis ist ein Auftritt als Chorsängerin bei Tina. Die Sängerin höchstpersönlich ist anwesend und wird die Siegerin küren.

Ally behauptet allen Ernstes, sie sei Tina Turner »von allen Stars auf der ganzen Welt am ähnlichsten«. Knochentrocken entgegnet Elaine, sie habe auch sofort an Tina denken müssen, als sie Ally das erste Mal sah.

Allys Auftritt ist lächerlich schrecklich, aber natürlich gewinnt sie trotzdem.

John und Richard vertreten drei Mitarbeiter einer

Computerfirma, die gekündigt wurden, weil sie »merkwürdig« sind. Einer hat einen Bart und trägt dazu Schminke und eine blonde Frauenperücke, ein anderer klatscht dauernd in die Hände und wiederholt krampfhaft Wörter und der dritte mümmelt kaum verständlich vor sich hin. Keiner der drei leistet schlechte Arbeit, aber sie hinterließen bei Kunden, die bei der Firma zu Besuch kamen, einen unangenehmen Eindruck.

Nach dem ersten Prozesstag gibt Richard ein Interview, in dem er Boston als »eine Stadt voller hässlicher Menschen« bezeichnet, »und deswegen geht dieser Fall uns alle an!« John ist entsetzt. Richard wirft ihm vor, den Fall viel zu persönlich zu nehmen, »weil du genauso merkwürdig bist wie unsere Mandanten«.

Ally hackt arrogant auf Elaine herum, weil diese den Wettbewerb verloren hat. Ling bekommt das mit. Später lässt Tina Turner Elaine ausrichten, sie habe besser getanzt als Ally, allerdings auch besser als sie selbst, weswegen sie sich für Ally entschieden habe, um nicht an die Wand getanzt zu werden. Ling lächelt zufrieden ... steckt sie etwa dahinter? Elaine jedenfalls freut sich. Ally hingegen tanzt tatsächlich auf derselben Bühne wie die berühmte R'n'B-Diva, hat aber hinter den Kulissen leider keine Gelegenheit, mit Tina zu sprechen, da diese zu beschäftigt ist.

Von der Bühne aus sieht Ally, wie der blondierte Billy ihr fröhlich Beifall klatscht. Das ist ihr peinlich und nach dem Konzert streitet sie sich mit ihm, denn »du hast mich *noch mal* verlassen, indem du dieser alberne ›neue Billy‹ wurdest, und dadurch hast du auch noch unsere Freundschaft kaputt gemacht, sodass uns nicht einmal mehr die bleibt!« Billy aber mag Ally immer noch genauso wie bisher, also versöhnen die beiden sich.

Für Ally geht diesmal alles gut aus, für John jedoch nicht – er verliert seinen Fall, ist persönlich beleidigt und führt mit den drei Klägern eine trotzige Mini-Parade auf der Straße vor dem Gerichtsgebäude auf.

Gäste:

Tina Turner
Anthony Anderson (Matthew Vault)
Robert Clendenin (Benjamin Winter)
Steven Culp (Staatsanwalt Dixon)
Albert Hall (Richter Seymore Walsh)
Cheryl Hawker (Mindy Platt)
Eddie Kehler (Paul Potts)
Davenia McFadden (Gloria)
Gina Philips (Sandy Hingle)

Musik:

»A Fool In Love« (Tina Turner)
»Proud Mary« (Tina Turner)
»When The Heartache Is Over« (Tina Turner)
»You're The First, The Last, My Everything« (als Marsch)

Drehbuch:

David E. Kelley

Regie:

Bryan Gordon

Originaltitel	Erstausstrahlung USA	Geplante Erstausstrahlung Deutschland	Fazit	Note
The Oddball Parade	FOX: 28.02.2000	VOX: 05.12.2000	Unglaubwürdig. Tina Turner toll, der Rest absurd.	2–3

3.15 In gefährlicher Mission

Ein Mann soll einen Mord begangen haben; John beweist das Gegenteil. Billy hat Sex-Halluzinationen – und einen Hirntumor.

Paul Potts, der stotternde Klatscher aus der letzten Folge, soll einen Mord begangen haben. Seine

Freunde (ebenfalls aus der letzten Folge) alarmieren John Cage, der den Fall sofort übernimmt. Am nächsten Morgen kommt Matthew in die Kanzlei – John hatte ihn zusammen mit Paul in der letzten Folge vertreten, weil er Frauenkleider, Vollbart, Make-up und eine blonde Perücke trägt und deshalb gekündigt worden war. Billy starrt den eigenartigen Mandanten an – und sieht eine wunderschöne Frau! Er versucht, Matthew anzubaggern, bemerkt aber plötzlich, dass er es mit einem bärtigen Mann zu tun hat. Billy erschrickt und weicht verlegen in sein Büro zurück. Allerdings sitzt Nelle an seinem Schreibtisch. Er schaut sich verwirrt um und stellt fest, dass er versehentlich in Nelles Büro gegangen ist.

Im Laufe der Folge hat Billy noch weitere Sex-Halluzinationen. Er fantasiert von Georgia und küsst versehentlich Nelle, die er für Sandy hält. Nelle schickt Billy zum Arzt und reißt sich bei der Gelegenheit gleich dessen wichtigsten Mandanten unter den Nagel. Sie gaukelt Billy vor, nur kurzfristig für ihn einzuspringen, denn »in deinem Zustand würdest du den Mandanten sowieso verlieren«. Er ist sogar noch dankbar für Nelles intrigantes Doppelspiel! Dem Mandanten erklärt sie, man habe Billy den Fall weggenommen und sie sei ohnehin die bessere Anwältin.

John bekommt heraus, dass der Tote ein Verhältnis gehabt haben soll. Ally fährt vor Gericht mehrfach kreischend zusammen, weil der Bericht von der Mordnacht so gruselig ist. Sie und John vermuten: »Es war entweder die Witwe oder die Geliebte.«

Ally schleimt sich (mit einem versteckten Mikro) bei der ehemaligen Geliebten des Toten ein. Sie will ihr ein Geständnis entlocken, denn Richard, John und sie vermuten, die Geliebte habe den Mord begangen, weil ihr Lover sich nicht scheiden lassen wollte. Die Frau verhält sich ausgesprochen merkwürdig – und Ally entdeckt im Schrank die Witwe Debra: Die beiden *Frauen* hatten ein lesbisches Verhältnis und haben den überflüssigen Ehemann gemeinsam aus dem Weg geschafft! John und Richard hören im Wagen vor dem Haus mit, dass die beiden Lesben nun auch Ally umlegen wollen, geben sich als FBI-Beamte aus und stürmen die Wohnung, um Ally im letzten Augenblick zu retten. Die Frauen gestehen und Paul wird unverzüglich freigelassen.

Billy erfährt von seinem Arzt, dass er einen Hirntumor hat. (Er hat in dieser Folge erstmals Halluzinationen gehabt.) Er sucht Trost bei Georgia.

Gäste:

Anthony Anderson (Matthew Vault)
Robert Clendenin (Benjamin Winter)
Harry Danner (Hallen)
Helen Eigenberg (Kettering)
Eddie Kehler (Paul Potts)
Jenny Gago (Dr. Pontes)
Albert Hall (Richter Seymore Walsh)
Cheryl Hawker (Mindy Platt)
Marguerite MacIntyre (Debra)
Gina Philips (Sandy Hingle)
Christine Tucci (Nancy)

Musik:

(keine Songs in dieser Folge)

Drehbuch:

David E. Kelley

Regie:

Rachel Talalay

Originaltitel	Erstausstrahlung USA	Geplante Erstausstrahlung Deutschland	Fazit	Note
Prime Suspect	FOX: 20.03.2000	VOX: 12.12.2000	Billy hat offenbar einen Expresstumor und der Rest ist auch eher Schwachsinn. Immerhin: Der Schluss rührt sehr!	3–4

3.16 Kurz und schmerzvoll

Nelle trennt sich von John und Billy stirbt an seinem Hirntumor.

Billy sagt seinen Freunden und Kollegen, dass er einen Hirntumor habe. Der Arzt hält das Geschwür aber für operabel, daher sollen sich die anderen keine großen Sorgen machen. Allerdings halluziniert Billy nach wie vor (u. a. sieht er Nelle mit riesigen Brüsten).

John bleibt im Aufzug stecken – die Beine hängen heraus in die Kanzlei, der Oberkörper steckt fest. Elaine untersucht den sichtbaren Teil und stellt fest: »Die Socken passen nicht zueinander, wie süß!« Dann ruft sie die Feuerwehr zu Hilfe. Ling fragt genervt, ob sie jetzt etwa die Treppe benutzen müsse? Richard ruft John auf dem Handy an, um ihn zu beruhigen. Nelle nutzt die Gelegenheit, greift zu Richards Handy und macht mit John Schluss. Selbst Richard ist über ihre Kaltschnäuzigkeit entsetzt.

Billy hat immer häufigere und unglaubwürdigere Sex-Fantasien. Er sieht seine Assistentin Sandy nackt und bildet sich ein, kleine Computeranimationen aller Frauen in der Serie würden für ihn zu »Love Machine« auf den Tischen tanzen. Ally und Georgia begleiten Billy zum Arzt. Der Arzt singt ihm

»Lean On Me« vor (jedenfalls glaubt Billy das) und rät zu einer schnellen Operation.

Trotzdem besteht Billy darauf, zuvor noch seinen aktuellen Fall mit Ally zu Ende zu führen. Sie verteidigen eine Frau, deren (streng religiöser) Mann die Ehe mit ihr annullieren lassen will, da er in der Hochzeitsnacht feststellen musste, dass sie kosmetische Operationen hatte vornehmen lassen. Die Angeklagte findet das nicht weiter schlimm und verweist auf Ally, die »offensichtlich ebenfalls einiges hat nachbessern lassen«. Ally lässt diese Behauptung wütend aus dem Protokoll streichen, da sie »ganz sicher keine Nachbesserungen« habe durchführen lassen! Billy hält ein Abschlussplädoyer für die Liebe – und bezeichnet Ally darin liebevoll als »meine Frau, wir sind seit 12 Jahren jeden Tag zusammen«. Dann fällt er tot um.

Die Feuerwehrmänner haben John inzwischen befreit und mit einer leichten Rückenquetschung ins Krankenhaus gefahren. Richard besucht ihn dort und berichtet erschüttert von Billys Tod. Er weint.

Später erscheint Billy als Geist bei Ally im Büro und gesteht ihr seine ewige Liebe. Als Ally und Georgia jedoch die Beerdigung planen, lügt sie ihr vor, Billy habe als Letztes von ihr gesprochen: »Sag Georgia, dass ich sie liebe!« Georgia weint vor Glück.

Auf der Trauerfeier singen alle Billy zu Ehren seinen letzten Lieblingssong: »New Man In Town«. Spätabends besucht Ally dann noch Billys frisches Grab. Dort trifft sie Georgia. Die beiden Frauen, die Billy liebten, umarmen einander.

Billy eiskalt innerhalb von 14 Tagen aus der Serie zu schreiben hat schon fast »Dallas«-Kultstatus. Die Glaubwürdigkeit des Krankheitsverlaufes war offenbar überhaupt nicht wichtig. Zudem ist Produzent David E. Kelley etwas zu sehr verliebt in schlechte Computeranimationen: Weder die Pygmäen aus Folge 3.12 noch die Discofrauen in dieser können überzeugen, sie wirken billig und herzlos.

Gäste:

Kate Asner (Dr. Peters)
Roy Brocksmith (Richter Raymond Norway)
Dyan Cannon (Jennifer »Whipper« Cone)
Steven Culp (Staatsanwalt Dixon)
Kimberley Davies (Angela Prune)
Jay Karnes (Simon Prune)
Harrison Page (Reverend Mark Newman)
Gina Philips (Sandy Hingle)
Glyde Kusatsu (Dr. Myron Okubo)

Musik:

»Love Machine« (The Miracles)
»Lean On Me« (Clyde Kusatsu – Billys Arzt, ein Hit von Bill Withers)
»Neighborhood« (Vonda Shepard)
»You Belong To Me« (Vonda Shepard)
»New Man In Town« (Kirchenchor, ein Hit von Mighty Sam MacLean)
»And When I Die« (Kirchenchor, ein Hit von Blood Sweat and Tears)
»Home Again« (Vonda Shepard, ein Hit von Carole King)

Drehbuch:

David E. Kelley

Regie:

Jack Bender

Originaltitel	Erstausstrahlung USA	Geplante Erstausstrahlung Deutschland	Fazit	Note
Boy Next Door	FOX: 27.03.2000	VOX: 19.12.2000	Brutalofolge. Nichts für schwache Gemüter.	4

3.17 Beinfreiheit

Ally trauert um Billy. Gloria Gaynor (persönlich!) singt für sie »I Will Survive«. Und ein neuer Anwalt nimmt Billys Platz in der Kanzlei ein.

Ally erwacht todtraurig. Billy fehlt ihr. Aber immerhin: In ihrer Schlafzimmertür steht Gloria Gaynor und singt den Discohit »I Will Survive«. Ally duscht, zieht sich an – und flieht. Gloria folgt ihr und singt immer weiter.

Beim morgendlichen Meeting in der Kanzlei verkündet Richard den verdutzten Mitarbeitern: »Als mein Hund überfahren wurde, gingen meine Eltern los und kauften mir einen neuen. Hervorragende Therapie. Ich darf euch Billys Nachfolger Mark vorstellen!« Er präsentiert Mark Albert, den er gerade eingestellt hat. Mark soll gleich mit Ling, Ally und John zusammen an einem Fall arbeiten. Die Kollegen sind entsetzt. Ally meckert: »Billy ist tot und du gehst gleich los und holst dir ein neues Hündchen?!«

Wenig später beklagt sie sich im Unisex-Waschraum bei Richard: »Ich kann diesen Mark nicht ausstehen!« Richard weist Ally darauf hin, dass sie lange genug bei Cage/Fish arbeite, um zu wissen: »Wenn du im Waschraum über jemanden sprichst ... ist er hier.« Die Spülung rauscht, Mark kommt aus einer

Toilettenkabine. Ally schüttelt ihm kalt lächelnd die Hand, als wäre nichts geschehen.

Eine Gloria-Gaynor-Doppelgängerin spielt die Mandantin Nora Mills, die ihren Mann mit dessen eigener Beinprothese erschlagen hat, als sie ihn mit seiner Freundin im Bett erwischte. Immer wieder hört Ally Nora »I Will Survive« singen. Als sie sich bei Richard darüber beklagt, schlägt der vor, sie solle doch einfach Gloria Gaynor und Al Green verkuppeln, das sei bestimmt lustig. Ally aber kann darüber nicht lachen.

Ling versucht inzwischen, der trotzigen Nora beizubringen, sich sensibel zu geben und auf Kommando zu weinen, um sympathisch zu wirken. Ally nimmt eine Zeugin der Anklage ins Kreuzverhör – die Krankengymnastin und Geliebte des Mordopfers. Als sie fertig ist, springt Mark auf und stellt einige weitere Fragen. Ally ist beleidigt und macht Mark Vorwürfe. Der sagt, er habe doch bloß Billys Platz einnehmen wollen. Ally rastet aus und schreit: »Niemand wird je Billys Platz einnehmen können!« Kleinlaut zieht Mark sich zurück.

Nora versucht im Zeugenstand betrübt und reuevoll aufzutreten, so wie Ling es ihr geraten hat. Es wirkt aber bloß lächerlich. Um die Jury abzulenken und gleichzeitig zu beeindrucken, fängt Ling ebenfalls an zu weinen. Mark beschwert sich in einer

Verfahrenspause über Lings merkwürdiges Verhalten.

Nelle hat in der Zwischenzeit einen Termin mit einer von Allys Mandantinnen. Elaine fragt, wie es dazu kommt. Nelle versucht sich rauszureden: »Ich dachte, sie sei Johns Mandantin, und der ist doch immer noch im Krankenhaus.« Elaine glaubt ihr nicht. Nelle scheint nichts Gutes im Schilde zu führen ...

Im Zeugenstand muss Nora gestehen, dass ihr Mann sie schon früher betrogen hat. Aber sie habe ihn »einfach nicht verlassen können«. Ally sieht die Mandantin daraufhin »Never Can Say Goodbye« singen. Und plötzlich stimmen auch die Mitglieder der Jury ein. Junge, gut gebaute Sanitäter stürmen in den Gerichtssaal und tanzen mit Ally. Und schließlich fahren sie die Anwältin auf einer Bahre hinaus ...

... als Ally das nächste Mal die Augen aufschlägt, liegt sie im Krankenhaus. Sie ist im Gerichtssaal zusammengebrochen. Mark versichert ihr, sie müsse sich keine Sorgen machen – er werde ganz einfach das Schlussplädoyer halten. Ally ist wütend, denn sie will ihm nicht kampflos das Feld überlassen. Mark fragt Ally, ob sie auf ihn so zornig sei, weil da »offensichtlich etwas zwischen uns ist«. Ally versucht, Mark zu schlagen, ist aber zu schwach. Er küsst ihr die Hand und geht. Sie wirft die TV-Fernbedienung nach ihm – er jedoch fängt sie mit einer Hand auf und lächelt ihr mitleidig zu.

Nachdem Ally sich erholt hat, geht sie zu Richard ins Büro und bittet ihn erneut, Mark zu kündigen. »Was ist denn daran auszusetzen, erst einmal innezuhalten und zu trauern?«, fragt Ally. »Wieso muss das Leben denn weitergehen? BILLY IST TOT!« Richard rechtfertigt sich: »Ally, jeder muss auf seine Art damit fertig werden. Ich kann einfach nicht täglich an Billys leerem Büro vorübergehen.« Dann nehmen die beiden sich in die Arme.

Ally sucht Mark in Billys ehemaligem Büro auf. Billys altes Türschild ist mit Klebeband verdeckt, auf das von Hand »M. Albert« geschrieben wurde. Im Büro liegt Mark auf einem Zahnarztstuhl und lässt sich das Gebiss reinigen. »Ich lasse das dreimal die Woche machen«, erklärt er der verblüfften Ally, »und es spart Zeit, wenn die Zahnhygienikerin zu mir kommt. Deshalb habe ich einen eigenen Zahnarztstuhl im Büro. Es sind die Kleinigkeiten, durch die man ein Verfahren gewinnt«, behauptet er eitel und betrachtet seine gebleckten Zähne im Spiegel.

Billys Geist erscheint Ally, um sie zu trösten. Sie beschwert sich: »Ich hasse dich. Weil du gestorben bist. Und ich kann noch nicht mal Schwarz tragen, weil du nicht mein Mann warst.«

Nelle stellt Richard zu Rede: Er hatte ihr versprochen, sie zur Partnerin zu machen, nun aber scheint er Mark das gleiche in Aussicht gestellt zu haben. Richard zuckt mit den Achseln: »Meine Versprechungen haben doch ohnehin nichts zu bedeuten, weil ich mich sowieso nicht an sie halte.« Nelle kocht vor Wut und schmiedet Rachepläne.

Aus Marks Büro donnert Queens »We Will Rock You« – seine Hymne, mit der er sich für seine Plädoyers fit macht. Ally lässt ihn tatsächlich das Plädoyer halten und er betont der Jury gegenüber, wie groß Noras Liebe zu ihrem Ehemann war, obwohl dieser Affären mit anderen Frauen hatte. Wann immer Mark von Liebe spricht, hört Ally Billys Stimme wie ein Echo. Mark überzeugt die Geschworenen und Nora wird freigesprochen.

Ally gesteht Mark, dass sie Billy um so mehr vermisse, weil sie schon so lange getrennt waren und sie daher das Gefühl habe, nicht trauern zu dürfen. Mark meint, wenn ihre Liebe irgendwann einmal wirklich bestanden habe, dann reiche das: »Ally, behalte Billy einfach so in Erinnerung, wie du es willst. So kannst du überleben und er auch.«

In der Bar feiern die Anwälte ihren Sieg. Gloria Gaynor (die echte!) singt »I Will Survive«. Und es sieht so aus, als habe selbst Ally eine Chance, genau das zu tun.

Gäste:

Loretta Devine (Nora Mills)
Amanda Donohoe (Marianne Holt)
Valerie Mahaffey (Dr. Sally Muggins)
Phill Lewis (Staatsanwalt Kessler)
Gibby Brand (Richter McGough)
Gloria Gaynor

Musik:

»Neighborhood« (Vonda Shepard)
»I Will Survive« (Gloria Gaynor)
»Never Can Say Goodbye« (Loretta Devine)
»We Will Rock You« (Queen)
»Goodbye My Friend« (Vonda Shepard, ein Hit von Linda Ronstadt)

Drehbuch:

David E. Kelley

Regie:

Barnet Kellman

Originaltitel	Erstausstrahlung USA	Geplante Erstausstrahlung Deutschland	Fazit	Note
I Will Survive	FOX: 17.04.2000	VOX: 26.12.2000	Mal sehen, wie Mark sich macht. Ein schriller Anfang. Spannend!	2

3.18 Eine Frage der Größe

Ally wird 30. Sie will sich liften lassen. Elaine und Renée streiten sich bei Allys Geburtstagsständchen auf der Bühne. Und eine Frau soll ihren greisen Mann mit den Brüsten erstickt haben.

Ally hat Geburtstag: Sie wird 30! Nach dem Aufstehen betrachtet sie ihre Fältchen im Spiegel – und verwandelt sich plötzlich in eine alte Frau!

Richard und Elaine planen eine große Party für Ally. Doch sie will nicht. Richard sagt: »Man kann das aber absetzen!« Mark ist der Meinung, wenn Heather Locklear zugeben könne, 40 zu sein, solle Ally damit auch kein Problem haben. Ally hechtet über den Tisch und versucht, ihn zu erwürgen – schließlich ist sie erst 30!

Mark macht sich noch unbeliebter, indem er John stur »Jim« nennt. Mark, Ally und »Jim« verteidigen gemeinsam eine Frau, die ihren greisen Mann mit ihren riesigen Brüsten erstickt haben soll. Ally will nicht mit Mark zusammenarbeiten, und Mark behauptet ebenfalls, »Jim und ich schaffen das schon«, aber um die Party vorzubereiten muss Richard Ally aus der Kanzlei lotsen. Also weist er Mark an: »Wenn du je Partner werden willst, wenn du je deine eigene Firma haben willst, dann musst du lernen zu lügen – also, los jetzt!« Mark macht gute

Miene zum falschen Spiel und besteht urplötzlich darauf, den Fall keineswegs ohne die clevere Ally betreuen zu können.

Vor dem Gerichtstermin aber geht Ally noch schnell zum Schönheitschirurgen. Herein kommt Billys Tumorarzt – er ist Neurochirurg und nimmt nebenbei kosmetische Korrekturen vor, »weil man damit mehr Geld verdient«. Er schlägt Ally vor, sich die Lippen mit Kollagen aufspritzen zu lassen. Ally stimmt zu, aber ihre Lippen schwellen maßlos an. Und sie muss doch gleich vor Gericht! Dort starren sie alle entsetzt an. Sie flieht, um das Kollagen sofort wieder absaugen zu lassen.

Elaine bittet Nelle, auf Allys Geburtstagsparty zu singen. Nelle lehnt ab und rät Elaine zynisch: »Aber denk du besser daran, deine Unterwäsche zu vergessen, das lenkt davon ab, dass du nicht besonders gut singen kannst.« Elaine ist sprachlos.

Die Tochter des Toten sagt aus, die vollbusige Lorna habe ihren reichen alten Vater im Schlaf erstickt. John starrt Lorna die ganze Zeit wie gebannt auf die Brüste. Die Anklage wirft ihr vor, eine Bisswunde am Busen gehabt zu haben, als sie nach dem Tod ihres Mannes die Polizei rief. Lorna gibt das zu – aber die Bisswunde stamme nicht von ihrem nach Sauerstoff ringenden Gatten, sondern von ihrem Geliebten!

Ally geht (wieder mit normalen Lippen) in die Kirche. Sie sucht Gottes Beistand. Aber der Pfarrer schickt sie weg: »Sie suchen nicht Gott, Sie suchen einen Mann, und weil Sie keinen finden, wollen Sie dieses Loch in Ihrem Leben anderweitig stopfen!« Ally ist empört.

Die Chorsängerin Lisa (eine alte Bekannte von Ally aus der ersten Staffel) fragt, ob es wirklich daran liege, dass Ally nun vierzig geworden sei und keinen Mann habe … Ally ist entsetzt: Sieht sie *wirklich* aus wie vierzig? Auf dem Rückweg in die Kanzlei erscheint ihr Billys Geist in einer Schaufensterscheibe. Sie gesteht ihm, ihn zu vermissen. Aber sie weiß auch, dass sie ihn loslassen muss. »Und es stimmt schon, ich war auf der Suche nach Gott, weil ich ganz tief in meinem Innersten hoffte, er sei noch zu haben.«

Elaine versucht John zu überreden, ebenfalls auf Allys Geburtstagsparty zu singen. Er will nicht. Sie erinnert ihn daran, dass Ally seine beste Freundin sei. Richard seinerseits weist Mark an, Ally am Abend ein Ständchen zu bringen. In seinem Büro übt er »After The Lovin'«. Ally kommt herein und verrät ihm, dass es nur ein dummer Scherz von Richard war – er müsse nicht unbedingt für sie singen. Mark ist erleichtert und konzentriert sich wieder auf sein Plädoyer, das die Jury dann tatsächlich dazu bringt, Lorna wegen berechtigter Zweifel an ihrer Schuld freizusprechen.

Am Abend geraten Elaine und Renée einander auf Allys Geburtstagsparty in der Bar bei einem Duett in die Haare und zanken so lange um das Mikrofon, bis sie beißend und kratzend von der Bühne stürzen. Anschließend tritt John auf und singt – »ausnahmsweise«, wie er betont – eine rührende Ballade aus Allys Lieblingsmusical »The Music Man«: »Till There Was You«. Eifersüchtig beobachtet Nelle die Ode ihres Exfreundes an Ally. Renée und Elaine steigen zu John auf die Bühne und singen fröhlich mit.

Dies ist die erste Folge, für die Renée-Darstellerin Lisa Nicole Carson nach ihrem Psycho-Zusammenbruch im Winter 1999/2000 (siehe Seite 255) wieder vor der Kamera stand. Und ab Seite 128 verrät Special-Effect-Designer Mike Most, wie er Allys Lippen so wundervoll grotesk anschwellen ließ!

Gäste:

Cindy Ambuehl (Lorna)
Vasili Bogazianos (Staatsanwalt)
Clyde Kusatsu (Dr. Myron Okubo)
Jennifer Holliday (Lisa Knowles)
Harrison Page (Priester)

Albert Hall (Richter Walsh)
Geoffrey Wade (Dr. Kipperman)

Musik:

»Sixteen Candles« (Vonda Shepard)
»Stoney End« (Jennifer Holliday)
»Que Sera Sera« (Vonda Shepard)
»The Happening« (Jane Krakowski)
»After The Lovin'« (James Le Gros)
»The Happening« (Jane Krakowski, Lisa Nicole Carson)
»Till There Was You« (Peter MacNicol, Lisa Nicole Carson und Jane Krakowski, aus dem Musical »The Music Man«)
»I'll Be There« (Jennifer Holliday, Jane Krakowski und Lisa Nicole Carson)

Drehbuch:

David E. Kelley und Jill Goldsmith

Regie:

Jeannot Szwarc

Originaltitel	Erstausstrahlung USA	Geplante Erstausstrahlung Deutschland	Fazit	Note
Turning Thirty	FOX: 01.05.2000	VOX: 02.01.2001	Allys 30-Panik ist etwas übertrieben, aber ihre Freunde sind sehr rührend!	1–2

3.19 Do You Wanna Dance (Originaltitel)

Ally hat Cybersex mit einem Sechzehnjährigen – und trifft einen Anwalt zum Verlieben.

Renée findet, Ally sehe aus, als habe sie gerade Sex gehabt. Ally ist es zwar etwas peinlich, aber schließlich gibt sie doch (durchaus ein wenig stolz) zu: »Ich hatte Cybersex!« Sie nennt sich »Lover Lips« und schickt sich mehr oder weniger erotische E-Mails mit einem Typen namens »Thunder Thighs« (was übersetzt in etwa ›Donnerlende‹ heißt).

Beim morgendlichen Meeting weist Richard Ally und Mark einen neuen Fall zu. Sie sollen einen jungen Mann vertreten, dessen Frau ihn mit seinem besten Freund betrogen hat. Nelle drängt ungeduldig, denn »ich habe viel zu tun«. John lästert: »Oh, die frostige Schneefrau hat noch was vor!« Nelle verlangt empört eine Gehaltserhöhung, denn »ich hole die meisten Klienten in die Kanzlei und sollte entsprechend entlohnt werden.« John weigert sich: »Nur über meine Leiche – die immer noch ein paar Grad wärmer wäre als du, du arrogante Eiskönigin!«

Ally rät John, sich nicht mit Nelle anzulegen, sie könne ihn sonst in Grund und Boden klagen. »Soll sie es doch versuchen!«, höhnt John, der immer noch nicht darüber hinweg ist, dass Nelle sich von ihm getrennt hat, als er im Fahrstuhl feststeckte:

»Sie hat es mir auf den Hintern zugesagt!«

Vor Gericht beobachtet Ally fasziniert den sympathischen Anwalt der Gegenseite, einen Briten namens Brian Selig. Sie ist fest davon überzeugt, dass er ihr heimlicher E-Mail-Lover ist, zumal er in seinem Plädoyer die Wörter »Lover« und »Lips« verwendet – ihren Chatnamen! Renée und Georgia überreden Ally, sich mit »Thunder Thighs« zu verabreden.

Nelle konfrontiert Richard ein letztes Mal mit ihrem Wunsch, Partnerin der Sozietät zu werden, aber Richard hält ihr eine selbst gemalte Statistik entgegen, die beweist: Wenn neben John und ihm ein dritter Partner Geld bekäme, fiele für ihn weniger ab, was ihm nicht sonderlich attraktiv erscheint, und außerdem würden ihn dann alle für einen Weichling halten. Wutschnaubend zieht Nelle davon. Sie schwört Rache! Bald danach fragt sie Ling, ob die mit ihr zusammen eine eigene Kanzlei eröffnen wolle. Aber Ling lehnt ab – ihr gefällt es nach wie vor bei Cage/Fish. Außerdem sei sie sowieso schon abartig reich und komme nur zur Arbeit, um ihre Klamotten auszuführen – was nicht besonders sinnvoll wäre, wenn sie nur mit Nelle zusammenarbeitete. Wenig später gerät John erneut mit Nelle aneinander und flucht öffentlich: »Ich würde lieber meine Innereien auskotzen und darin herumtauchen, als dich nackt zu sehen!«

Mark erkundigt sich zwischen Tür und Angel bei John, was der davon hielte, wenn er Ally fragte, ob sie mit ihm ausgehen wolle. John findet Marks Erfolgsaussichten zwar lächerlich gering, wünscht ihm aber viel Glück. Gleichzeitig versucht der britische Anwalt Brian im Flur des Gerichts, sich mit Ally zu verabreden. Sie erklärt sich einverstanden, zumal sie überzeugt ist, sich ohnehin am Abend mit Brian zu treffen, den sie für ihren geheimen E-Mail-Freund hält.

Doch abends im Restaurant taucht statt Brian ein niedlicher Teenager auf, der Ally gegenüber zugibt, erst neunzehn zu sein. Ally stottert entgeistert vor sich hin – bis einige Polizisten und die Mutter des Jungen auftauchen und sie wegen des Verdachts auf Unzucht mit Minderjährigen festgenommen wird – denn der Junge ist in Wahrheit erst sechzehn!

Am nächsten Tag wird Allys mögliche Unzucht mit Minderjährigen bereits verhandelt. Doch zuvor muss sie noch selbst als Anwältin auftreten. Gott sei Dank übernimmt Mark das Verhör. Sehr zornig befragt er die untreue Gattin, wieso sie ihren Ehemann so lange belogen und hinters Licht geführt habe. Als Mark fertig ist, erkundigt Ally sich bei ihm, wieso er so aufgebracht gewesen sei. »Um die Jury wütend zu machen«, entgegnet Mark. »Und können wir auch über *deine* Wut reden?«, fragt sie vorsichtig. »Nein, können wir nicht!«, weist er sie brüsk ab.

John verteidigt Ally vor Gericht. Er befragt Chris, den Teenager, der sich Ally gegenüber in seinen E-Mails als 33 Jahre alt ausgab. (Sie hatte übrigens kokett behauptet, eine 25-Jährige zu sein.) Der Junge gesteht alles – und vor allem stellt er klar, dass Ally nicht wissen konnte, wie jung er war! Die Richterin fragt, ob Allys E-Mail-Partner nicht sehr viel von seinen Eltern erzählt habe? »Ja«, gibt Ally zu, »aber das tun auch viele Erwachsene.« »Und seine Lieblingsfernsehserie?«, will die Richterin wissen. »›Dawson's Creek‹«, gibt Ally zu, »aber auch das gucken sich viele perverse alte Kerle an!« Sie wird freigesprochen.

Das Verfahren der beiden ehemals besten Freunde gegeneinander geht für alle Beteiligten unbefriedigend aus – einer muss dem anderen 10.000 Dollar zahlen. »So viel?«, staunt der nette Britenanwalt Brian. »Das ist hier der Preis für Freundschaft?« Ally korrigiert ihn frustriert: »Das ist der Preis für *Liebe*.« Dann nimmt sie ihn mit in die Bar und tanzt mit ihm. Allys neuer Kollege Mark – der sich bisher noch nicht getraut hat, sie um ein Date zu bitten – schaut enttäuscht zu.

Allys süßer E-Mail-Freund wurde von Jonathan Taylor Thomas gespielt, der zuvor einen von Tim Allens Söhnen in der Comedyserie »Guck mal, wer da hämmert« mimte. Und als britischer Newcomer Brian Selig tritt Tim Dutton (»Die Stunde der Patrioten«) in Erscheinung.

Gäste:

Tim Dutton (Brian Selig)
Jonathan Taylor Thomas (Chris Emerson)
Jamie Denton (Jimmy Bender)
Thomas McCarthy (Peter Hanks)
Claire Rankin (Susan Hanks)
Michele Gregory (Staatsanwalt)
Albert Hall (Richter Walsh)
Holland Taylor
Mary Chris Wall

Musik:

»This Guy's In Love With You« (Vonda Shepard)
»Do You Wanna Dance?« (Vonda Shepard)
»For Your Love« (Vonda Shepard)
»Hold On« (Vonda Shepard)

Drehbuch:

David E. Kelley

Regie:

Michael Lange

Originaltitel	Erstausstrahlung USA	Geplante Erstausstrahlung Deutschland	Fazit	Note
Do You Wanna Dance	FOX: 08.05.2000	VOX: 09.01.2001	Großartig! Vollkommen absurd und gerade dadurch wieder herrlich lebensnah!	1

3.20 Hope And Glory (Originaltitel)

Ally verliebt sich. Nelle kündigt und stiehlt die Akten zahlreicher Mandanten.

Nelle berät sich mit ihrer Anwältin Hope Mercey (was für ein wundervoller Name: *hope* heißt *Hoffnung* und *mercy* heißt *Gnade* – was das genaue Gegenteil dieser hoffnungslos gnadenlosen Schönheit ist). Nelle will Cage/Fish verlassen. Hope rät ihr, zuvor die Computerdaten aller wichtigen Mandanten zu kopieren. Nelle kennt die nötigen Passwörter nicht – aber Elaine weiß sie. Hope rät Nelle, auch Elaine abzuwerben. Nelle weigert sich, denn sie kann Elaine nicht leiden. Aber Hope redet ihr ins Gewissen: »Wenn sie die Passwörter hat, *liebst* du sie!«

Ally hat sich in der Zwischenzeit in den reizenden britischen Anwalt Brian Selig (aus der letzten Folge) verliebt und der ist auch tatsächlich sehr an ihr interessiert. Natürlich meckert Ally, weil Brian nicht oft genug anruft, aber er bemerkt bei einem Rendezvous in der Bar gelassen: »Ally, wenn alles gut läuft, dann muss für dich irgendetwas schief gehen. Ich wollte dich nicht verschrecken, gerade *weil* ich so interessiert bin …« Ally ist gerührt. Die beiden gehen tanzen – und küssen sich! Richard und John schauen eine Weile zu, dann nicken sie mit einem zufriedenen Lächeln: Ally scheint tatsächlich jemanden gefunden zu haben. Im Hintergrund singt Shootingstar Macy Gray persönlich ihren Hit »I Try«.

Am nächsten Morgen wirbt Nelle mit einem gemeinen Trick Elaine ab: Sie erzählt Elaine zuerst, sie wolle sie intern für eine bessere Position engagieren. Wenig später behauptet sie, Richard und John hätten ihr das verboten, weil sie Elaine für unqualifiziert hielten – sie sei »nur eine männergeile, dumme Blondine«. Und noch etwas später verrät sie Elaine, dass sie die Kanzlei verlassen werde. Sie könne ihr einen anspruchsvolleren Job *und* das doppelte Gehalt anbieten. Allerdings müsse Elaine strengstes Stillschweigen bewahren. *Und* ihr die Passwörter für die elektronisch gespeicherten Mandanteninfos geben, damit sie sicherheitshalber alle nötigen Daten kopieren könne. Elaine ist so enttäuscht von der angeblichen Hinterhältigkeit Richards und Johns, dass sie einwilligt.

Mark versucht im Unisex-Waschraum nervös, sich mit Ally zu verabreden. Sie lehnt (sehr freundlich) ab. Plötzlich rauscht einmal die Spülung und John geht mit nettem Gruß an Mark vorbei. Dann rauscht es erneut und Richard folgt seinem Partner. Und schließlich wird ein drittes Mal gespült und Brian taucht auf, um mit Ally auszugehen. Mark zieht sich gedemütigt zurück.

Verliebt spaziert Ally durch die Straßen. Vor einem Brautmodengeschäft bleibt sie stehen und sieht sich selbst in einem der schönen Rüschenkleider vor sich. Ally hat Schmetterlinge im Bauch! Beim Kaffeetrinken erwähnt Brian ganz beiläufig und in typisch britischem Understatement, dass er durchaus an abendlichem Sex mit Ally interessiert sei. Entgeistert prustet das Objekt seiner Begierde ihm einen Mund voll Mineralwasser ins Gesicht.

Ein Mandant sucht Richard persönlich auf, um sich zu verabschieden, »aber wir könnten ja vielleicht Freunde bleiben, auch wenn Nelle jetzt meine Fälle betreut«. Richard runzelt die Stirn – Nelle arbeitet doch bei ihm? Der Mandant klärt ihn auf: Sie arbeite eben *nicht* mehr bei Cage/Fish. Sie habe ihn vor einer Stunde angerufen, um ihm mitzuteilen, dass sie ihre eigene Kanzlei gegründet habe. Richard ist empört: »Ich habe sie engagiert, um *für* mich Mandanten bei ihrer alten Kanzlei zu stehlen – nicht *von* mir!« Er löst Großalarm in der Kanzlei aus.

Nelle schaut kurz bei Cage/Fish vorbei, um Elaine abzuholen, die »lieber dort arbeitet, wo man ihre Leistung auch anerkennt«. Richard und John sind einem Zusammenbruch nahe und verkriechen sich erst einmal in eine Ecke, wo sie gemeinsam in Papiertüten hyperventilieren.

Billys Nachfolger Mark vertritt die Kanzlei vor Gericht: »Sie hat Mandantenakten gestohlen«, wirft er Nelle vor. Deren Anwältin Hope kontert: »Man hatte Nelle versprochen, sie zur Partnerin zu machen, und vor einem Monat erst hat Richard Fish ihr eröffnet, dass dies nun doch nicht geschehen werde.« Hope schlägt vor, die Sache durch einen unparteiischen Schlichter klären zu lassen. Der Richter ist einverstanden. Er zieht den Namen eines Schlichters aus dem Hut: Es ist ausgerechnet Julia Brattle, eine Männer hassende Anwältin mit dem Spitznamen »die Bulldogge«.

Nelle beklagt sich bei Brattle weinerlich darüber, wie schrecklich John sie behandelt habe, wie Richard sie belogen und enttäuscht habe, dass die Männer ihr sogar in den Unisex-Waschraum gefolgt seien! In einer Verhandlungspause erinnert Nelles Anwältin

Hope den zornigen Richard an ihre längst vergangene gemeinsame Nacht ... und deutet eine weitere an, wenn der Fall geklärt sei! Richard ist begeistert von dieser Aussicht – und ebenso fasziniert beobachtet er die widerwärtig schwabbeligen Oberarmfalten von Julia Brattle! All das ändert aber nichts an seinem Zorn auf Nelle.

Ally besucht Elaine in der neuen Kanzlei. Elaine erzählt ihr, wie alles begann. Ally versichert ihr: »John und Richard haben das nie gesagt. Und Nelle hat die Daten auch nicht kopiert, sie hat die Originale gelöscht!« Elaine wird klar, dass Nelle sie hereingelegt hat. Ally und sie fahren so schnell es geht in die Kanzlei, wo die enttäuschte Elaine vor Julia Brattle zugunsten von Cage/Fish aussagt. Anschließend fleht sie, wieder zurückkommen zu dürfen, was Ally und ihre Kollegen sehr begrüßen.

Julia Brattle bittet sich eine Bedenkzeit von zwanzig Minuten aus, dann werde sie ihre Entscheidung bekannt geben. Diese Pause nutzen John und Richard, um im Unisex-Waschraum eine Schlägerei anzufangen – wie zornige kleine Jungs auf dem Schulhof! Jeder wirft dem anderen vor, Schuld an dem ganzen Schlamassel zu haben. Erst als sie fertig sind, traut sich auch Julia Brattle vorsichtig wieder aus ihrer Toilettenkabine heraus ...

Die Schlichterin betont, sie könne weder Nelle

noch die abgeworbenen Mandanten zur Rückkehr zwingen. Aber sie verdonnert Nelle zur Zahlung von 300.000 Dollar Schadensersatz. Nelle will empört Einspruch einlegen, aber Brattle erinnert sie überfreundlich: »Das geht nicht; meine Entscheidung ist *bindend.*« John grinst zufrieden.

Nelle beschwert sich bei Hope, sie arbeite jetzt im Grunde immer noch für Cage/Fish, um ihre Schulden zu bezahlen. Hope findet: »Du hast gewonnen. Du hast deine Freiheit, du hast deine eigene Firma. Wir vereinbaren mit Richard Ratenzahlungen, das ist dann wie eine Hypothek.« Nelle teilt Hopes Meinung nicht: »Ich habe Schulden und keine Freunde«, jammert sie.

Ally hat sich mit den beiden zerstrittenen Partnern John und Richard in die Bar zurückgezogen. »Ich bleibe die ganze Nacht hier sitzen, wenn es sein muss«, droht sie an, »bis ihr euch die Hände reicht.« Schließlich geben die beiden nach und schütteln sich die Hände. Es herrscht wieder Friede. Und dann taucht plötzlich Hope auf und stiehlt sich mit Richard davon. Angeblich, um die Details der Ratenzahlungen auszuhandeln. Aber wieso umkreist dann wenig später Richards Zunge ihren Bauchnabel …?

Gäste:

Alicia Witt (Hope Mercey)
Tim Dutton (Brian Selig)
Mary-Pat Green (Julia Brattle)
Allen Williams (Milton Meyers)
Albert Hall (Richter Walsh)
Macy Gray

Musik:

»I Try« (Macy Gray)
»L-O-V-E« (Vonda Shepard, ein Hit von Nat »King« Cole)
»This Time I Know It's Real« (Vonda Shepard, ein Hit von Donna Summer)
»Chariots Of Fire« (Vangelis)
»Tell It Like It Is« (Vonda Shepard)

Drehbuch:

David E. Kelley

Regie:

Mel Damski

Originaltitel	Erstausstrahlung USA	Geplante Erstausstrahlung Deutschland	Fazit	Note
Hope And Glory	FOX: 15.05.2000	VOX: 16.01.2001	Nelle endlich wieder »unter null«, Ally verknallt und auch alle anderen in Hochform!	1

3.21 The Musical, Almost (Originaltitel)

Wunderbar: Mehr Gesang als je zuvor. John hat Geburtstag, Ally ist ernsthaft verliebt – und Nelle entpuppt sich als eigentlich doch ganz nett.

Die letzte Folge der dritten Staffel ist eine Sensation: So vielseitig und vielsagend wurde Musik bislang in keiner TV-Serie eingesetzt!

Alles beginnt damit, dass Ally mit ihrem neuen Freund Brian und ihren Eltern essen gehen will. Sie ist unglaublich nervös und plappert sinnlos vor sich hin. Da folgt auch schon der erste Song: Alle festen Ensemble-Mitglieder von »Ally McBeal« singen im Vorspann den Titeltrack »Searchin' My Soul«!

John hat Geburtstag, was ihn alljährlich deprimiert, daher sucht er Rat bei seinem neuen Therapeuten. Nelle bespricht sich gleichzeitig mit ihrer Anwältin Hope und gesteht, dass sie eigentlich Cage/Fish gar nicht verlassen, sondern nur John eins auswischen wollte. Plötzlich sehen wir Renée, die den wunderschönen Song »The Blues« singt. Nach einer Weile stimmen sowohl John als auch Nelle (beim Therapeuten bzw. in der neuen Kanzlei) ein – eine sehr rührende Szene!

Beim Abendessen blamiert sich Ally durch ihr nervöses Gefasel immer schlimmer. Aber ihr (eifersüchtiger) Vater macht die Sache mit seinen knurrigen

Kommentaren nicht viel besser. Plötzlich singen Brian, der Kellner und Allys Eltern für sie »Relax, Enjoy Yourself«! Ally ist total verwirrt. Später stellt sich heraus, dass sie ihrem Vater auch noch übel nimmt, dass er nicht zu Billys Beerdigung gekommen ist.

Richard hat ein Meeting mit Nelle vereinbart und berichtet John davon. Der ist empört und versichert Richard, er werde sich bestimmt nicht noch einmal von ihr demütigen lassen. Dann erzählt er aus seiner Kindheit, dass er pummelig gewesen sei und dass andere Kinder über ihn spotteten und sangen: »Johnny The Fat Boy«. Ein weiteres Problem für John ist, dass er Barry White nicht mehr hören kann. Richard schlägt ihm eine neue Hymne vor: Randy Newmans »Can't Keep A Good Man Down« – die beiden singen den Titel im Duett!

Ally versucht derweil, mit Brian ins Bett zu gehen, aber der will nicht. »Wieso?«, fragt Ally empört. »Du bist ein Mann. Du solltest immer wollen, wenn du kannst.« Aber Brian hat keine Lust, mit Ally zu schlafen, nur weil die sauer auf ihren Vater ist. Stattdessen beginnen die beiden zu tanzen – im Rhythmus von »Can't Keep A Good Man Down«. Danach stellen sie fest, dass sie auch noch dasselbe Lieblingsmusical haben, »The Music Man«. Sie singen daraus gemeinsam den Song »Lida Rose« – ein Stück, das Ally früher immer mit ihrem Vater gesungen hat. Der, wie es der Zufall will, auch gerade unbemerkt (mit seinem eigenen Schlüssel) in Allys Wohnung auftaucht, einige Zeit betrübt zuhört und dann wieder von dannen zieht.

Am Abend stehen Renée, Elaine und Georgia gemeinsam auf der Bühne und singen »Take Me Back«. Ling erklärt, dass Georgia (die schrecklich singt) nur aus dekorativen Gründen auf der Bühne stehe – ihr Mikro sei ganz leise gedreht, was sie aber nicht wisse. Nelle taucht ebenfalls in der Bar auf und bittet John und Richard, in die Kanzlei zurückkehren zu dürfen: »Take Me Back«! Die beiden sind – wenn auch etwas widerwillig – einverstanden. Aus lauter Freude betrinkt Nelle sich in kürzester Zeit bis zur Besinnungslosigkeit.

Als Nächstes geht Nelles Anwältin Hope Mercey auf die Bühne und singt für John den Madonna-Song »Hanky Panky« – mit der Zeile *»spank me«* (›schlag mich‹), eine Anspielung darauf, dass John Nelle mit ihrer Haarbürste geschlagen hatte. Selbst John muss über diesen Auftritt lächeln.

Brian muss die Feier früher verlassen und verabschiedet sich vor der Tür von Ally. Die stellt etwas verunsichert fest: »Ich habe tatsächlich einen Freund!« Lächelnd bestätigt Brian: »Ja, hast du.« Sie verabschieden sich mit einem hauchzarten, sehr romantischen Kuss.

Als Ally nach Hause kommt, wartet ihr Vater schon auf sie. Ally ist leicht genervt – aber auch sehr gerührt, als er ihr gesteht, einen Song für sie geschrieben zu haben. Er setzt sich ans Klavier und spielt »Real Emotional Girl«, eine wunderschöne Ballade, die Allys Charakter hervorragend zusammenfasst. Sie sitzt auf der Couch und eine Träne kullert langsam über ihre Wange. Ally ist von Liebe ganz erfüllt.

Das Schlusslied »Real Emotional Girl« verfasste Randy Newman bereits in den Achtzigern, und trotzdem wirkt es wirklich wie von Allys Vater frisch für sie geschrieben!

Regisseur Bill D'Elia drehte schon 1997 eine Musicalfolge von David E. Kelleys damaliger Serie »Chicago Hope«, deshalb holte Kelley ihn auch für diese musikalische Serienstunde wieder ins Studio. Und es hat sich gelohnt: Selten war eine TV-Serie so amüsant, so anspruchsvoll, so rührend und so unterhaltsam.

Gäste:

Alicia Witt (Hope Mercey)
James Naughton (George McBeal)
Jill Clayburgh (Jeannie McBeal)
Randy Newman

Tim Dutton (Brian Selig)
Michael Rothhaar (Stanley Kupchek)
Amy Castle (Ally, jung)
Joshua Finkel

Musik:

(fast alle Songs der letzten Folge der dritten Staffel stammen von Randy Newman, siehe Seite 130 f.)
»Falling In Love« (Vonda Shepard, von Randy Newman)
»Searchin' My Soul« (gesungen von den Darstellern)
»The Blues« (Vonda Shepard, Lisa Nicole Carson, Peter MacNicol und Portia De Rossi, von Randy Newman)
»I Will Survive« (Gloria Gaynor)
»Relax, Enjoy Yourself« (Tim Dutton, James Naughton und Jill Clayburgh, von Randy Newman)
»Davy The Fat Boy« (geändert in »Johnny The Fat Boy«; Peter MacNicol, von Randy Newman)
»Can't Keep A Good Man Down« (Jane Krakowski, Greg Germann, Tim Dutton und Peter MacNicol, von Randy Newman)
»Lida Rose« (Calista Flockhart, Tim Dutton, Amy Castle und James Naughton, ein Hit aus dem Musical »The Music Man«)
»I Want You To Hurt Like I Do« (Vonda Shepard, von Randy Newman)
»Take Me Back« (Jane Krakowski, Lisa Nicole Carson und Courtney Thorne-Smith, von Randy Newman)
»Hanky Panky« (Alicia Witt, ein Hit von Madonna, vom Dick-Tracy-Soundtrack)

»Forever« (Vonda Shepard, von Randy Newman)
»There's A Party At My House« (Lisa Nicole Carson, Alicia Witt und Randy Newman, von Randy Newman)
»Real Emotional Girl« (James Naughton, von Randy Newman)

Drehbuch:

David E. Kelley

Regie:

Bill D'Elia

Originaltitel	Erstausstrahlung USA	Geplante Erstausstrahlung Deutschland	Fazit	Note
The Musical, Almost	FOX: 22.05.2000	VOX: 23.01.2001	Schöne Songs, Ally verliebt – was will man mehr?	1

Zu Besuch bei Ally: Das Studio in Hollywood

Bereits unsere Hochzeitsreise führte meine Frau Carolin und mich in die Nähe von »Ally McBeal« – aber das wussten wir damals noch nicht. Wir fuhren u.a. nach Los Angeles, wo wir zufällig in einem wunderschönen Hotel abstiegen, dem »Barnebey's«. Erst viel später, bei den Recherchen für dieses Buch, stellten wir fest: Das Hotel liegt nicht einmal einen Kilometer von den »Ally McBeal«-Studios entfernt in derselben Straße!

War das nun Zufall oder Schicksal? L. A. ist groß genug – die Chance, ausgerechnet hier zu landen, ist daher sehr gering. Spannend fanden wir das auf jeden Fall. Ich bin der Meinung, es war Schicksal: »Ally McBeal« war in unser Leben getreten, bevor wir es selbst so richtig bemerkt hatten.

In der anderen Richtung ist der Strand übrigens etwa ebenso weit entfernt, was bedeutet, dass Stars und Crew problemlos dort Mittagspause machen könnten. Und an genau diesem Strand sahen wir dann bei den Recherchen zu diesem Buch auch noch einen Zeppelin schweben – genau wie in Folge 2.13, »Engel und Himmelsboote«.

Dreharbeiten

Gedreht wurde anfangs in den Ren-Mar-Studios, wo auch die legendäre TV-Show "I Love Lucy" aufgezeichnet wurde. Als diese zu klein wurden, zogen die beiden Serien von David E. Kelley - "Practise - Die Anwälte" und "Ally McBeal" - in die neu gebauten "Manhattan-Beach-Studios". Eine einzelne Folge wird in maximal acht Tagen fertig gestellt. Während der Drehpausen (und irgendwer hat immer Drehpause) greift Gil Bellows' "Tischtennis-Therapie": "Tischtennis ist gut für die Konzentration. Die meisten Mitglieder von Cast und Crew spielen. Es macht einfach Spaß!"

Auf den Spuren von »Ally McBeal« fuhren wir nun noch einmal nach L. A. und besuchten die orangefarbenen »Manhattan-Beach-Studios« in der Rosecrans Avenue. Der Studiokomplex, in dem auch David E. Kelleys Produktionsfirma »DEK Productions« residiert und wo auch »Practice – Die Anwälte« gedreht wird, ist vergittert und wird Tag und Nacht von Security-Patrouillen überwacht. Im Erdgeschoss von Gebäude 4A hängen zwei Poster – eines von »Ally McBeal«, das andere von »Practice – Die Anwälte«. Das sind die einzigen Anzeichen kreativen Lebens auf dem Gelände – ansonsten könnte man auch in einem Büroklotz der Iduna Nova stehen.

Hinter der Kamera

Die einzelnen Folgen von "Ally McBeal" werden von verschiedenen Regisseuren gedreht. Üblicherweise werden zwei bis drei Folgen zugleich gedreht: Vordreh für eine zukünftige Folge, Hauptdreh für die aktuelle Folge, Nachdreh für eine schon fast fertig gestellte Folge. Deshalb trägt Ally manchmal in einer Folge drei verschiedene Frisuren. (Zumal sie während der Dreharbeiten zur dritten Staffel auch noch an dem Kinofilm "Things You Can Tell Just By Looking At Her" arbeitete, in dem sie schulterlange Locken trägt.) Zu den Regisseuren, die "Ally McBeal" realisieren, gehören u. a. Allan Arkush und Daniel Attias. Arkush drehte Folgen von "Dawson's Creek", "Practice - Die Anwälte", "Central Park West", "Moon Over Miami", "Eine Wahnsinnsfamilie", "L. A. Law", "Das Model und der Schnüffler" sowie den Kinofilm "Caddyshack II" (mit "Whipper"-Darstellerin Dyan Cannon). Von Attias stammen Folgen von "Die Sopranos", "Practice - Die Anwälte", "Allein gegen die Zukunft", "Superman - Die Abenteuer von Lois und Clark", "Dr. Quinn, Ärztin aus Leidenschaft", "Picket Fences - Tatort Gartenzaun", "Melrose Place", "Ausgerechnet Alaska", "Beverly Hills 90210", "Die Schöne und das Biest", "21 Jump Street - Tatort Klassenzimmer" und "Miami Vice".

Wer versucht, ohne Anmeldung auf das Studiogelände vorzudringen, wird sofort von uniformierten Sicherheitsleuten zurückgepfiffen. Es gibt zwei streng bewachte Eingänge, und ohne Termin geht gar nichts! Das ist auch durchaus verständlich, denn zu viele Fans (und wahrscheinlich sogar eine Hand voll gefährlicher Irrer) würden sonst die Dreharbeiten stören.

Ein paar hundert Meter vom Studio entfernt befindet sich an einer Straßenecke eine Filiale der beliebten Coffeeshopkette »Starbucks«, die jetzt auch nach Europa expandiert. (Wir erinnern uns: In Folge 1.08, »Revierkämpfe«, bekommen Ally und Georgia bei ihrem Morgencappuccino fast einen Orgasmus. Und auch in der dritten Staffel kommt erneut ein Coffeeshop vor. In Folge 3.13, »Kalter Kaffee«, gießt Ally einem Richter, der zugleich Coffeeshop-Inhaber ist, Kaffee über den Kopf.) In diesem Laden verbringen Cast und Crew sicher viele Mittagspausen.

Auf der Rückseite des Studios befindet sich praktischerweise ein kleines Einkaufszentrum (»Manhattan Market«) mit einer Drogerie, einem Edel-Supermarkt, einer »Weight-Watchers«-Filiale (da muss Calista allerdings bestimmt nicht hin) sowie mehreren Schnellrestaurants. Eine Ecke weiter befindet sich noch ein trendiges Restaurant des Exil-Österreichers Wolfgang Puck (das Restaurant heißt wie der Chef). Das eignet sich eher für wichtige Meetings und trendige Star-Lunches.

Und immer noch keine 500 Meter von den Manhattan-Beach-Studios entfernt liegt ein Tag und Nacht geöffnetes »24-hour-fitness«-Studio, in dem Calista angeblich ihre

Der "Ally"-Look

Produktionsdesigner Peter Politanoff (früher bei "Miami Vice") verrät: "Die Kulisse von Allys Apartment ist riesig, aber wir filmen immer mit einem langen Objektiv, sodass alles viel kleiner und intimer aussieht." Ohne dass es je erwähnt worden wäre, sind Ally und Renée "umgezogen": Anfangs war ihr Apartment klein und traditionell, inzwischen ist die Bude größer und edler geworden. Politanoff: "Die Wohnung ist in Terrakotta, Ocker und Blaubeere gehalten. Ich arbeite gerne mit Farben, die dunkler als die Hautfarbe sind, weil diese dann besser zur Geltung kommt." In der Serienwohnung von Richard Fish (die allerdings nur selten gezeigt wird) hängen übrigens einige Bilder, die Politanoff selbst gemalt hat. Die Kanzlei ist bewußt offen gehalten, sodass jeder alles sehen kann. Die Kulisse ist überraschend klein, die Aufnahmen entstehen mit Weitwinkelobjektiven, die alles größer erscheinen lassen. Und die Fassaden draußen vor den Fenstern der Kanzlei sind ein 5,5 mal 21 Meter großes Foto, das einen Meter hinter den Fenstern an der Wand klebt. Übrigens: Der Kanzleiname "Cage/Fish" entstand gewiss nicht zufällig. "Aquarium" heißt zwar wörtlich "fishtank", aber ein "fishcage" - ein "Fischkäfig" - ist genau das, was David E. Kelley sich vorstellte, als er "Cage/Fish" erfand.

Mittagspausen verbringt. »Sie isst nicht mehr, sondern verbringt die Drehpausen auf dem Laufband, um noch dünner zu werden«, meldete das Klatschblatt »National Enquirer«. Und Calista bestätigte: »Bevor ich bei ›Ally‹ anfing, habe ich drei oder vier Mal die Woche Gewichte gestemmt. Das schaffe ich jetzt nicht mehr, ich packe ein leichtes Trainingsprogramm in meine Mittagspausen und ansonsten fahre ich am Wochenende Fahrrad, ich gehe ab und an mal in eine ›Spin‹-Klasse, ich laufe, und ich gehe mit meinem Hund Webster spazieren. Mein Leben ist wirklich sehr einfach strukturiert.« Während des Drehs bringt Calista – wie zahlreiche andere Schauspieler und Mitarbeiter – ihren Hund einfach mit ins Studio.

F/X - tödlich gute Tricks

Die Spezialeffekte stammen von Mike Most und John Cazin. Sie lassen Busen anschwellen, Köpfe pulsieren und Flammen lodern. "Wir haben acht bis zehn Tage Vorbereitungszeit zwischen Erhalt des Drehbuches und Drehbeginn", gibt Cazin grinsend zu Protokoll und Mike fällt ein: "Im Kino wären es vierzehn Monate - und zehn Millionen Dollar - mehr." Meist behelfen die F/X-Spezialisten sich mit ungewöhnlich einfachen Tricks: "Allys überdimensional geschwollene Lippen in Folge 3.18 ('Eine Frage der Größe') zum Beispiel haben wir schlicht und ergreifend aus Plastik geformt und Calista ins Gesicht geklebt", verrät Mike. "Dann wurde sie gut geschminkt, und schließlich haben wir die Aufnahmen digital noch ein wenig nachbearbeitet, damit ihr Mund nicht zu sehr nach Plastik aussah. Man hätte die Lippen auch nachträglich im Computer generieren und einfügen können, aber das wäre sehr teuer und aufwändig gewesen – und hätte wahrscheinlich sogar schlechter ausgesehen." Der große Nachteil dieses Vorgehens: Calista musste Stunden früher als sonst kommen, um die Kunstlippen aufgeklebt zu bekommen (außerdem waren sie unbequem). Aber damit ging die Schauspielerin "wie immer absolut super" um, betont Mike Most. Von Seiten der Produktionsfirma werden oft Computereffekte vorgeschlagen, da diese einfacher zu filmen sind (weil sie nämlich gar nicht gefilmt, sondern nachträglich eingebaut werden). Aber gute Effekte sind extrem teuer, und eine TV-Serie wie "Ally McBeal" hat dafür "weder genug Zeit noch genug Geld", sagt Mike.

Wenige Kilometer nördlich von den »Manhattan-Beach-Studios« ragt im Nobel-Stadtteil West Hollywood ein Hochhaus himmelwärts. Ein blumenumrankter Weg führt zum Haupteingang: Am »Fox Plaza« in der Avenue of the

Stars befindet sich das Hauptquartier des TV-Senders Fox Communications. Hier wird entschieden, wie (und wie lange) es weitergeht mit »Ally McBeal«. Aber solange die Quoten stimmen, droht der Serie sicherlich keine Gefahr.

Direkt neben dem Fox-Hochhaus kann man prächtig shoppen: Ein kleines Freiluft-Einkaufszentrum bietet Stars und Touristen alles, was gut und teuer ist. Auch Calista Flockharts Lieblingskaufhaus »Bloomingdale's« ist dort vertreten. Und bei der Ausfahrt aus dem Parkhaus kann man sogar noch einen Blick auf das legendäre Hollywood-Schild in den Bergen über Los Angeles erhaschen!

Mit Musik geht alles besser

Fast schon ein Standard bei "Ally McBeal" ist die enge Verbindung von Story und Musik. Das kann dazu führen, dass sich die Schauspieler im Takt der Musik bewegen müssen, obwohl diese erst später eingespielt wird. Dann bekommen sie einen kleinen Sender in das von der Kamera abgewandte Ohr gestöpselt und folgen den Anweisungen und einem Klick-Track. Besonders viele Songs ertönen in der letzten Folge der dritten Staffel (Originaltitel: "The Musical, Almost"). David E. Kelley wählte 12 Songs von Randy Newman aus, der zudem auch persönlich einen Gastauftritt absolviert: "Für mich war das ein Riesenspaß, ich bin ja auch nur in einer Szene zu sehen", erinnert sich Newman. "Alle waren sehr nett zu mir, und die Songs, die ich gehört habe, klangen auch verdammt gut. Ich habe nur einen Song extra für Vonda Shepard neu geschrieben, er heißt 'Forever'. Alle anderen Titel gab es schon – David hat sie ausgewählt und ganz wunderbar in die Story eingearbeitet. Das ehrt mich sehr, wenn dieser hochtalentierte Mann sich meine Songs aussucht!"

Vielleicht aufgrund der unmittelbaren Nähe zu Nobel-Mall und Fox-TV geistert »10201 West Pico Boulevard« als Calistas Privatadresse durchs Internet. Aber das stimmt nicht – wir waren dort. Hinter dieser Adresse verbirgt sich der Eingang zum Fox-Studiogelände neben dem Fox-Hochhaus, wo die Außenaufnahmen für »Ally McBeal« gedreht werden.

Nur die Luftaufnahmen Bostons stammen übrigens tatsächlich von dort, alles andere wird in Los Angeles gedreht. Die Außenaufnahmen entstehen in der »New-York«-Kulisse von 20th. Century Fox, da sich New York und Boston recht ähnlich sehen.

Ally für Spätstarter

Die erste Staffel

1.01 Am Anfang war das Feuer

Die Harvard-Absolventin Ally McBeal wird gefeuert, weil sie sich über sexuelle Belästigung beklagt: Der Seniorpartner hat ihren Hintern begrapscht. Sie packt ihre Sachen und verschwindet. Vor der Tür trifft sie Richard Fish, einen ehemaligen Studienkollegen, der gerade eine eigene Kanzlei aufmacht: Cage/Fish. Er bietet Ally sofort einen Job an. Sie sagt zu.

Am neuen Arbeitsplatz trifft sie Billy wieder – ihre erste große Liebe! Doch Billy ist inzwischen verheiratet. Als Ally das erfährt, lächelt sie tapfer – aber in einer Phantasie-Sequenz wird sie von zahlreichen Pfeilen ins Herz getroffen. Immerhin haben Billy und Georgia noch keine Kinder, es besteht also noch vage Hoffnung auf eine Wiedervereinigung … Dummerweise treibt sich Billys Frau Georgia ebenfalls bei Cage/Fish herum (erst einige Folgen später wird sie feste Mitarbeiterin in der Kanzlei). Und außerdem ist sie richtig nett. Etwas widerwillig freunden Ally und Georgia sich an.

Ally und Cage/Fish verklagen Allys Ex-Arbeitgeber. Der beruft sich auf eine psychische Störung. Richard bietet ihm einen Job an. Ally ist entsetzt. Ihr grapschender Exchef gibt Richard gegenüber grinsend zu, die Psychostörung bloß erfunden zu haben. Richard zieht einen Kassettenrekorder unter dem Tisch hervor: Er hat nun einen Beweis gegen Allys Exchef. Ally ist begeistert. Sie weiß nun, dass sie bei Cage/Fish gut aufgehoben ist.

Gäste:

Larry Brandenburg (Richter Raynsford Hopkins)
Richard Riehle (Jack Billings)
Pat McNamara (Ralph Lyne)
David S. Dunard (Richter Hupp)
Paul Collins (Richter Williams)
Michael Mantell (Joseph Shapiro)
Michael Caslin (Henry Thorton)
Susan Knight (Joanne Wilder)
Tom Virtue (Allys Vater, in späteren Folgen spielt James Naughton diese Rolle)
Ashley Marie (Ally mit 12-14)
Michael Galeota (Billy mit 12-14)
Mika Boorem (Ally mit 7)
Nicholas Pappone (Billy mit 7)

Musik:

»Maryland« (Vonda Shepard)
»Searchin' My Soul« (Vonda Shepard)
»Neighborhood« (Vonda Shepard)

»Wildest Times Of The World« (Vonda Shepard)
»Tell Him« (The Exciters)
Psycho-Titelmelodie
»Drown In My Own Tears« (Vonda Shepard)
»Baby Don't You Break My Heart Slow« (Vonda Shepard)
»Like A Hemisphere« (Vonda Shepard)

Drehbuch:

David E. Kelley

Regie:

James Frawley

Originaltitel	Erstausstrahlung USA	Erstausstrahlung Deutschland	Fazit	Note
Pilot	FOX: 08.09.1997	VOX: 08.04.1998 12.04.1999 (Neustart)	Ganz nett.	3

1.02 Ganz schön peinlich

Ally lernt ihren neuen Boss John Cage kennen, neben Richard ist er gleichberechtigter Partner. Sie muss ihn bei dieser Gelegenheit auch gleich vor Gericht verteidigen – wegen »Umgangs mit einer Prostituierten«. Plötzlich stürmt Billy in den Saal und flüstert Richter »Happy« Boyle etwas ins Ohr, woraufhin der die Anklage fallen lässt. Ally versteht die Welt nicht mehr. Am Abend erwischt Ally dann auch noch Richards Freundin – die Richterin »Whipper« Cone – beim Knutschen mit einem anderen Mann. Sie berät sich mit ihrer Mitbewohnerin Renée, ob sie Richard davon erzählen soll. Renée rät ab.

Die Sekretärin Elaine erzählt Ally schließlich, woran Billy den Richter erinnert hat: an Billys Junggesellenparty, auf der eine Prostituierte alle Gäste (darunter auch Richter »Happy« Boyle) unterhielt. Ally ist entsetzt – von Billy, von der Welt. Am Abend küsst sie aus lauter Verunsicherung ihren neuen Mandanten Ronald Cheanie.

Gäste:

Tate Donovan (Ronald Cheanie)
Phil Leeds (Richter »Happy« Boyle)
Dyan Cannon (Richterin Jennifer »Whipper« Cone)
Willie Garson (Frank Shea)
Robert Lee Jacobs (Greg Stone)

Musik:

»Mein lieber Biber«-Titelmelodie
»Pearl's A Singer« (Vonda Shepard)
»Grain Of Sand« (Vonda Shepard)

Drehbuch:

David E. Kelley

Regie:

Jonathan Pontell

Original-titel	Erstaus-strahlung USA	Erstaus-strahlung Deutschland	Fazit	Note
Compro-mising Positions	FOX: 15.09.1997	VOX: 15.04.1998 12.04.1999 (Neustart)	Dramatische Folge rund um die Phantasie der »ewigen Liebe«.	2

1.03 Abserviert

Ally geht mit ihrem Mandanten Ronald Cheanie aus. Zum Abschied haucht er ihr ein Küsschen auf die Wange – Ally ist beleidigt: Sie fühlt sich sexy und er versucht nicht einmal, sie zu küssen?!

Vor Gericht vertreten Ally und Georgia eine Nachrichtensprecherin, die gekündigt wurde, weil sie dem Sender zu alt aussieht. Anwalt der Gegenseite ist ausgerechnet Allys Ex-Chef Jack Billings, der sie begrapscht hat. Billings Plädoyer ist gut – aber Allys ist besser! Die Geschworenen sprechen der Klägerin 930.000 Dollar Schmerzensgeld zu.

Am Abend geht Ally mit Cheanie, Billy und Georgia aus. Sie versucht, mit Cheanie zu flirten.

Gäste:

Tate Donovan (Ronald Cheanie)
Richard Riehle (Jack Billings)
David Spielberg (Nachrichtenchef)
Alaina Reed Hall (Richterin Elizabeth Witt)
Kate Jackson (Barbara Cooker)

Musik:

»Let's Stay Together« (Vonda Shepard)
»It's In His Kiss (Shoop-Shoop-Song)« (Vonda Shepard)
Nussknackersuite: Tanz der Zuckerfeen

Drehbuch:

David E. Kelley

Regie:

Dennie Gordon

Originaltitel	Erstausstrahlung USA	Erstausstrahlung Deutschland	Fazit	Note
The Kiss	FOX: 22.09.1997	VOX: 22.04.1998 13.04.1999 (Neustart)	Ally halbherzig verliebt.	2–3

1.04 Kalt erwischt

Ally soll die Trauerrede für ihren verstorbenen Rechtsprofessor halten – mit dem sie eine wilde Affäre hatte! Ronald Cheanie bietet Ally an, sie zur Beerdigung zu begleiten. Sie lehnt ab. Cheanie ist beleidigt, weil er glaubt, Ally wolle lieber von Billy getröstet werden. Während der Totenwache wird der Witwe klar, dass Ally eine Affäre mit ihrem Mann hatte. Daraufhin stellt sie die junge Anwältin zur Rede. Auf Billys Rat hin lügt Ally der Witwe vor, es sei nur eine kurze, bedeutungslose Affäre gewesen (was nicht stimmt). Die Witwe bittet sie, unter den gegebenen Umständen keine Trauerrede zu halten. Doch niemand sagt das dem Pfarrer, sodass er versehentlich Ally auf das Podium holt, wo sie eine rührende Spontanrede hält. Am Ende tanzt Ally zur Entspannung mit Billy einen Engtanz in ihrem Büro.

Gäste:

Tate Donovan (Ronald Cheanie)
Jerry Hardin (Pfarrer)
Brett Cullin (Professor James Dawson)
Kathy Baker (Katherine Dawson)
Jenjer Vick (Sekretärin)
Alexis Klayla (Cara Dawson mit 8)
Holliston Coleman (Cara Dawson mit 4)

Musik:

»You Belong To Me« (Vonda Shepard)
»Maybe I Know« (Vonda Shepard)

Drehbuch:

David E. Kelley

Regie:

Arlene Sanford

Originaltitel	Erstausstrahlung USA	Erstausstrahlung Deutschland	Fazit	Note
The Affair	FOX: 29.09.1997	VOX: 29.04.1998 20.04.1999 (Neustart)	Rührende, sentimentale Folge.	2

1.05 Aufstand der Hormone

Ally zankt sich im Supermarkt mit einer Frau um die letzten Chips, bringt die patzige Kundin zu Fall, wird verhaftet – und hat eine unbezahlte Tube Spermizid-Gel in der Handtasche. Ihrer Freundin Renée gesteht Ally später zähneknirschend, warum sie das Gel in der Tasche hatte: Falls der Mann ihrer Träume zufällig an ihrer Tür klingele … Sie hatte es nur eingesteckt, weil es ihr peinlich war, damit herumzulaufen, aber sie wollte es auf jeden Fall noch bezahlen.

Vor Gericht findet eine Anhörung statt, um festzustellen, ob Ally gemeingefährlich sei und ihre Anwaltslizenz eingezogen werden solle. Billy hält ein Plädoyer für Ally und ihre Träume, die sie vielleicht manchmal etwas zu aggressiv verteidigt. Aber es müsse doch noch erlaubt sein, vom märchenhaften Auftauchen des »Mr. Right« zu träumen?! Ally wird freigesprochen und darf ihre Zulassung behalten.

Die Folge wurde durch einen Song von Vonda Shepard (»100 Tears Away«) inspiriert und im Original auch nach ihm benannt. Der Titel ist am Schluss für etwa anderthalb Minuten zu hören.

Gäste:

Phil Leeds (Richter »Happy« Boyle)
Keene Curtis (Richter Johnson Hawk)
Carol Locatell (Richterin Henrietta Fullem)
Zeljko Ivanek (Richter Marshal Pink)
Audrie Neenan (Mrs. Clarkson)
Dyan Cannon (Richterin Jennifer »Whipper« Cone)

Musik:

»Walk Away Renee« (Vonda Shepard)
»100 Tears Away« (Vonda Shepard)
»Mischief & Control« (Vonda Shepard)
»Every Now And Then« (Vonda Shepard)
»I Wanna Love Him So Bad« (Vonda Shepard)
»Look What They've Done To My Song, Ma« (Vonda Shepard, ein Hit von Ray Charles)

Drehbuch:

David E. Kelley

Regie:

Sandy Smolan

Original-titel	Erstaus-strahlung USA	Erstaus-strahlung Deutschland	Fazit	Note
One Hundred Tears Away	FOX: 20.10.1997	VOX: 06.05.1998 27.04.1999 (Neustart)	Entlarvende, tragi-komische Folge.	1–2

1.06 Frosch bleibt Frosch

Ally und Renée spielen auf ihrem neuen Klavier Liebeslieder, was sie deprimiert, weil sie Singles sind. Ally vertritt vor Gericht eine Eiscremefirma. Harry Pippen – der sympathische, aber unglaublich dicke Anwalt der Gegenseite – erleidet während des Verfahrens überraschend einen Herzanfall. Ally rettet ihn mit einer Herz-Lungen-Massage und Mund-zu-Mund-Beatmung. Pippen behauptet danach, er habe noch nie einen Kuss so empfunden wie den von Ally und sagt seine Hochzeit mit der dicken Angela ab. Ally aber gesteht Pippen beschämt, dass sie niemals mit ihm ausginge, so wie er aussehe.

Anschließend muss Ally eine Prostituierte vertreten, die jeden Glauben an die Männer und die Liebe verloren hat. Die zynische Frau frustriert die notorische Romantikerin Ally zutiefst! John gewinnt den Fall durch sein Schlussplädoyer: Frauen stehen auf Männer mit Geld, ob sie es nun offen zugeben (wie die Prostituierte) oder nicht. So ist die Welt nun einmal!

Ally ist enttäuscht, ausgerechnet mit einem so desillusionierenden Argument einen Fall zu gewinnen. John gesteht ihr, auch er sei Romantiker, aber es sei nun einmal sein (bezahlter) Job gewesen, in diesem Falle anders zu argumentieren. Ally denkt darüber nach ... und rät Harry Pippen gegen ihre eigene Überzeugung, Angela doch zu heiraten – besser sie als keine!

Gäste:

Jay Leggett (Harry Pippen)
Rusty Schwimmer (Angela Tharpe)
Jamie Rose (Sandra Winchell)
Michael Winters (Richter Herbert Spitt)
Michael Bofshever (Richter Allen Stephenson)
James Mathers (Dr. Carpenter)
Brooke Burns (Jennifer Higgin)

Musik:

»Goodnight My Someone« (Calista Flockhart, Lisa Nicole Carson und Vonda Shepard, aus dem Musical »The Music Man«)
»Ask The Lonely« (Vonda Shepard)
»I Only Want To Be With You« (Vonda Shepard)

Drehbuch:

David E. Kelley

Regie:

Victoria Hochberg

Original-titel	Erstaus-strahlung USA	Erstaus-strahlung Deutschland	Fazit	Note
The Promise	FOX: 27.10.1997	VOX: 13.05.1998 04.05.1999 (Neustart)	Herausfordernde Betrachtungen über die Liebe.	1

1.07 Wer ist hier zickig?!

Ally verknallt sich in Jason Roberts, einen Kollegen von Renée. Allerdings läuft ihm beim Essen Salatsoße übers Kinn, was Ally höchst abstoßend findet. Im Geiste sieht sie ihn mit dem ganzen Gesicht voller Salatsoße vor sich.

Vor Gericht streitet sich Ally mit einem Rabbi: Er will eine Frau nicht wieder heiraten lassen, deren Mann von einem Bus angefahren wurde, bevor die beiden ein formelles jüdisches Scheidungsurteil erhalten konnten. Jetzt liegt der Mann im Koma, eine Scheidung ist dadurch unmöglich.

Der Rabbi gibt nicht nach, ist aber fasziniert von Allys Beharrlichkeit und bittet sie, mit ihm auszugehen. Ally – die gerade mal wieder den Glauben an »Mr. Right« verloren hat – willigt ein.

Gäste:

Jason Blicker (Rabbi Stern)
Andrew Heckler (Jason Roberts)
Steve Vinovich (Jerry Burrows)

Brenda Vaccaro (Karen Horwitz)
Brooke Burns (Jennifer Higgin)

Musik:

»These Are My Mountains« (Dudelsacksolo von Peter MacNicol, John Cage)
»Searchin' My Soul« (Vonda Shepard)
»This Guy's In Love« (Vonda Shepard, ein Hit von Burt Bacharach)
»Jeopardy«-Titelmelodie

Drehbuch:

David E. Kelley

Regie:

Michael Schultz

Originaltitel	Erstausstrahlung USA	Erstausstrahlung Deutschland	Fazit	Note
The Attitude	FOX: 03.11.1997	VOX: 20.05.1998 11.05.1999 (Neustart)	Etwas behäbige Folge mit amüsanten Spezialeffekten.	3

1.08 Revierkämpfe

Ally und Georgia lecken genüsslich den Milchschaum von ihren Morgen-Cappuccinos, was Billy und Richard sabbern lässt vor sexueller Ekstase. Die Männer der Kanzlei sabbern ebenfalls jedes Mal gierig, wenn die neue Bürobotin in ihrem engen T-Shirt herumläuft. Deswegen – und um Aufmerksamkeit zu heischen – droht Elaine mit einem Streik, wenn die Bürobotin nicht gekündigt werde. Elaine heuert die aggressive Anwältin Caroline Poop (»*poop*« heißt auf Deutsch »Scheiße«) an. Aber Richard und John lassen sich nicht einschüchtern. Richard hält vor versammelter Mannschaft eine flammende Rede: Wem es hier nicht gefalle, wer streiken wolle, der solle doch einfach gleich gehen – dann werde der Laden eben zugemacht! Daraufhin will keine(r) mehr streiken, denn alle wollen bleiben.

Richard und Ally vertreten eine Frau, deren 18 Millionen schwerer Mann sich billig scheiden lassen will: Laut Ehevertrag stehen ihr nur 600.000 Dollar zu. Richard erpresst den Mann mit Fotos seiner neuen Geliebten, die seine *andere* neue Geliebte vielleicht besser nicht zu Gesicht bekommen sollte ... Ally findet Richards Vorgehen absolut unmoralisch, aber es ist erfolgreich.

Gäste:

Cristine Rose (Marci Hatfield)
Stan Ivar (Jason Hatfield)
Mark Metcalf (Hatfields Anwalt)
Sandra Bernhard (Caroline Poop)
Brooke Burns (Jennifer Higgin)

Musik:

»The Only Love I Had« (Vonda Shepard)
»The Boy From New York City« (Vonda Shepard, ein Hit von Manhattan Transfer)
»It's My Party« (Vonda Shepard)

"The Only Love I Had"

ist ein Song der Band "Venice", mit der Vonda Shepard vor vielen Jahren auf Tour war. Er findet sich auf dem Album "Garage Demos Part I", bestellbar für 20 Dollar plus Versandkosten nur im Internet (http://www.pacificnet.net/~egoman/venice/audiogdl.html). Auf dem Album ist zudem der Titel "Charm You", den Vonda in Folge 1.19 singt.

Drehbuch:

David E. Kelley

Regie:

Mel Damski

Originaltitel	Erstausstrahlung USA	Erstausstrahlung Deutschland	Fazit	Note
Drawing The Lines	FOX: 10.11.1997	VOX: 27.05.1998 18.05.1999 (Neustart)	Interessante Frage: Ist Erpressung okay, wenn sie mir nützt, aber schlecht, wenn sie mir schadet?	1

1.09 Rohrkrepierer

Ally und Renée wetten, über wessen schmutzigen Witz in der Bar mehr Leute lachen. Die Bürobotin verklagt Cage/Fish wegen »feindseliger Arbeitsatmosphäre« – weil Elaine in der eingereichten Klage ihre Kündigung gefordert hatte. Aber Klagen besitzen Immunität, also verliert die schmucke Bürobotin den Fall. Sie entschließt sich allerdings, trotzdem zu bleiben (taucht aber in keiner weiteren Folge je wieder auf). Am Abend treffen sich alle in der Bar, wo nacheinander Renée und Ally ihre Witze erzählen. Über Renées gemeinen Witz lachen sich alle kaputt, wohingegen Allys schaler Scherz auf schmerzhafte Totenstille trifft.

Gäste:

Keene Curtis (Richter Johnson Hawk)
Brooke Burns (Jennifer Higgin)
Sandra Bernhard (Caroline Poop)
Eric Cohen (Tanzender Zwilling Nr. 1)
Steve Cohen (Tanzender Zwilling Nr. 2)

Musik:

»The Way You Do The Thing You Do« (Vonda Shepard)
»I Started A Joke« (Vonda Shepard, ein Hit der Bee Gees)

Drehbuch:

David E. Kelley

Regie:

Daniel Attias

Originaltitel	Erstausstrahlung USA	Erstausstrahlung Deutschland	Fazit	Note
The Dirty Joke	FOX: 17.11.1997	VOX: 25.05.1999	Lustige Konkurrenz zwischen Ally und Renée.	2

1.10 Zu kurz gekommen

Ally stürzt beim Schmücken auf den Weihnachtsbaum, was Renée zu dem unter Fans bereits legendären Kommentar veranlasst: »So weit ist es also gekommen – du vergehst dich am Weihnachtsbaum!«

Später wird Ally von Whipper zur Pflichtverteidigerin eines liebenswerten Transvestiten-Strichers bestimmt: Steven »Stephanie« Grant, angeklagt wegen Prostitution. Ally will auf »Transvestiten-Fetischismus« plädieren, aber Stephanie wehrt sich: Er/sie sei aus Ohio gekommen, weil ihn dort alle »krank« fanden, und nun solle er selbst behaupten, dass er »krank« sei? Die Alternative allerdings ist der Jugendknast.

Ally freundet sich mit Stephanie an, verschafft ihr einen Job bei Cage/Fish und lässt sich sogar das Make-up von ihr machen.

Kuriose Nebenhandlung: Richard Fishs intoleranter Onkel (er hasste kleine Menschen) ist gestorben. Richard setzt vor Gericht durch, auf der Beerdigung Randy Newmans »Short People« spielen zu dürfen. (Das ist das erste Mal, dass ein Newman-Song eine geradezu tragende Rolle spielt. Zwei Jahre später, in der letzten Folge der dritten Staffel, laufen ganze 12 Titel des kalifornischen Sängers und Songwriters.)

Ganz entspannt bereiten sich alle schon auf die Weihnachtsfeiertage vor, als das Telefon klingelt: Stephanie wurde von einem Freier ermordet! Ally erfüllt Stephanies letzten Wunsch und kümmert sich im Leichenschauhaus um das Make-up. Richard steht währenddessen allein im Schnee am Grab seines Onkels.

Gäste:

Wilson Cruz (Steven/Stephanie Grant)
Amy Aquino (Dr. Harper)
Armin Shimerman (Richter Walworth)
Harrison Page (Reverend Mark Newman)
Jennifer Holliday (Chorsängerin Lisa Knowles)
Dyan Cannon (Richterin Jennifer »Whipper« Cone)
Ronald Hunter (Detective Greene)
Daniel Wantland (Daniel Corbett)
Niles Brewster (Ken Banks)

Musik:

»This Christmas« (Vonda Shepard)
»Soothe Me« (Vonda Shepard)
»Jingle Bell Rock« (Vonda Shepard)
»The Chimpmunk's Christmas« (Vonda Shepard)

»Short People« (Chorsolo: Jennifer Holliday, ein Hit von Randy Newman)
»Let It Snow« (Vonda Shepard)

Drehbuch:

David E. Kelley

Regie:

Tommy Schlamme

Originaltitel	Erstausstrahlung USA	Erstausstrahlung Deutschland	Fazit	Note
Boy To The World	FOX: 01.12.1997	VOX: 01.06.1999	Die wohl rührendste, traurigste Folge von allen.	1

1.11 Drei sind keiner zu viel

Ally und Georgia vertreten zwei Frauen und einen Mann, die – mit staatlichem Segen und allen Steuervorteilen – eine Ehe zu dritt führen wollen.

Mindy, die erste Ehefrau, sagt aus, dass die Affäre ihres Mannes mit Patti ihre Ehe wieder belebt habe. Georgia wird klar, dass seit Allys Auftauchen auch ihre Ehe mit Billy wieder besser läuft – was sie richtig nervt. Richterin »Whipper« Cone entscheidet jedoch gegen die Bigamie. Sie glaubt – wie auch Ally – an die Einehe. Mindy gesteht letztlich, dass sie erleichtert über das Urteil sei, ihren Mann nicht teilen zu müssen.

Richard singt seiner Freundin Whipper bei der Weihnachtsfeier ein Liebeslied: »More Today Then Yesterday«. Aber endgültig an sie binden will er sich nicht.

Peter Roth, der Chef von »Ally McBeal«-Heim-TV-Sender FOX, spielt in dieser Folge einen Mann, der am Schluss in der Bar mit Renée tanzt.

Gäste:

Eric Pierpoint (James Horton)
Katie Mitchell (Patti Horton)
Amanda Carlin (Mindy Horton)
Dyan Cannon (Richterin Jennifer »Whipper« Cone)
Renee Goldsberry (Ikette Nr. 1)
Vatrena King (Ikette Nr. 2)
Sy Smith (Ikette Nr. 3)
Peter Roth (Tänzer)
Eric Cohen (Tanzender Zwilling Nr. 1)
Steve Cohen (Tanzender Zwilling Nr. 2)
Bailey Thompson (Jean Horton)

Musik:

»More Today Than Yesterday« (Greg Germann, ein Hit von Spiral Starecase)
»I Saw Mommy Kissing Santa Claus« (Jane Krakowski)
»Let's Get It On« (Marvin Gaye)
»Santa Claus Is Coming Into Town« (Lisa Nicole Carson und Vonda Shepard)
»Please Come Home For Christmas« (Vonda Shepard)

Drehbuch:

David E. Kelley

Regie:

Joe Napolitano

Originaltitel	Erstausstrahlung USA	Erstausstrahlung Deutschland	Fazit	Note
Silver Bells	FOX: 15.12.1997	VOX: 08.06.1999	Rührende, liebevolle Folge mit kritischen Denkanregungen.	2

1.12 Das Tier im Manne

Dies ist die legendäre Folge, in der Ally zum ersten Mal das (computeranimierte) »Dancing Baby« sieht. »Ally McBeal« wurde durch diesen Gag zum US-Gesprächsthema Nummer eins!

Ally vertritt den 19-jährigen Clint, der die Ehre seines Dates mit Fäusten verteidigte. Sie findet den Jungen scharf und grapscht ihm an den Hintern, was ihr auch selbst durchaus peinlich ist.

Außerdem nehmen Ally und Renée an einem Töpferkurs teil. Modell steht ihnen der ungewöhnlich gut bestückte Glenn. Renée kommentiert spitzbübisch: »Ich glaube, ich brauche noch etwas mehr Ton.« Georgia kommt auch zum Töpfern, um sich das anzusehen. Ally geht mit Glenn aus.

Anschließend spielen sie Klavier – und dann fallen sie vor dem Kamin übereinander her.

Richard, John und alle anderen Mitarbeiter der Kanzlei (außer Ally) schauen sich zeitgleich im Pay-TV einen Boxkampf an. Diese Szenen werden hineingeschnitten in die wilde, hitzige Liebesszene auf dem Fußboden. Schließlich schickt Ally Glenn nach Hause, duscht und tanzt zufrieden grinsend mit dem computeranimierten »Dancing Baby«.

Das tanzende Baby wurde übrigens von der Computerfirma »Kinetix« als Software-Demo erstellt und kam bei Kunden und Fans so gut an, dass es sich per E-Mail immer weiter verbreitete. So erfuhr auch Kelley von dem Baby, fand Gefallen daran, und integrierte es in seine noch recht neue Serie »Ally McBeal«. Was wiederum den ohnehin schon unaufhaltsamen Siegeszug des computeranimierten Babys beschleunigte! Die neueste »Dancing-Baby«-Software kostet 1500 Dollar (etwa 3000 Mark), aber das Baby kann jetzt auch Kung Fu.

Gäste:

Michael Easton (Glenn)
Lee Wilkof (Ankläger Nixon)
Michael Winters (Richter Herbert Spitt)
Henry Woronicz (Austin Gil)
Eddie Mills (Clinton Gil)
Dirk Cheetwood (Dwayne Stokes)
Nicolette Vajtay (Jill)

Musik:

»Hooked On A Feeling« (Blue Swede)
»Wildest Times Of The World« (Vonda Shepard)
»I Could Have Danced All Night« (Vonda Shepard)
»Heart & Soul« (Calista Flockhart und Michael Easton)
»Cavalleria Rusticana«
»Hooked On A Feeling« (Blue Swede und Vonda Shepard)

Drehbuch:

David E. Kelley

Regie:

Allan Arkush

Originaltitel	Erstausstrahlung USA	Erstausstrahlung Deutschland	Fazit	Note
Cro-Magnon	FOX: 05.01.1998	VOX: 15.06.1999	Sehr sexy!!	1

1.13 Bruchlandung

Ally trifft Model Glenn (ihren One-Night-Stand mit dem Riesenschwanz aus der letzten Folge) wieder. Sie ist sauer, weil er ihr damals gesagt hat, er müsse das Land verlassen – sonst hätte sie sicher nicht mit ihm geschlafen. Glenn seinerseits fühlt sich ebenfalls benutzt, weil Ally nicht wollte, dass er über Nacht bleibt.

Ally verabredet sich erneut mit Glenn – und schläft noch einmal mit ihm. Dann aber verlässt Glenn sie, denn er hat »ein Problem mit erfolgreichen Frauen«, und die ganzen Restaurantgäste singen einen höhnischen Song für Ally.

Ally ist sauer auf Glenn und überredet Renée, Glenn den »Pinguin machen zu lassen«. Ally und Georgia leihen sich ein Nachtsichtgerät, während Renée versucht, Glenn im Wald zu verführen. Als ihm die Hose um die Knöchel schlackert, läuft sie ein Stück weit weg. Er watschelt wankend wie ein Pinguin hinterher. Ally und Georgia lachen sich halb tot.

Vor Gericht versuchen Richard und John derweil, Geld aus einem tragischen Flugzeugabsturz herauszuschlagen – kein sehr appetitlicher Fall.

Gäste:

Michael Easton (Glenn)
Harry J. Lennix (Ballard)
Elizabeth Ruscio (Cynthia Pierce)
Ben Siegler (Hoverless)
Adrian Sparks (Katz)
Susan Merson (Richterin Stoller)
Daniel Mahar (Michael Lamb)
Dale Weston (Reporter)
Renee Goldsberry (Ikette Nr. 1)
Vatrina King (Ikette Nr. 2)
Sy Smith (Ikette Nr. 3)

Musik:

»Hooked On A Feeling« (Vonda Shepard)
»Baby, That Is Rock-n-Roll« (Vonda Shepard)
»Na Na Hey Hey Kiss Him Goodbye« (Vonda Shepard und Restaurantgäste)
»Tell The World How I Feel About 'Cha, Baby« (Vonda Shepard)

Drehbuch:

David E. Kelley

Regie:

Sandy Smolan

Originaltitel	Erstausstrahlung USA	Erstausstrahlung Deutschland	Fazit	Note
The Blame Game	FOX: 19.01.1998	VOX: 22.06.1999	Amüsant und etwas schadenfroh. Der Gerichtsfall ist eher langweilig.	2

1.14 Im Land des Lächelns

Ally und Renée sind Brautjungfern. Überraschend stößt Ally alle anderen zur Seite, um den Brautstrauß zu fangen.

Der Gerichtsfall ist ebenfalls romantisch: Ally vertritt Janie, die unbedingt den Gefängnisinsassen Michael heiraten will, der wegen Bombenanschlägen und Entführungen den Rest seines Lebens im Hochsicherheitstrakt verbringen wird. Eine Hochzeit ist aber nur erlaubt, wenn ein Baby unterwegs ist. Und Sex wiederum ist nur zwischen Ehepartnern erlaubt. Deswegen fahren Ally und Georgia ins Gefängnis und besorgen eine Samenspende von Michael. Als sie auf dem Rückweg von einem Polizisten angehalten werden, geraten sie in Erklärungsnot: Was ist wohl in dem Thermosbecher?

Richard trifft auf Staatsanwältin Janet Reno und streichelt ihre Kehllappen. (Janet Reno gibt es wirklich, und sie sieht auch fast so aus wie in der Serie.) Whipper erwischt Richard, aber der behauptet, seine Tätschelei sei »rein geschäftlich« gewesen.

Der Gefängnisleiter genehmigt schließlich die Heirat. Ally muss daher noch einmal die Brautjungfer spielen. Aber sie hatte geschworen, lieber im Schlafanzug auf der Straße zu tanzen, als noch einmal ein Brautjungfernkleid anzuziehen – und dieses Versprechen hält sie auch.

Gäste:

Kathleen Wilhoite (Janie Bittner)
Lawrence Pressman (Richter Harland Smart)
J. Kenneth Campbell (Superintendant Donald Yorkin)
John Thaddeus (Michael Young)
Dyan Cannon (Richterin Jennifer »Whipper« Cone)
Linda Gehringer (Staatsanwältin »Janet Reno«)
David Doty (Pfarrer)
Jeffrey von Meyer (Skroot)

Eric Cohen (Tanzender Zwilling Nr. 1)
Steve Cohen (Tanzender Zwilling Nr. 2)

Musik:

Wagners Ritt der Walküren
»Don't« (Vonda Shepard)
»Going The Distance« (als Glockenläuten, aus dem Film »Rocky«)
»For Your Love« (Kathleen Wilhoite, Lisa Nicole Carson, Vonda Shepard)
»The Whole World Smiles With You« (Vonda Shepard)

Drehbuch:

David E. Kelley, Nicole Yorkin und Dawn Prestwich

Regie:

Mel Damski

Originaltitel	Erstausstrahlung USA	Erstausstrahlung Deutschland	Fazit	Note
Body Language	FOX: 02.02.1998	VOX: 29.06.1999	Vielsagende, dramatische, witzige Folge.	1

1.15 Feuchte Küsse

John Cage verliebt sich in Ally, die allerdings überhaupt nicht interessiert ist. Sie benimmt sich extra lächerlich, um ihn abzuschrecken. John übt mit Elaine »Unterdruck-Küsse«, dann nimmt er sich Ally vor. Die zertrümmert versehentlich Johns Toiletten-Fernbedienung, worüber er todtraurig ist. Dann sagt sie ihm auch noch, dass sie ihn »igitt« finde und ganz bestimmt nicht lieben könne.

Cage/Fish vertreten den Maler Seymour Little, der eine 60 Jahre jüngere Kunststudentin heiraten möchte. Seymours Sohn Sam hat ihn für unmündig erklären lassen, weil er ständig mit seiner toten Frau Gail redet. Sohn Sam bietet Paula 800.000 Dollar, aber die Kunststudentin will kein Geld – sie will die Vormundschaft für Seymour übernehmen und ihm ermöglichen, eine Galerie mit seinen Gail gewidmeten Bildern zu eröffnen.

Gäste:

Steven Flynn (Sam Little)
Brigid Brannagh (Paula)
Phil Leeds (Richter »Happy« Boyle)
Bruce Nozick (Anwalt)
Richard Kiley (Seymore Little)
Renee Goldsberry (Ikette Nr. 1)
Vatrina King (Ikette Nr. 2)
Sy Smith (Ikette Nr. 3)

Musik:

»Since I Fell For You« (Vonda Shepard)
»Going The Distance« aus »Rocky«
»You Belong To Me« (Vonda Shepard)

»Can't Get Enough Of Your Love, Baby« (Barry White und Vonda Shepard)
»The End Of The World« (Vonda Shepard)

Drehbuch:

David E. Kelley und Jeff Pinker

Regie:

Elodie Keene

Original-titel	Erstaus-strahlung USA	Erstaus-strahlung Deutschland	Fazit	Note
Once In A Lifetime	FOX: 23.02.1998	VOX: 06.07.1999	Nachdenkliche, emotionale Folge.	1

1.16 Ein unmoralisches Angebot

Georgia ist verunsichert, weil Ally und Billy sich so gut verstehen. Sie bietet Ally an, eine Nacht mit Billy zu verbringen, damit beide feststellen können, wie viele Gefühle noch da sind. Ally lehnt ab, wünscht sich aber doch, dass Billy wüsste, was für eine heiße Braut sie geworden ist, seit sie das letzte Mal miteinander schliefen. Renée muss darüber lachen und hält ihr vor: »Du bist beim Sex leiser als ich, wenn ich neue Schuhe einlaufe.«

Vor Gericht vertritt Ally einen Senator, der vom Ex-Mann seiner neuen Frau wegen Ehebruchs verklagt wird. Zwischenzeitlich »ertrinkt« Ally in Problemen: Sie schwimmt mit angehaltenem Atem durch ein Büro voller Wasser (einer der aufwändigsten und beeindruckendsten Tricks in der Serie).

Gäste:

Dina Meyer (Anna Flint)
J. Patrick McCormack (Senator Foote)
Marty Rackham (Joe Bepp)
Gary Bullock (Richter Kenneth Steele)
Andrew Bloch (Colson)
Elaine Giftos (Nancy Foote)
Arell Blanton (Ankläger Williams)

Musik:

»Going The Distance« aus »Rocky«
»Someday We'll Be Together« (The Supremes)
»Hidden Persuasion« (Vonda Shepard)
»He'll Have To Go« (Nat King Cole)
»Lucky Guy« (Vonda Shepard)

Drehbuch:

David E. Kelley

Regie:

Jeremy Kagan

Originaltitel	Erstausstrahlung USA	Erstausstrahlung Deutschland	Fazit	Note
Forbidden Fruits	FOX: 02.03.1998	VOX: 13.07.1999	Schöne Spezialeffekte, schöne Beziehungsfragen.	1

1.17 Schwein gehabt

Ally besucht gemeinsam mit Georgia einen Kickbox-Kurs (und schlägt Georgia mehr oder weniger versehentlich k.o., wofür diese sich aber mit einem ebenbürtigen Schwinger revanchiert). Zudem holt Ally sich Rat bei Johns Therapeutin, Dr. Tracy Clark. Großartig in dieser Gastrolle: Komödiantin und Sängerin (»Bobby's Girl«) Tracey Ullman. Sie empfiehlt die Lächel-Therapie und eine persönlichen Hymne – und bezeichnet Ally als »eine Verrückte«.

Außerdem verliebt Ally sich in ihren neuen Mandanten, Dr. Greg Butters. Sie verteidigt ihn gegen seine eigene Patientin Hanna Goldstein, der er das Leben gerettet hat, indem er ihr eine Schweineleber einsetzte. Hanna findet, er hätte sehr wohl warten können, bis eine Menschenleber zur Verfügung stehe. Zudem hätte Dr. Butters bestimmte Zuschüsse verloren, wenn er nicht in nächster Zeit eine Schweinelebertransplantation durchführte ... Nichtsdestotrotz hat Greg Butters ihr das Leben gerettet und wird daher freigesprochen.

Gäste:

Tracey Ullman (Dr. Tracy)
Jesse L. Martin (Dr. Greg Butters)
Liz Torres (Hannah Goldstein)
Dawn Stern (Jeannette)
John Fink (Präsident von Brigham Health Management)
Paul Guilfoyle (Harold Lane)
Dyan Cannon (Richterin Jennifer »Whipper« Cone)
Linda Gehringer (Attorney General »Janet Reno«)
Bonnie Cheeseman, Marilyn Child, John Duerler, Geoffrey B. Nimmer, JoAnn Fregalette Jansen (tanzende Passanten)

Musik:

»Tracy« (The Cufflinks)
»Tell Him« (Vonda Shepard)
»Young At Heart« (Vonda Shepard, ein Hit von Frank Sinatra)

Drehbuch:

David E. Kelley

Regie:

Dennie Gordon

Originaltitel	Erstausstrahlung USA	Erstausstrahlung Deutschland	Fazit	Note
Theme Of Life	FOX: 09.03.1998	VOX: 20.07.1999	Freche, »schweinisch« witzige Story.	1

1.18 Nahkampf

Ally verteidigt erneut Dr. Greg Butters, der einen Auffahrunfall hatte, an dem sie selbst nicht ganz unschuldig ist. Der gegnerische Anwalt ist ein geniales Wunderkind. Ally verwechselt den Mini-Anwalt mit dem nervigen »Dancing Baby« und verpasst ihm einen kräftigen Tritt. John und Richard vertreten währenddessen eine Frau, die ihren Chef verklagt, weil der nur Frauen befördert, mit denen er zuvor geschlafen hat.

Gäste:

Jesse L. Martin (Dr. Greg Butters)
Josh Evans (Oren Koolie)
Christine Dunford (Eva Curry)
Wrenn T. Brown (Ankläger Stone)
Michael Winters (Richter Herbert Spitt)
Shea Farrell (Mr. Tyler)
Miriam Flynn (Karen Koolie)
Jerry Sroka (Joel)
Tracey Ullman (Dr. Tracy)

Renee Goldsberry (Ikette Nr. 1)
Vatrina King (Ikette Nr. 2)
Sy Smith (Ikette Nr. 3)

Musik:

»This Guy's In Love With You« (Vonda Shepard)
»The Munchkin Song« aus dem Musical »Das zauberhafte Land«
»Dream Lover« (Vonda Shepard)
»Tracy« (Vonda Shepard, ein Hit von The Cufflinks)
»Where Peaceful Waters Flow« (Vonda Shepard)

Drehbuch:

David E. Kelley

Regie:

Jonathan Pontell

Originaltitel	Erstausstrahlung USA	Erstausstrahlung Deutschland	Fazit	Note
The Playing Field	FOX: 16.03.1998	VOX: 27.07.1999	Schräge, sehr konstruierte Geschichten.	3

1.19 Happy Birthday!

Ally verteidigt einen Fußfetischisten, der bei seiner Freundin eingebrochen ist; Renée ist die Anklägerin. Dr. Greg Butters lehnt es nach einem Rendezvous ab, mit in Allys Wohnung zu kommen. Sie ist beleidigt, zumal ihr 28. Geburtstag bevorsteht: Mann und Kinder scheinen plötzlich so unerreichbar fern!

Elaine hat eine Geburtstagsüberraschung für Ally geplant: Butters soll ihr in der Bar ein Liebeslied singen. Renée springt auf und stimmt in Gregs Gesang ein, was Ally extrem eifersüchtig macht. Greg gesteht Ally, dass er nach Chicago gehe, um einen wichtigen Posten in der Notaufnahme anzutreten. Sie ist enttäuscht.

Renées Mandantin vergibt Allys Fußfetischisten und die beiden nehmen ihre Romanze wieder auf. Butters versucht, Ally wieder für sich einzunehmen – aber (vorerst) vergeblich.

Gäste:

Jesse L. Martin (Dr. Greg Butters)
Harriet Sansom Harris (Cheryl Bonner)
Barry Miller (Mark Henderson)
Alaina Reed Hall (Richterin Elizabeth Witt)

Musik:

»It's Not Unusual« (Tom Jones)
»Falling« (Vonda Shepard)

»I Am A Woman« (Vonda Shepard, Jane Krakowski und Lisa Nicole Carson)
»Love Me« (Jesse L. Martin, ein Hit von Elvis Presley)
»Don't« (Lisa Nicole Carson)
»Tell Him« (Vonda Shepard)
»Charm You« (Vonda Shepard)
»Que Sera Sera« (Vonda Shepard)

Drehbuch:

David E. Kelley

Regie:

Tommy Schlamme

Originaltitel	Erstausstrahlung USA	Erstausstrahlung Deutschland	Fazit	Note
Happy Birthday, Baby	FOX: 06.04.1998	VOX: 03.08.1999	Entlarvende, romantische Folge. Tolle Musik!	1

1.20 Das reinste Irrenhaus

Dies ist eine so genannte »Crossover«-Folge zwischen zwei US-Serien von David E. Kelley. Der Fall beginnt in den USA bei »Ally McBeal« und endet wenig später (und auf einem anderen TV-Sender!) in der Serie »Practice – Die Anwälte«. Der zweite Teil dieser Folge (also der Schluss) wurde in Deutschland am 20.07.2000 unter dem Titel »Der Paukenschlag« auf Pro 7 ausgestrahlt.

Richard verteidigt ein französisches Bistro, das einen heterosexuellen Kellner gefeuert hat. Seine Begründung: »In einem französischen Bistro erwarten die Gäste ultrakultivierte, snobistische – und folglich homosexuelle – Kellner. Außerdem gibt es kein Gesetz zum Schutz Heterosexueller.«

Billy bittet in einem Mordfall die Kollegen der Kanzlei Donnell & Associates (aus Kelleys Serie »Practice – Die Anwälte«) um Hilfe. Er verteidigt eine Frau, die während eines Blackouts ihren Mann mit einem Beil tötete. Ihr Psychiater sagt, sie glaube, in einem früheren Leben die Axtmörderin Lizzie Bordon gewesen zu sein. Und mit solchen Sachen kennt Billy sich nicht besonders gut aus.

Ally flirtet mit dem hinzugezogenen Anwalt Bobby Donnell. Sie verteidigt ihm gegenüber das etwas sonderbare Verhalten ihrer Kollegen, denn auf Bobby wirkt Cage/Fish wie ein Irrenhaus!

Renée bittet einen Anwaltskollegen zum Kaffee hoch, aber als er zudringlich wird, verpasst sie ihm einen Kickbox-Tritt und bricht ihm einen Nackenwirbel. Ally übernimmt Renées Verteidigung.

Die Folge ist zwar in sich verständlich. Das »dicke Ende« kam aber in der Folge 2.19 (»Der Paukenschlag«) der Serie »Practice – Die Anwälte« nach: Ally und Billy enthüllen zusammen mit Bobby und dessen Kollegen eine ganz unerwartete Liebesaffäre, die dem Fall eine neue und sehr gruselige Dynamik verleiht!

Gäste:

Dylan McDermott (Robert G. »Bobby« Donnell aus »Practice – Die Anwälte«)
Lisa Gay Hamilton (Rebecca Washington aus »Practice – Die Anwälte«)
Steve Harris (Eugene Young aus »Practice – Die Anwälte«)
Camryn Manheim (Ellenor Frutt aus »Practice – Die Anwälte«)
Kelli Williams (Lindsay Dole aus »Practice – Die Anwälte«)
Kelly Connell (Dr. Peters)
Isaiah Washington (Michael Rivers)
Alaina Reed Hall (Richterin Elizabeth Witt)
Michael Brandon (Adam Dawson)
David Burke (Harry)
Tony Amendola (Richter Walter Swan)
Al Pugliese (Joel Hurt)
Daniel Dae Kim (Polizist)
George Cedar (Richter Jonathan Harker)
Donna Murphy (Mrs. Marie Hansen)
Renee Goldsberry (Ikette Nr. 1)
Vatrina King (Ikette Nr. 2)
Sy Smith (Ikette Nr. 3)
Eric Cohen (Tanzender Zwilling Nr. 1)
Steve Cohen (Tanzender Zwilling Nr. 2)

Musik:

»Dance With Me« (Vonda Shepard)
»Someone You Use« (Vonda Shepard)

Drehbuch:

David E. Kelley

Regie:

Michael Schultz

Originaltitel	Erstausstrahlung USA	Erstausstrahlung Deutschland	Fazit	Note
The Inmates	FOX: 27.04.1998	VOX: 10.08.1999	Sehr spannende, tiefschürfende Folge!	1

1.21 Volle Breitseite

Georgia glaubt, sie sei schwanger. Billy weiß nicht recht, wie er das findet. Ally ist eifersüchtig auf das Familienglück der beiden. Michael Rivers verklagt Renée, die ihm in der letzten Folge einen Nackenwirbel gebrochen hat. Ally und John übernehmen den Fall. John fährt ein umfangreiches Arsenal kurioser Ablenkungsmanöver auf.

Dummerweise sagt ausgerechnet Glenn, das Nacktmodel, das Ally und Renée den »Pinguin machen« ließen, gegen Renée aus.

Renée und John streiten sich, Ally und Renée streiten sich, Ally und Glenn streiten sich – und Billy und Georgia sind in Sachen Schwangerschaft immer noch verunsichert. Renée wird freigesprochen. Und Georgias zweiter Schwangerschaftstest ist negativ.

Gäste:

Isaiah Washington (Michael Rivers)
Michael Easton (Glenn)
Gibby Brand (Richter William McGough)
Eric McCormack (Kepler)
Erica Nicole Dickerson (Renée als junges Mädchen)

Musik:

»Going The Distance« aus »Rocky«
»Wedding Bell Blues« (Fifth Dimension)
»I'll Be There« (Vonda Shepard, ein Hit von Michael Jackson)

Drehbuch:

David E. Kelley

Regie:

Mel Damski

Originaltitel	Erstausstrahlung USA	Erstausstrahlung Deutschland	Fazit	Note
Being There	FOX: 04.05.1998	VOX: 17.08.1999	Spannend, liebenswert, entlarvend. Etwas viel Streiterei.	2

1.22 Kleine Hüpfer und große Sprünge

Der 72-jährige Vincent flicht im Knast aus Gummibändern ein Trampolin. Einen Monat vor seiner regulären Entlassung springt er über die Mauer in die Freiheit, weil er das Gefängnis nicht mehr ertragen kann. Aber er verstaucht sich dabei den Knöchel und wird sofort wieder verhaftet. John übernimmt seine Verteidigung. Die Anklage wird vertreten von Johns ehemals bester Freundin Hayley, für die er zudem heimlich schwärmte. John gesteht Hayley in seinem Plädoyer (!) verschlüsselt seine geheime Liebe. Sie ist gerührt, lehnt aber trotzdem ab. Immerhin wird Vincent freigesprochen und muss nicht in den Bau zurück.

Gäste:

Cynthia Stevenson (Hayley Chisholm)
McNally Sagal (Mary Halliday)
Michael Hagerty (Michael Huttle)
Gibby Brand (Richter William McGough)
Neal Lerner (George Pullman)
Jocko Marcellino (Gefängniswärter)
Dabbs Greer (Vincent Robbins)
Dyan Cannon (Richterin Jennifer »Whipper« Cone)
Renee Goldsberry (Ikette Nr. 1)
Vatrina King (Ikette Nr. 2)
Sy Smith (Ikette Nr. 3)

Hauptdarstellerin Calista Flockhart über ihre Rolle: »Ich liebe Ally, gerade weil sie mal gewinnt und mal verliert.«

Foto: action press/Zuma Press

In den ersten Folgen von »Ally McBeal« sollte Courtney Thorne-Smith in ihrer Rolle als Georgia nur eines sein: kühl und blond. Foto: action press/Bauer Randy

Jane Krakowski ist es gelungen, aus der nymphomanischen Nervensäge Elaine eine sympathische und charmante Figur zu machen. Foto: action press/Zuma Press

Als Nelle sollte Portia de Rossi Eiseskälte in der Kanzlei verbreiten. Doch allmählich wurde die kühle Sexgöttin zu einer sehr sympathischen Kollegin. Foto: action press/Visual

Lucy Alexis Liu bewarb sich zunächst vergeblich für die Rolle der Nelle. Doch Lucy gefiel David E. Kelley so gut, dass er extra für sie die fiese Ling Woo erfand. Foto: action press/Visual

Greg Germann amüsiert sich köstlich über die pointierten Sprüche seines Alter ego Richard: »Fishismen entstehen oft spontan; was Richard gerade nützt, wird einfach zum Fishismus.«

Foto: action press/All Action

David E. Kelley, Produzent und Drehbuchautor von »Ally McBeal«, über den wichtigsten Erfolgsfaktor der Serie: »Ally ist stark genug, um schwach zu sein.« Foto: action press/Zuma Press

Vonda Shepard und ihre Musik sind zum festen Bestandteil von »Ally McBeal« geworden: »Ein bis zwei Tage vor Drehbeginn ruft David mich an und sagt mir, welche Songs ich aufnehmen soll.«
Foto: action press/Primera Smith

Musik:

»Savin' All My Lovin' For You« (Vonda Shepard)
»Ain't That A Shame« (Vonda Shepard, ein Hit von Fats Domino)
»I'm In Love Again« (Vonda Shepard, ein Hit von Fats Domino)
»Alone Again (Naturally)« (Vonda Shepard, ein Hit von Gilbert O'Sullivan)

Drehbuch:

David E. Kelley

Regie:

Dennis Dugan

Originaltitel	Erstausstrahlung USA	Erstausstrahlung Deutschland	Fazit	Note
Alone Again	FOX: 11.05.1998	VOX: 24.08.1999	Bewegende, rührige Story.	2

1.23 Herz zu verschenken

Bobby Donnell (aus »Practice – Die Anwälte«) vermittelt Ally einen kuriosen Fall: Sie soll einen reichen Kranken vertreten, dessen bester Freund ihm sein gesundes Herz spenden möchte. Der Richter weiß auch nicht recht weiter und bietet schließlich Ally an, über die Herzspende zu entscheiden. Sie ist dagegen.

In einer Verhandlungspause küsst Ally ihren Kollegen Bobby. Aber Bobby ist nicht wirklich an ihr interessiert.

John verteidigt seinen eigenartigen Cousin Alan, der »im Dienste der Liebe« zankende Paare mit einem Kanupaddel geschlagen hat.

Billy und Georgia stellen währenddessen fest, dass sie sich in ihrer Ehe langweilen. Mutig marschiert Georgia – nur mit roten Pumps bekleidet – in Billys Büro ... wo Ally sie auf dem Schreibtisch erwischt!

Gäste:

Dylan McDermott (Bobby Donnell aus »Practice – Die Anwälte«)
Willie Garson (Alan Farmer)
Richard Schiff (Bernie Gilson)
Phil Leeds (Richter »Happy« Boyle)
Albert Hall (Richter Seymore Walsh)
Lee Wilkof (Nixon)
Rhonda Dotson (Julie Martin)
Ken Abraham (Hendrix)
Bob Gunton (Michaelson)

Musik:

»Just One Look« (Vonda Shepard)
»Fools Fall In Love« (Vonda Shepard)
»Neighborhood« (Vonda Shepard)

Drehbuch:

David E. Kelley

Regie:

Jonathan Pontell

Original-titel	Erstaus-strahlung USA	Erstaus-strahlung Deutschland	Fazit	Note
These Are The Days	FOX: 18.05.1998	VOX: 31.08.1999	Sehr lustig.	1

Die zweite Staffel

2.01 Fingerspitzengefühle

Richard und John holen die blonde, frostige Nelle in die Firma. Sie soll möglichst viele gut betuchte Mandanten aus ihrer letzten Kanzlei mitbringen – und außerdem gefällt sie John sehr gut. Die Frauen in der Firma sind eifersüchtig und neidisch.

Gleich in ihrem ersten Fall tritt Nelle (zusammen mit Ally und John) gegen Renée an. Sie verteidigt Laura und Jason. Die 37-jährige Laura hatte mit dem inzwischen 18-jährigen Jason eine Affäre, als dieser noch minderjährig war. Die beiden stehen immer noch zu ihrer damaligen Liebe. Der sympathische Jason erweicht mit seiner romantischen Weltsicht sogar Allys Herz. John Cage hält das Schlussplädoyer und zieht die Geschworenen auf seine Seite. Nach Abschluss der Gerichtsverhandlung geht Ally mit dem netten, wenn auch etwas altklugen Jason zum Essen – und anschließend Baseball spielen!

Diese Folge wurde Phil Leeds, dem Darsteller von Richter »Happy« Boyle gewidmet. Er verstarb während der Dreharbeiten. Seine letzten Szenen wurden in Folge 2.07, »Leichenschmaus«, verwendet.

Gäste:

Richard Lee Jackson (Jason Tresham)
Caitlin Dulany (Laura Jewell)
Susan Krebs (Richterin Kensington)
Tracey Ullman (Dr. Tracy)
Renee Goldsberry (Ikette Nr. 1)
Vatrina King (Ikette Nr. 2)
Sy Smith (Ikette Nr. 3)

Musik:

»In The Real World« (Vonda Shepard, ein Hit von Roy Orbison)
»Just What I Needed« (The Cars)
»You Can't Hurry Love« (Vonda Shepard, ein Hit von Diana Ross und den Supremes)
»Tonight's The Night« (Vonda Shepard, ein Hit von den Shirelles)

Drehbuch:

David E. Kelley

Regie:

Jonathan Pontell

Originaltitel	Erstausstrahlung USA	Erstausstrahlung Deutschland	Fazit	Note
The Real World	FOX: 14.09.1998	VOX: 07.09.1999	Ein schöner Einstand für »Nelle unter Null«.	2

2.02 Besonders pferdvoll

Nelles Freundin Ling Woo verklagt einen Radiomoderator, weil dessen Chauvi-Sprüche das Arbeitsklima in ihrer Stahlfabrik vergiften. Problem: Die Sendung wird gar nicht in der Fabrik gehört, sondern die Mitarbeiter lauschen in ihrer Freizeit den frauenfeindlichen Tiraden. Insofern ist ein direkter ursächlicher Zusammenhang schwer nachzuweisen. Ling lässt letztlich ihre Klage fallen, deutet aber in Interviews an, der Radiomoderator sei impotent.

John Cage verteidigt in einem zweiten Gerichtssaal einen Restaurantbesitzer, der Pferdefleisch serviert hat. Die Gäste waren zufrieden mit dem Mahl – bis sie erfuhren, was sie gerade aßen (die Speisekarte war auf Französisch). John ist der Fall unangenehm, da er ein großer Fan von dem sprechenden TV-Pferd »Mr. Ed« ist. Fast aus Versehen verabredet sich John bei der Vorbereitung seiner Strategie mit Nelle. John gewinnt den Fall, indem er argumentiert: Pferde haben keine Rechte. Denn wenn man ihnen welche gäbe, würden schließlich als Nächstes Hamburger verboten, und das ginge nicht, denn die seien eine amerikanische Institution!

Gäste:

James Sutorius (Daleys Anwalt)
Albert Hall (Richter Seymore Walsh)
Mark Metcalf (Wicks Anwalt Walden)
Tim Thomerson (Daley)
Stuart Pankin (Paul Handy)
J. Karen Thomas (TV-Reporter)
Marty Levy (TV-Ansager)
Wayne Newton (Harold Wick)
David Ogden Steirs (Richter Andrew Peters)
Renee Goldsberry (Ikette Nr. 1)
Vatrina King (Ikette Nr. 2)
Sy Smith (Ikette Nr. 3)
David E. Wells (Michael)

Musik:

»Will You Marry Me?« (Vonda Shepard)
»Mister Ed«-Titelmelodie (Calista Flockhart, Peter MacNicol)
»What Kind Of Fool Do You Think I Am?« (Vonda Shepard)

Drehbuch:

David E. Kelley

Regie:

Mel Damski

Original-titel	Erstaus-strahlung USA	Erstaus-strahlung Deutschland	Fazit	Note
They Eat Horses, Don't They?	FOX: 21.09.1998	VOX: 14.09.1999	Der Pferdefall ist gut, der Radiofall zu konstruiert. Nelle und Ling sind (noch) recht unsympathisch.	2–3

2.03 Original und Fälschung

Lings Schwester hat sich die Brüste vergrößern lassen. Die OP ist jedoch misslungen. Nun verklagt sie die Krankenschwester des operierenden Arztes – denn deren Brüste hatte der Arzt als Vorbild angegeben, obwohl sie echt sind. Das sei Irreführung. Außerdem ist der Arzt pleite, die Krankenschwester aber wohlhabend. Billy nimmt in Lings Auftrag eine »eingehende Untersuchung« der strittigen Brüste vor, was seine Frau Georgia unmöglich findet.

Richard soll einem befreundeten Pfarrer helfen. Der hatte eine Affäre mit einer seiner Chorsängerinnen. Er trennte sich von ihr, woraufhin sie nun im Gottesdienst Herz-Schmerz-Lieder singt. Er kann sie aber deshalb nicht feuern. Ally redet mit ihr und findet heraus, dass sie eigentlich nur wissen will, warum er sie verlassen hat. Widerwillig steht der Pfarrer ihr Rede und Antwort. Ally kommt auf eine Parallele zu ihrem eigenen Leben: nämlich dass Billy sie nicht verlassen hat, um an eine andere Uni zu gehen, sondern um mit Georgia zusammen zu sein. Er studierte zusammen mit Ally, war aber schlechter als sie. Deshalb wollte er wechseln, besuchte probeweise eine andere Uni – und verliebte sich dort sofort in Georgia!

Gäste:

Jennifer Holliday (Lisa Knowles)
Harrison Page (Pfarrer Mark Newman)
Gerry Becker (Stone)
Kayren Ann Butler (Jody Silverman)
Lydia Look (Leigh Woo)
Eric Cohen (Tanzender Zwilling Nr. 1)
Steve Cohen (Tanzender Zwilling Nr. 2)

Musik:

»I'm So Tired Of Being Alone« (Jennifer Holliday)
»Political Science« (Jennifer Holliday, ein Hit von Randy Newman)
»Maryland« (Vonda Shepard)
»You're The First, The Last, My Everything« (Barry White)
»Fools Fall In Love« (Jennifer Holliday)

Drehbuch:

David E. Kelley

Regie:

Peter MacNicol

Originaltitel	Erstausstrahlung USA	Erstausstrahlung Deutschland	Fazit	Note
Fools Night Out	FOX: 28.09.1998	VOX: 21.09.1999	Schrille, witzige Folge.	1

2.04 It's My Party

Dies ist die erste Hälfte der einzigen »Ally McBeal«-Doppelfolge. Elaine präsentiert darin freudig ihre neueste Erfindung: Kondome mit persönlichen Aufdrucken! Und Ally verliebt sich in Elaines Freund George. George ist Baptist und wurde als Herausgeber einer Frauenzeitschrift gefeuert, da sein Glaube vorschreibt, dass Frauen an den Herd gehören – von wegen Emanzipation! George und Ally ziehen gegen die Kündigung vor Gericht. Ally wird wegen ihres zu kurzen Rocks ins Gefängnis gesteckt, woraufhin sie den Richter als »Schwein« beschimpft. Ausgerechnet Nelle boxt Ally wieder raus. Am Abend gibt Ally eine Party für alle ihre Freunde. Ling küsst Richard das erste Mal. Richard ist begeistert. George allerdings flirtet immer offener mit Ally … was soll nur aus seiner Beziehung zu Elaine werden?

Gäste:

Shawn Michael Howard (Ben)
Lee Wilkoff (Nixon)
Albert Hall (Richter Seymore Walsh)
Claudette Nivens (Ms. Christine Hollings)
John Ritter (George Madison)

Musik:

»Superfreak« (Rick James)
»Please Mr. Postman«
»Going The Distance« aus »Rocky«
»Just My Imagination« (Vonda Shepard, ein Hit der Temptations)
»Double Shot Of My Baby's Love«, (Calista Flockhart, Courtney Thorne-Smith und Jane Krakowski)
»Neither One Of Us,« (Calista Flockhart und Courtney Thorne-Smith)
»War« (Peter MacNicol, Greg Germann und Shawn Michael Howard)
»Someday We'll Be Together« (Vonda Shepard, ein Hit der Supremes)

Drehbuch:

David E. Kelley

Regie:

Jace Alexander

Originaltitel	Erstausstrahlung USA	Erstausstrahlung Deutschland	Fazit	Note
It's My Party	FOX: 28.09.1999	VOX: 05.09.2000	George ist zu fad. Nette Themen, aber zu behäbig.	3

2.05 Schlag auf Schlag

Dies ist der zweite Teil der Doppelfolge. Ally verpasst anfangs einer jungen Frau, die auf der Straße patzig zu ihr ist, einen kräftigen Tritt. Die beiden landen in einer gemeinsamen Gefängniszelle. Ally erklärt sich bereit, Hannah am Nachmittag vor Gericht zu vertreten, wenn diese dafür auf eine Klage gegen sie verzichtet. Hannah wird vorgeworfen, ihre ehemals beste Freundin vor lauter Wut über deren Affäre mit ihrem Freund in einen Müllcontainer geworfen zu haben. Hannah verliert den Prozess, muss aber nur einen Dollar Schmerzensgeld bezahlen.

Elaines Freund George will Ally als Anwältin engagieren. Elaine versucht, ihn zu Richard oder John zu schicken. George aber besteht darauf. Elaine bekommt Angst und bittet Ally mit zitternder Stimme: »Du kannst jeden Mann haben, bitte nimm dir nicht meinen.« George baggert weiter an Ally herum, aber die bleibt sich treu und lässt die Finger von Elaines Freund.

John Cage spült mittels Fernbedienung versehentlich seinen zahmen Frosch Stefan die Toilette hinunter. Etwas später schenkt Nelle John einen neuen Frosch. Er benennt ihn nach Nelles Kindheits-Hamster: Millie.

Gäste:

Josh Evans (Oren Koolie)
Latanya Richardson (Yvette Rose)
Kristin Datillo (Laura Payne)

Eric Christmas (Richter Maynard Snipp)
Natasha Gregson Wagner (Hannah Puck)

Musik:

»When The Red-Red Robin Comes Bob-Bob-Bobbin' Along« (Vonda Shepard)
»Nobody But Me« (Vonda Shepard)
»Amazing Grace« (Peter MacNicol auf dem Dudelsack)
»What Becomes Of The Brokenhearted« (Vonda Shepard)
»Take Me Home« (Vonda Shepard, ein Hit von Tom Waits)

Drehbuch:

David E. Kelley

Regie:

Tom Moore

Originaltitel	Erstausstrahlung USA	Erstausstrahlung Deutschland	Fazit	Note
Story Of Love	FOX: 26.10.1998	VOX: 05.10.1999	Sehr skurril, aber charmant.	2

2.06 Gefährliche Liebschaften

Als Georgia auf die Toilette geht, taucht Johns Frosch Stefan (wortwörtlich) wieder auf und springt ihr ins Gesicht. Sie wirft ihn Nelle zu, die feuert ihn zurück, Richard öffnet eine weitere Toilettentür, der Frosch klatscht dagegen – und fällt ins Koma. Ausgerechnet in diesem Augenblick kommt John in den Waschraum. Elaine lässt den bewusstlosen Frosch schnell in ihrem Ausschnitt verschwinden. Später lügt Richard John vor, Stefan sei wieder aufgetaucht, zwar im Koma, aber immerhin!

Renée trifft ihre große Liebe Matt wieder. Dessen Ehe zerbricht gerade und er ist sehr an Renée interessiert. John und Ally vertreten eine Nonne, die aus dem Kloster verbannt wurde, weil sie eine Affäre mit einem Priester hatte. Whipper schleicht sich auf Allys Rat heimlich in Richards Wohnung, zündet Kerzen an und wartet nackt auf ihn. Richard kommt allerdings mit Ling nach Hause. Ling kreischt, Whipper kreischt; Ling bleibt, Whipper geht.

Gäste:

Kellie Waymire (Chrissa)
Lee Wilkoff (Nixon)
Shea Farrell (Priester, Shea Farrel ist seit Beginn der zweiten Staffel Produktionsassistent von »Ally McBeal«)
Jessica Harper (Schwester Helen)
Richard T. Jones (Matt Griffin)
Dyan Cannon (Richterin Jennifer »Whipper« Cone)
Vatrena King (Ikette Nr. 1)

Sy Smith (Ikette Nr. 2)
Cynthia Calhoun (Ikette Nr. 3)

Musik:

»Crying« (Vonda Shepard, ein Hit von Roy Orbison)
»Looking For Something« (Vonda Shepard)
»Operator« (Vonda Shepard, ein Hit von Manhattan Transfer)
»A Love So Beautiful« (Vonda Shepard)
»World Without Love« (Vonda Shepard, ein Hit der Beatles)

Drehbuch:

David E. Kelley

Regie:

Arvin Brown

Originaltitel	Erstausstrahlung USA	Erstausstrahlung Deutschland	Fazit	Note
Worlds Without	FOX: 02.11.1998	VOX: 12.10.1999	Viele traurige Geschichten.	2

2.07 Leichenschmaus

Im Waschraum (genauer gesagt: in einer Toilettenkabine) holt sich John Kuss-Tipps von Richard. Denn er hat vor, Nelle zu küssen!

Ally hat einen üblen Abend mit dem Vollidioten und Karaoke-Sänger Fitzy verbracht, der am nächsten Tag natürlich prompt in der Kanzlei auftaucht. Ally stellt sich tot, aber Fitzy kitzelt sie wach. Daraufhin küsst sie Elaine. Fitzy ist das gewohnt: »Du bist nicht die erste Frau, die sich tot stellt und lesbisch spielt, um mich loszuwerden!« (Fitzy-Darsteller Rob Schneider landete mittlerweile einen Kinohit mit der grandiosen Klamotte »Rent-a-Man«.)

Cage/Fish verteidigen eine Frau, der gekündigt wurde, weil ihre Haut orange geworden ist. Das Verfahren wird durch den plötzlichen Tod von Richter »Happy« Boyle unterbrochen. (In Wirklichkeit starb Boyle-Darsteller Phil Leeds bereits am 16. August 1998 an einer Lungenentzündung – Monate vor Beginn der Dreharbeiten zu dieser Folge, die zum Denkmal der »Ally-McBeal«-Crew für ihn wurde. Die Aufnahmen mit Leeds waren ursprünglich für Folge 2.01 gedacht.)

Die Mitarbeiter von Cage/Fish gehen gemeinsam chinesisch essen. John hat seinen wiederbelebten Frosch Stefan dabei. Ling schickt den Frosch mit dem Kellner in die Küche, um das Tier mit Salat zu füttern. Versehentlich wird der Frosch jedoch ins Hauptgericht geschnetzelt. John ist fassungslos. Dann aber geht Nelle mit ihm aus und gibt ihm zum Abschied einen Kuss. Er tanzt daraufhin auf der Straße zu Barry White!

Gäste:

Jennifer Holliday (Lisa Knowles)
Phil Leeds (Richter »Happy« Boyle)

Melanie Chartoff (Joanne Poole)
John Fleck (Spicer)
Louis Giambalvo (Harold Jordan)
Rob Schneider (Fitzy)
Dyan Cannon (Richterin Jennifer »Whipper« Cone)
Vatrena King (Ikette Nr. 1)
Sy Smith (Ikette Nr. 2)
Cynthia Calhoun (Ikette Nr. 3)

Musik:

»Going The Distance« aus »Rocky«
Erkennungsmelodie »Wicked Witch Of The West« aus dem Musical »Das zauberhafte Land«
»Puppy Love« (Rob Schneider)
»It's Not Unusual« (Tom Jones)
»Gimmie Dat Ding« (Vonda Shepard)
»Finale« aus dem Broadway-Musical »Pippin« (Jennifer Holliday)
»You're The First, The Last, My Everything« (Barry White, später Vonda Shepard)

Drehbuch:

David E. Kelley

Regie:

Jonathan Pontell

Original-titel	Erstaus-strahlung USA	Erstaus-strahlung Deutschland	Fazit	Note
Happy Trails	FOX: 09.11.1998	VOX: 19.10.1999	Tragikomische Folge mit vielen sehr guten Gags.	1

2.08 Schlammschlacht

Ling wird verklagt, weil sie einen Schlammcatcherinnen-Club betreibt, der angeblich die Sittsamkeit des ganzen Stadtteils untergräbt. John und Richard besuchen das Etablissement, Richard steigt sogar selbst in den Ring!

Elaine erfindet derweil eine kombinierte Toilettensitzhochklapp-Brillenwärmer-Klospülungsfernbedienung. Dummerweise klappt John die Brille ausgerechnet in dem Augenblick hoch, als Ally sich draufsetzen will. Sie klemmt prompt in der Kloschüssel fest. Feuerwehrleute müssen Johns Lieblingsschüssel zerschlagen, um Ally zu befreien.

Vor Gericht trifft Georgia auf ihren alten Schwarm Ray, der sich allerdings eher für Ally interessiert. Die mag ihn aber nicht recht. Am Ende steht Ray mit Georgia allein im Fahrstuhl. Als sie vor vielen Jahren ausgingen, haben sie sich nicht geküsst – sie überlegen, ob sie es nun nachholen sollen …

Gäste:

Justin Theroux (Raymond Brown)
Tony Plana (Richter Warren Figueroa)

Christine Ebersole (Marie Stokes)
Eric Scott Woods (Jack Clooney)
Reese Selley (Stripper)
Vatrena King (Ikette Nr. 1)
Sy Smith (Ikette Nr. 2)
Cynthia Calhoun (Ikette Nr. 3)
Tawni Graf (Jennifer)
Brad Grunberg (Emcee)

Musik:

»Secret Agent Man« (Vonda Shepard, ein Hit von Johnny Rivers)
»Foolish Little Girl« (Vonda Shepard)
Titelmelodie aus »Hawaii 5-0«
»One Fine Day« (Vonda Shepard)

Drehbuch:

David E. Kelley

Regie:

Vince Misiano

Originaltitel	Erstausstrahlung USA	Erstausstrahlung Deutschland	Fazit	Note
Just Looking	FOX: 16.11.1998	VOX: 26.10.1999	Amüsant, aber etwas langatmig.	2–3

2.09 Danke vielmals!

Ling verklagt einen ihrer Angestellten, weil der ihr »schmierige« Blicke zuwirft. Außerdem spreche er ihren Nachnamen »wie ein postkoitales ›Wuuuh!‹ aus«.

Richard nennt Ling »Liebling« und kriegt Ärger. So will sie nicht genannt werden. Besser seien »Honigkuchen, Zuckerschnecke, Kürbis – alles Essbare«. Richard versichert Ling im Unisex-Waschraum, er nehme ihre lächerlichen Fälle nicht nur an, weil er mit ihr schlafen wolle, sondern ausschließlich, weil sie reich sei und die horrenden Rechnungen zahlen könne.

Abends gehen Renée und Ally bowlen. Dabei bleiben Allys Finger in einer geliehenen Bowlingkugel stecken. (Scherz am Rande: Obwohl Ally sich in der Folge ausgesprochen ungeschickt anstellt, ist Hauptdarstellerin Calista Flockhart selbst eine begeisterte – und gute – Bowlingspielerin.)

Ling unterliegt vor Gericht. Ally versucht, ihren neuen Verehrer Wallace abzuschrecken, indem sie Georgia einen Zungenkuss gibt. Und John übt in seinem Büro Tanzen, um abends in der Bar Nelle auffordern zu können.

Gäste:

Shawn Michael Howard (Ben)
Bob Glouberman (Wallace)
Murray Rubin (Seymore)
Michael Reilley Burke (Wells)
Neil Giuntoli (Ralph Witton)

Larry Brandenburg (Richter Raynsford Hopkins)
Michael Dimaggio (Sean)
Michael Davenport (Dr. Herbert)

Musik:

»Tell Him« (Vonda Shepard)
»Gimmie Dat Ding« (Vonda Shepard)
»This Is My Song« (Vonda Shepard)
»You Are My Sunshine«
»You're The First, The Last, My Everything« (Barry White)
»You Never Can Tell« (Vonda Shepard, ein Hit von Chuck Berry)

Drehbuch:

David E. Kelley

Regie:

Adam Nimoy

Originaltitel	Erstausstrahlung USA	Erstausstrahlung Deutschland	Fazit	Note
You Never Can Tell	FOX: 23.11.1998	VOX: 02.11.1999	Erfrischend leichtfüßige Folge.	1

2.10 Das letzte Einhorn

Weihnachten naht. Cage/Fish vertreten den Investmentberater Sheldon Maxwell, der gekündigt wurde, weil er zugibt, ein Einhorn gesehen zu haben. Er ist einer der wichtigsten Mandanten der Kanzlei.

John versucht, Nelle unter einem Mistelzweig zu küssen, scheitert aber immer wieder an seiner grandiosen Schüchternheit. Ally gesteht Sheldon, ebenfalls einmal ein Einhorn gesehen zu haben – als Kind. Wenig später erwischt sie Renée mit deren Exfreund Matt im Bett. Matt ist aber nicht bereit, seine Frau für Renée zu verlassen. Sehr desillusionierend, sowohl für Renée als auch für Ally.

Richterin »Whipper« Cone spricht Sheldon frei – er bekommt seinen alten Job zurück. Solange er gute Arbeit mache, sei nichts gegen Einhörner einzuwenden. Elaine verkleidet John und Richard als Rentiere und singt mit ihnen zusammen ein rockiges Weihnachtslied auf der Firmenfeier.

Gäste:

Richard T. Jones (Matt Griffin)
Lee Wilkof (Nixon)
John De Lancie (Jackson Poile)
Mark-Linn Baker (Sheldon Maxwell)
Dyan Cannon (Richterin Jennifer »Whipper« Cone)
Lara Flynn Boyle (Helen Gamble, gleiche Rolle wie in »Practice – Die Anwälte«)
Amy Castle (Ally als Mädchen)

Musik:

»Silver Bells« (Vonda Shepard)
»Silent Night« (Vonda Shepard)
»Baby Don't You Break My Heart Slow« (Vonda Shepard)
»Dreaming Of A White Christmas« (Vonda Shepard)
»I Want A Hippopotamus For Christmas« (Peter MacNicol)
»Tell Him« (Vonda Shepard)
»Jingle Bells« (Vonda Shepard)
»Run, Run, Rudolph« (Jane Krakowski)
»Have Yourself A Merry Little Christmas« (Vonda Shepard)

Drehbuch:

David E. Kelley

Regie:

Peter MacNicol

Originaltitel	Erstausstrahlung USA	Erstausstrahlung Deutschland	Fazit	Note
Making Spirits Bright	FOX: 14.12.1998	VOX: 09.11.1999	Witzig, weihnachtlich und sehr hoffnungsvoll!	1

2.11 Traumtänzer

Allys todkranke Lieblingslehrerin Bria bittet sie um Hilfe. Sie möchte sich gerne ins Koma versetzen lassen, um bei ihrem Phantasie-Ehemann Henry zu sein. Brias Arzt ist ausgerechnet Dr. Greg Butters (Allys Ex-Lover). Der lehnt Brias Wunsch ab – es liege keine medizinische Indikation für ein Koma vor.

Die sensible Richterin »Whipper« Cone aber folgt letztlich Allys Argumentation, Bria sei siebzig, sie sterbe ohnehin bald an der Gehrigschen Krankheit und sie müsse verrückt sein, *nicht* in ihrer angenehmen Fantasiewelt sein zu wollen.

Nelle trifft – am Silvesterabend kurz vor zwölf – im Waschraum auf John. Sie lässt ihren Mantel fallen und will Sex mit ihm. Panisch versteckt er sich in einer Kabine.

Nelle berichtet Ling von dem Zwischenfall. Ling fragt Richard, ob John schwul sei. Richard sagt John, er solle jetzt gefälligst mit Nelle schlafen. John gesteht Ally, dass er Angst habe, seine Illusion vom perfekten Glück mit Nelle zu zerstören.

Gäste:

Jesse L. Martin (Dr. Greg Butters)
Eileen Ryan (Bria Tolson)
James Greene (Robert McNamara)
Joel Polis (Woodson)
Sam Anderson (Mark Harrison)
Dyan Cannon (Richterin Jennifer »Whipper« Cone)

Vatrena King (Ikette Nr. 1)
Sy Smith (Ikette Nr. 2)
Cynthia Calhoun (Ikette Nr. 3)

Musik:

»Dream Lover« (Vonda Shepard)
Thema »Wicked Witch Of The West« aus
»Das wunderbare Land«
»In Dreams« (Vonda Shepard, ein Hit von Roy Orbison)
»You're The First, The Last, My Everything« (Barry White)
»Dream Baby« (Vonda Shepard, ein Hit von Roy Orbison)

Drehbuch:

David E. Kelley

Regie:

Alex Graves

Originaltitel	Erstausstrahlung USA	Erstausstrahlung Deutschland	Fazit	Note
In Dreams	FOX: 11.01.1999	VOX: 16.11.1999	Getragen, verträumt und engagiert liebevoll.	1

2.12 Wolke Sieben

Ling verklagt »die Umwelt«, weil diese ihre Allergien verursache. Außerdem leckt sie Richards Finger bis zur

Ekstase. Ally tritt gegen einen Mann an, der behauptet, bei seiner Heirat vor neun Jahren wegen »sexuellen Zwangsverhaltens« unzurechnungsfähig gewesen zu sein – deswegen will er seine Ehe annullieren lassen. Die romantische Ally geht frontal auf ihn los und bezeichnet ihn als »gigantisches Arschloch«. Nelle strippt im Büro zu Barry White für John. Der ist begeistert – flieht aber in Panik vor seinen eigenen Gefühlen aus dem Büro. Ally trifft sich verliebt mit Dr. Greg Butters – die beiden sind jetzt wieder zusammen.

Einen Cameo (Gastauftritt ohne Nennung im Vorspann) absolviert in dieser Folge Bruce Willis; der Actionstar spielt Dr. Tracys Vertreter Dr. Nichol.

Gäste:

Jesse L. Martin (Dr. Greg Butters)
Lisa Thornhill (Kimberly Goodman)
Caroline Aaron (Laura)
Vyto Ruginis (Mr. Goodman)
Francesca P. Roberts (Richterin Francesca Harris)
Christopher John Feilds (Goodmans Anwalt)
Joel Brooks (Dr. Hubbell)
Bruce Willis (Dr. Tracys Vertretung Dr. Nichol)

Musik:

»Anticipation« (Vonda Shepard, ein Hit von Carly Simon)
»Ooh Child« (Calista Flockhart, Jesse L. Martin,
Lisa Nicole Carson und Vonda Shepard)

»You're The First, The Last, My Everything« (Barry White)
»Love Serenade« (Barry White)
»Apple, Peaches, Pumpkin Pie« (Vonda Shepard, ein Hit von Jay & the Techniques)
»Could I Have This Dance« (Calista Flockhart und Vonda Shepard)

Drehbuch:

David E. Kelley

Regie:

Dennie Gordon

Originaltitel	Erstausstrahlung USA	Erstausstrahlung Deutschland	Fazit	Note
Love Unlimited	FOX: 18.01.1999	VOX: 23.11.1999	Lauter verrückte Ideen!	2

2.13 Engel und Himmelsboote

Ling bringt den 8-jährigen krebskranken Eric dazu, Gott – in Gestalt der Kirche – zu verklagen, weil der seinen Vater hat sterben und ihn an Leukämie erkranken lassen. Ling droht mit miserabler PR und erstreitet für Eric die Übernahme der Kosten für eine revolutionäre Krebstherapie durch die Kirche.

Richard verteidigt einen Mann, der den Liebhaber seiner

Frau erschießen wollte – der Liebhaber hat überlebt. Leider wirkt sich ein »Akt aus Leidenschaft« nur auf Mord strafmindernd aus, nicht auf einen Mord*versuch*. Hätte der Mann den Liebhaber tatsächlich erledigt, fiele seine mögliche Strafe deutlich kürzer aus!

Ally erzählt dem kleinen Eric vom Tod ihrer Schwester. Damals sah sie einen Zeppelin – ein Luftschiff – und hielt es für ein Zeichen Gottes. Eric betrachtet Ally als seinen ganz persönlichen Schutzengel. Aber Therapie und Beistand nützen nichts, der Junge stirbt. Selbst Ling muss daraufhin weinen. Aber für Ally hat sie noch einen Zeppelin bestellt ... ein Zeichen Gottes?!

Gäste:

Jesse L. Martin (Dr. Greg Butters)
Mary Mara (Julie Stall)
Randy Oglesby (Harvey Kent)
Talia Balsam (Sheila Kent)
Gary Graham (Rodney Wilcox)
H. Richard Greene (Dr. Burns)
Fred Sanders (Richter Stewart)
Keith MacKechnie (Arthur Gale)
Haley Joel Osment (Eric Stall)

Musik:

»The Rainbow Connection« (Vonda Shepard)
»Going The Distance« aus »Rocky«
»This Old Heart Of Mine« (Isley Brothers)

»I'm Always Chasing Rainbows« aus dem Broadway-Musical »Irene«
»Vincent (Starry, Starry Night)« (Vonda Shepard, ein Hit von Don McLean)

Drehbuch:

David E. Kelley

Regie:

Mel Damski

Original-titel	Erstaus-strahlung USA	Erstaus-strahlung Deutschland	Fazit	Note
Angels And Blimps	FOX: 08.02.1999	VOX: 30.11.1999	Hat Ling etwa doch ein gutes Herz?! Rührende, tragische Folge.	1

2.14 Liebe im Büro

Um Klagen wegen sexueller Belästigungen auszuschließen, müssen alle Angestellten der Cobb Company unterschreiben, keine geheimen Affären mit Kollegen zu haben. Ein junges Paar hat sich daran nicht gehalten – und wurde gefeuert. Cage/Fish verteidigen die beiden gegen eine siebenköpfige Anwaltsarmada. John kann die Geschworenen für sich gewinnen, indem er von seinem (vergeblichen) Werben um Nelle berichtet. Besser lieben und verlieren, als nie zu lieben.

Richard nimmt Ling – nicht ganz uneigennützig – in die Kanzlei auf. Und Billy ist eifersüchtig, weil Dr. Greg Butters Ally zum Valentinstag Blumen geschenkt hat. Er spricht mit ihr über seine Gefühle – und plötzlich küssen die beiden sich leidenschaftlich!

Gäste:

Jesse L. Martin (Dr. Greg Butters)
Conor O'Farrell (Jordan)
Albert Hall (Richter Seymore Walsh)
Peter Birkenhead (Steve)
Kenneth Kimmins (Mr. Forsley)
Larry Brandenburg (Richter Raynsford Hopkins)
Bruce Nozick (Anwalt der Cobb Company)
Lauren Bowles (Callie Horne)
Anna Nicole Smith (Myra Jacobs)

Musik:

»Going The Distance« aus »Rocky«
»100 Tears Away« (Vonda Shepard)
»Tell Him« (Vonda Shepard, ein Hit der Exciters)
»You're The First, The Last, My Everything« (Barry White)
»Georgia« (Boz Scaggs)
»Mustang Sally« (Vonda Shepard, ein Hit von Wilson Pickett)
»You Belong To Me« (Vonda Shepard)

Drehbuch:

David E. Kelley

Regie:

Elodie Keene

Original-titel	Erstaus-strahlung USA	Erstaus-strahlung Deutschland	Fazit	Note
Pyramids On The Nile	FOX: 15.02.1999	VOX: 07.12.1999	Billy und Ally küssen sich! Und auch sonst eine spannende Folge.	1

2.15 Krieg und Frieden

Ally und Billy leiden unter ihrem Kuss aus der letzten Folge. Aus lauter Unsicherheit versetzt Ally ihren Freund Dr. Greg Butters, der sie daraufhin zu Hause besucht. Wenig später kommt auch Billy auf einen Sprung vorbei – das Chaos ist perfekt!

Renée und Richard sind sich mit Allys Therapeutin Dr. Tracy einig: Ally solle endlich mit Greg schlafen, um herauszufinden, ob sie zu ihm passe. Billy und Ally gehen gemeinsam zu Dr. Tracy, die ihnen »Tainted Love« vorsingt. Billy wirft Ally vor, sie halte an ihrem Unglücklichsein fest – Liebe sei bei ihr verschwendet. Deshalb habe er sich damals von ihr getrennt!

Gäste:

Tracey Ullman (Dr. Tracy)
Jesse L. Martin (Dr. Greg Butters)

Musik:

»Backfield in Motion« (Vonda Shepard)
»Last Night« (Mar Keys)
»The Cheater« (Vonda Shepard)
»Tainted Love (Tracey Ullman, ein Hit von Soft Cell)

Drehbuch:

David E. Kelley

Regie:

Alex Graves

Originaltitel	Erstausstrahlung USA	Erstausstrahlung Deutschland	Fazit	Note
Sideshow	FOX: 22.02.1999	VOX: 14.12.1999	Viel Liebeschaos, sehr dramatisch!	1

2.16 Sex, Lügen und Politik

Ally hat vor lauter Schuldgefühlen wegen des Kusses mit Billy Halluzinationen. Sogar der Papst schimpft sie aus. Nur eines stimmt: dass ihr ein kleiner Hund ans Bein pinkelt! Schließlich gesteht sie Greg, Billy geküsst zu haben. Greg verlässt sie. Billy seinerseits handelt sich Ärger ein, als er Georgia den Kuss beichtet.

John vertritt eine arme Buchhändlerin, die von einem konservativen Senator in den Ruin getrieben wurde, weil sie angeblich pornografische Werke vertreibe (Henry Miller, John Irving, Balzac). John vergleicht den Senator mit dem üblen Professor Harold Hill aus »The Music Man« und erstreitet für seine Mandantin 1,2 Millionen Dollar.

Gäste:

Jesse L. Martin (Dr. Greg Butters)
Zach Grenier (Benson)
Peter White (Senator Harold Watkins)
Linda Gehringer (Shirley Peterson)
Albert Hall (Richter Seymore Walsh)
Harrison Page (Mark Newman)

Musik:

»Friendship Train« (Vonda Shepard, ein Hit von Gladys Knight and the Pips)
»Shake A Tail Feather« (Jennifer Holliday, ein Hit von Ray Charles)
»And I Love You So« (Vonda Shepard, ein Hit von Don McLean)

Drehbuch:

David E. Kelley

Regie:

Arlene Sanford

Originaltitel	Erstausstrahlung USA	Erstausstrahlung Deutschland	Fazit	Note
Sex, Lies And Politics	FOX: 01.03.1999	VOX: 21.12.1999	Ling wunderbar vor Gericht. Dreiecksverhältnis Billy-Ally-Georgia langsam ausgereizt.	2

2.17 Eine schweißtreibende Sache

Paula verklagt Kevin, weil der sie in einem Internet-Chatroom ausspioniert und sich anschließend mit diesem Wissen ihre Gunst und ihren Körper erschlichen habe. Ally und John vertreten Paula. Kevins Vater ist einer von Richards wichtigsten Mandanten, weshalb Georgia und Richard ihn vertreten. Vor Gericht springen die Anwälte von Cage/Fish sich gegenseitig an die Kehle, denn John will Richard beweisen, dass er der bessere Anwalt von beiden ist, und Georgia will Ally klarmachen, dass sie die Pfoten von Billy lassen soll. Wenn die beiden Frauen sich anfauchen, verwandeln ihre Köpfe sich in Katzenfratzen.

Nelle vertritt einen Mann, der Steuern hinterzieht und wie verrückt schwitzt. Ihre Sorge: Wenn er beim Termin mit dem Finanzamt auch so schwitzt, gilt er sowieso gleich als schuldig. Deshalb pinseln Nelle und Ling ihn mit einem Ganzkörperantiperspirant ein. Es schadet auch nicht, dass Nelle ein wenig mit dem Steuerfahnder flirtet.

Kevin und Paula versöhnen sich. Ally, Georgia, Nelle,

Ling und Elaine beginnen im Waschraum eine Prügelei, nach der ausgerechnet Dr. Greg Butters Ally eine Tetanusspritze in den Hintern geben muss.

Gäste:

Jesse L. Martin (Dr. Greg Butters)
Robert Costanzo (George Chisholm)
Anson Mount (Kevin Wah)
Carmen Argenziano (Harry Wah)
Kurt Fuller (Bernard Marsh)
Gibby Brand (Richter McKough)
Maria Pitillo (Paula Hunt)

Musik:

»Wrong Number« (Vonda Shepard)
»Going The Distance« aus »Rocky«

Drehbuch:

David E. Kelley

Regie:

Billy Dickson

Originaltitel	Erstausstrahlung USA	Erstausstrahlung Deutschland	Fazit	Note
Civil War	FOX: 05.04.1999	VOX: 28.12.1999	Total überzogen, etwas schadenfroh, aber sehr unterhaltsam.	1-2

2.18 Fingerübungen

Ally entdeckt kurz vor ihrem 29. Geburtstag eine Falte und flippt völlig aus. Für Cage/Fish muss sie einen Mann verteidigen, der verhaftet wurde, nachdem er ein Stoppschild übersehen hatte – dummerweise lag im Wagen die abgesägte Hand seiner gerade verstorbenen Frau, die sein Bruder für ihn konservieren sollte.

Renée ist die Anklägerin und bekommt heraus: Allys Mandant hat nicht den Notarzt gerufen – er wünschte seiner dahinvegetierenden Frau den Tod. Und die Kosten für ihre weitere Behandlung waren für ihn unerschwinglich. Aber Ally bekommt mit ihrem emotionalen Abschlussplädoyer den Handabsäger dennoch frei. Im Überschwang der Erleichterung küsst John sogar die verblüffte Renée.

Billy und Georgia verteidigen einen Versicherungsvertreter, der seine verbliebenen Haare ewig lang wachsen lässt und auf dem Kopf herumzwirbelt, um nicht kahl zu wirken. Das untergrabe seine Glaubwürdigkeit, argumentiert die Firma, deswegen wurde er gekündigt. Kurz entschlossen verpasst Ling dem Versicherungsvertreter eine neue Frisur – Problem gelöst.

Richard will endlich Sex mit Ling. Mit einer Kniekehlenmassage überzeugt er sie von seinen erotischen Fähigkeiten.

Und Nelle schenkt John zu dessen 35. Geburtstag ein Ständchen von seinem geliebten Barry White (der höchstpersönlich in der Bar auftritt).

Gäste:

Dr. Joyce Brothers (Dr. Joyce Brothers)
Tony Shaloub (Shepley)
Jody Wood (Joseph Kent)
Brad Blaisdell (Alfonso Moreno)
Dyan Cannon (Richterin Jennifer »Whipper« Cone)
Barry White

Musik:

»You're The Girl For Me« (Vonda Shepard)
»My Pledge Of Love« (Jane Krakowski, ein Hit der Joe Jeffrey Group)
»Let's Hang On« (Vonda Shepard)
Thema der »Wicked Witch Of The West« aus dem Musical »Das zauberhafte Land«
»You're The First, The Last, My Everything« (Barry White)

Drehbuch:

David E. Kelley

Regie:

Arlene Sanford

Originaltitel	Erstausstrahlung USA	Erstausstrahlung Deutschland	Fazit	Note
Those Lips, That Hand	FOX: 19.04.1999	VOX: 04.01.2000	Barry White ist klasse! Und der Rest ist auch okay, wenn auch z. T. etwas makaber.	1-2

2.19 Auf in den Tanz!

Nelle gesteht John, dass die Scheidung ihrer Eltern bei ihr tiefe Wunden hinterlassen habe. Deswegen verhalte sie sich manchmal so komisch. Ally weiß nichts davon und weigert sich einfach nur, mit der eisigen Nelle zusammenzuarbeiten. John lädt Renée in die Bar auf ein Rendezvous ein und betört sie mit Richards Kniekehlenmassage. Nelle schaut eifersüchtig zu.

Elaines Tanzpartner bricht sich den Knöchel. Sie würde aber so gerne an einem Tanzwettbewerb teilnehmen. Ling springt ein. Die beiden gewinnen den Swing-Wettbewerb.

Gäste:

David Dukes (Johnson Biblico)
Latanya Richardson (Yvette Rose)
Kate McNeil (Marianne Harper)
Wendy Worthington (Margaret Camaro)
Dyan Cannon (Richterin Jennifer »Whipper« Cone)
Rosie O'Donnell (Eheberaterin)

Musik:

»You Turned My Whole World Around« (Barry White)
»You're The First, The Last, My Everything« (Barry White)
»What Am I Gonna Do With You?« (Barry White)
Thema »Wicked Witch Of The West« aus dem Musical »Das zauberhafte Land«

»Slow Hand« (Vonda Shepard, ein Hit der Pointer Sisters)
»Go Daddy-O« (Big Bad Voodoo Daddy)
»You & Me & the Bottle Makes Three Tonight (Baby)« (Big Bad Voodoo Daddy)
»The Boogie Bumper« (Big Bad Voodoo Daddy)
»Baby Don't You Break My Heart Slow« (Vonda Shepard)

Drehbuch:

David E. Kelley

Regie:

Ben Lewin

Originaltitel	Erstausstrahlung USA	Erstausstrahlung Deutschland	Fazit	Note
Let's Dance	FOX: 26.04.1999	VOX: 11.01.2000	Witzige, spritzige, spannende, anrührende Folge.	1

2.20 Ausgehen, aber richtig

Ling finanziert Elaines Werbespot für deren »Gesichts-BH«. Nach der ersten Ausstrahlung gehen gleich 800 Bestellungen ein. Allerdings behauptet ihre Tante, Elaine habe die Idee ihrer kürzlich verstorbenen Kusine Martha gestohlen. Elaine ist verzweifelt. Erst spät findet sie ein Video, das ihre Unschuld beweist. Ally und Georgia haben am heftigsten an Elaines Ehrlichkeit gezweifelt und müssen sich entschuldigen.

Vicky Sharpe verklagt ihren Chef, weil der jeden Freitag einen »Strandtag« im Büro abhält: Die Angestellten können in Badesachen kommen. Vicky sieht das einerseits nicht gern und fühlt sich andererseits zu dick dafür.

Nelle und John gehen mit Richard und Ling in einen Rap-Club, wo die beiden Männer wie die Wilden abtanzen – eine der komischsten Szenen, die je bei »Ally McBeal« zu sehen waren! Anschließend lädt Nelle den schüchternen John noch zu sich nach Hause ein ...

Ally versucht ebenfalls, in Sachen Liebe weiterzukommen: Weil Greg ihre Anrufe nicht erwidert, fährt sie zu ihm ins Krankenhaus – und sieht ihn mit einer hübschen Frau im Arm.

Gäste:

Jesse L. Martin (Dr. Greg Butters)
Jennifer Rhodes (Gladys)
Mary McDonough (Gloria)
Michael Gross (Verteidiger)
Gabrielle Ford (Martha)
Ashley Gardner (Casey)
Bruce McCarty (Goodman)
Holly Taylor (Informercial-Modell)
Peter Tomarken (Reporter)

Musik:

»You Turned My Whole World Around« (Barry White)
»I'm Qualified To Satisfy You« (Barry White)

»All Out War« (Rap-Song der McCrarys)
»Big Girls Don't Cry« (Four Seasons)
»You're The First, The Last, My Everything« (Barry White)
»Tears On My Pillow« (Vonda Shepard)

Drehbuch:

David E. Kelley

Regie:

Vince Misiano

Original-titel	Erstaus-strahlung USA	Erstaus-strahlung Deutschland	Fazit	Note
Only The Lonely	FOX: 03.05.1999	VOX: 18.01.2000	Eine Superfolge! Verrückte, aber stimmige Ideen, tolle Tanzeinlage von Richard und John!	1

2.21 Flügelkämpfe

Bonnie Mannix hat einen Kran bestellt und das geliebte Klavier ihres untreuen Ehemannes auf dessen ebenfalls geliebten Porsche krachen lassen. John soll sie nun aus der Klage wegen Vandalismus heraushauen.

Ally denkt immer noch an Dr. Greg Butters. Bei Lings Begleitservice bestellt sie sich einen attraktiven Jungen, um ihn eifersüchtig zu machen. Prompt verliebt Ally sich in

Mietboy Kevin. Georgia lässt sich von Multitalent Ling ein hochgeschlitztes, hocherotisches Kleid schneidern. Der konservative Billy ist genervt, weil alle anderen Männer glotzen.

Renée organisiert eine Geburtstagsnachfeier für John, damit Ally mit ihrem Kevin erscheinen kann – und Greg mit seiner neuen Freundin Kimba. Kevin und Ally singen ein (scheinbar) verliebtes Duett. Greg und Kimba singen ein *wirklich* verliebtes Duett. Georgia will auch singen, aber alle halten sich die Ohren zu. Greg lädt Ally trotz allem zum Abschied auf einen Kaffee ein.

Gäste:

Antonio Sabato Jr. (Kevin Wyatt)
Jesse L. Martin (Dr. Greg Butters)
Enya Flack (Kimba)
Dennis Arndt (Michael Mannix)

Musik:

»It's Over« (Boz Scaggs)
»So Very Hard To Go« (Tower of Power)
»Bye Bye Baby« (The Four Seasons)
»You Turned My Whole World Around« (Barry White)
»This Is Crazy Now« (Vonda Shepard)
»All I Have To Do Is Dream« (Calista Flockhart/ Antonio Sabato, Jr., ein Hit der Everly Brothers)
»Your Precious Love« (Jesse L. Martin und Enya Flack, ein Hit von Ashford/Simpson)

»You Don't Have To Say You Love Me« (Courtney Thorne-Smith, ein Hit von Dusty Springfield)
»Son Of A Preacher Man« (Courtney Thorne-Smith, ein Hit von Dusty Springfield)
»Bye Bye Love« (Calista Flockhart, Lisa Nicole Carson und Vonda Shepard, ein Hit der Everly Brothers)

Drehbuch:

David E. Kelley

Regie:

Michael Schultz

Originaltitel	Erstausstrahlung USA	Erstausstrahlung Deutschland	Fazit	Note
The Green Monster	FOX: 10.05.1999	VOX: 25.01.2000	Liebe ist nicht immer einfach.	2

2.22 Zur Sache, Schätzchen

Barry will sich nach zwei Jahren von seiner Frau Kelly scheiden lassen, weil er Liebesbriefe an ihren imaginären Liebhaber gefunden hat. Kelly liebt ihren Mann Barry, empfindet aber tatsächlich keine Leidenschaft mehr für ihn und schreibt bereits seit elf Jahren ihrem imaginären Freund. Ally halluziniert während der Verhandlung von Soulsänger Al Green.

Billy und Georgia stellen fest, dass ihre Beziehung schon wieder recht langweilig geworden ist und entschließen sich zu einem Quickie im Unisex-Waschraum – dabei fallen sie aber aus der Kabine direkt John und Ally vor die Füße.

Ling und Richard gehen endlich miteinander ins Bett, aber Lings energisches Vorgehen schüchtert ihn ein. Betroffen schaut er an sich herunter und stellt entsetzt fest: »Sieh doch nur, du hast ihm Angst gemacht! Er hat sich verkrochen.«

Gäste:

Barbara Alyn Woods (Kelly Philbrick)
Robert Picardo (Barry Philbrick)
Wendy Worthington (Margaret Camaro)
Albert Hall (Richter Seymore Walsh)
Amy Castle (Ally mit 8)
Jill Noel (Ally mit 15)
Al Green

Musik:

»Addicted To Love« (Robert Palmer)
»Let's Stay Together« (Al Green)
Thema der »Wicked Witch Of The West« aus dem Musical »Das zauberhafte Land«
»Both Sides Now« (Vonda Shepard, ein Hit von Joni Mitchell)
»Born To Be Wild« (Steppenwolf)

»Do Ya Think I'm Sexy« (Rod Stewart)
»Keep On Pushing Love« (Al Green)
»Play That Funky Music« (Wild Cherry)
Titelmelodie der TV-Serie »Chicago Hope«
»You're The First, The Last, My Everything« (Barry White)
»Dulcinea« aus dem Musical »The Man Of La Mancha« (Vonda Shepard)
»Love Machine« (The Miracles)

Drehbuch:

David E. Kelley

Regie:

Allan Arkush

Originaltitel	Erstausstrahlung USA	Erstausstrahlung Deutschland	Fazit	Note
Love's Illusions	FOX: 17.05.1999	VOX: 01.02.2000	Ein nachdenkliches Poesiealbum voller Gefühle	3

2.23 Nicht von dieser Welt

Ally halluziniert erneut – wie schon in der letzten Folge – von Al Green. Sie weigert sich aufzustehen und zur Arbeit zu gehen. Richard persönlich kommt sie holen, aber Ally schmeißt ihn raus. Um sie abzulenken, geht Renée mit ihr aus, aber alle Männer, die sie treffen, sind absolut indiskutabel. Ling schleppt ihrerseits eine ganze Traube ansehnlicher Kerle für Ally an, aber keiner ist der wählerischen Anwältin recht.

Nelle ist eifersüchtig auf die emotionale Nähe zwischen Ally und ihrem Freund John. Und die lesbische Margaret Camaro heuert Cage/Fish an, um die Krankenkasse dazu zu bringen, ihr eine künstliche Befruchtung zu bezahlen.

Gäste:

Wendy Worthington (Margaret Camaro)
Michael Badalucco (Allys Date)
Gerry Becker (Stone)
Al Green

Musik:

»How Can You Mend A Broken Heart« (Al Green)
»You're The First, The Last, My Everything« (Barry White)
»Cupid« (Sam Cooke)
»Did You Ever Have To Make Up Your Mind« (Vonda Shepard, ein Hit von The Lovin' Spoonful)
»How Can You Mend A Broken Heart« (Calista Flockhart)
»I Know Him By Heart« (Vonda Shepard)

Drehbuch:

David E. Kelley

Regie:

Jonathan Pontell

Originaltitel	Erstausstrahlung USA	Erstausstrahlung Deutschland	Fazit	Note
I Know Him By Heart	FOX: 24.05.1999	VOX: 08.02.2000	Deprimierender Abschluss der zweiten Staffel.	3

Alles über Ally McBeal

Ein Special mit vielen Interviews mit den Hauptdarstellern und den besten Ausschnitten aus den ersten beiden Staffeln. Nicht gerade ein Blick »hinter die Kulissen«, aber eine gelungene Zusammenfassung für alle Spätstarter und Fans. Alle wichtigen Handlungsstränge werden (thematisch geordnet) noch einmal aufgerollt. Wer einige Folgen versäumt hat, kann hier gut aufholen. Sprecher Bill Maher hat in den USA eine eigene, sehr beliebte Talkshow: »Politically Incorrect« – wie passend! Nelle wird im Abspann übrigens versehentlich »Nell« geschrieben.

Originaltitel	Erstausstrahlung USA	Erstausstrahlung Deutschland	Fazit	Note
The Life AndTrials Of »Ally McBeal«	FOX: 22.03.1999	VOX: 15.02.2000	Nichts Neues, aber gut zusammengefasst.	2

Rollen und Darsteller

Verdammt, ich bin ein Star – Calista Flockhart/Ally McBeal

Calista Flockhart ist die Traumbesetzung als Ally Marie McBeal, so der vollständige Name Allys. Keine andere Schauspielerin hätte die manchmal übersensible, manchmal frontal aggressive Junganwältin besser verkörpern können als sie.

Dass die Ausnahmeschauspielerin Calista ihre Arbeit so gut macht, führt immer wieder zu Schwierigkeiten: Es fällt Fans wie Medienvertretern schwer, zwischen ihr und der Rolle zu trennen – Calista Flockhart *ist* Ally McBeal! Prompt wurde nicht mehr nur über Allys Liebesleben spekuliert, sondern auch über Calistas Affären. Und da sie in der Serie durchaus bereit ist, jeden Mann auf Ehetauglichkeit zu testen, wird dieses Verhalten zugleich der Schauspielerin unterstellt (obwohl sie in den seltenen Drehpausen wohl kaum genug Zeit hätte).

Ally wurde zum Inbegriff der berufstätigen, erfolgsorientierten Frau auf der Suche nach Liebe und Romantik. Und Calista wurde somit zur Ikone von Millionen Frauen in

Amerika und anderswo. Klatschpostillen fragten: »Ist sie magersüchtig? Hat sie eine Affäre mit ihrem Produzenten David E. Kelley? Ist sie eine Schlampe? Wäscht sie ihre Unterhosen regelmäßig?«

Der Erfolg von »Ally McBeal« hat Calista Flockhart von einem Tag auf den anderen ihrer Privatsphäre beraubt. Eben noch war sie eine nahezu unbekannte, ambitionierte Theaterschauspielerin in New York – nun ziert sie die Titelseiten von »Time« und »Self«, 1997 wurde sie gar zur »Frau des Jahres« gewählt. Eben noch konnte sie es sich kaum leisten, Lebensmittel einzukaufen – nun kann sie nicht mehr einkaufen, weil sie keine Zeit hat und sofort von Fans umlagert wird.

Noch im Winter 1996/97 wohnte Calista Flockhart in New York, trat in kleinen Produktionen am Broadway auf und ließ sich als Überlebenshilfe von ihrem älteren Bruder Gary kistenweise Dosenravioli schicken, wenn sie gar kein Geld mehr hatte.

David E. Kelley plante zu dieser Zeit eine neue TV-Serie: »Ally McBeal«. Er wusste, dass der Erfolg der Serie in erster Linie von der Hauptdarstellerin abhinge. Sie sollte attraktiv und sympathisch sein, aber auch total durchdrehen können. Bislang waren »verrückte« Frauen im US-TV immer hässlich und/oder fett. Kelley erschuf eine Hauptfigur, die ihre Neurosen nicht durch physische Störungen begründen konnte. Sie trägt kurze Röcke, sie sieht gut aus, sie hat eine Meise.

Kelley und seine Kollegen ließen Hunderte von Schauspielerinnen vorsprechen, darunter sogar ausgewachsene

Kinostars wie Bridget Fonda (»Weiblich, ledig, jung sucht...« und David E. Kelleys neuester Kinofilm »Lake Placid«). Aber Kelley und sein Freund und Co-Produzent Jeffrey Kramer waren mit keiner zufrieden. Außerdem hörten sie immer wieder von einer New Yorker Schauspielerin namens Calista Flockhart – sie wäre genau die Richtige für die Rolle, aber Calista würde nie im Leben im Fernsehen auftreten.

Der erste Drehtag des Pilotfilms rückte immer näher. Alle anderen Rollen waren bereits besetzt: Richard (Greg Germann), Billy (Gil Bellows), Georgia (Courtney Thorne-Smith), Elaine (Jane Krakowski) und Renée (Lisa Nicole Carson). John (Peter MacNicol) trat erstmals in Folge 1.02 (»Ganz schön peinlich«) auf. Alle waren bereit – nur die Hauptdarstellerin fehlte noch. Und der Drehbeginn stand unmittelbar bevor!

Kelley und Co. waren verzweifelt. Per Kurier schickten sie das Drehbuch an Calistas Agentin in New York. Ihnen blieben nur noch wenige Wochen und wenn sie keine geeignete Ally fanden, brach alles zusammen. Calista las das Drehbuch aus reiner Geldnot. Sie stand liebend gern auf der Theaterbühne – aber in einer TV-Serie von Kultautor David E. Kelley aufzutreten versprach endlich einmal Kohle auf dem Konto. Im Grunde wollte Calista sich aber wohl nur überzeugen, dass ihre Abneigung berechtigt war; sie hatte kaum ernsthaft vor, sich zu bewerben. Dann aber verliebte sie sich in Ally. Sie war begeistert von Drehbuch und Rolle und endlich bereit vorzusprechen. Direkt nach einem Matinee-Auftritt in New York nahm sie ein Taxi zum

Flughafen, flog quer über Amerika an die Westküste nach L. A. und fuhr mit dem Taxi in die blassgelben Ren-Mar-Studios am Cahuenga Boulevard in Hollywood. Es war eine Woche vor dem geplanten Drehbeginn!

Calista fühlte sich miserabel. Sie trug ein elegantes, lavendelfarbenes Kostüm, wie es auch Ally hätte aussuchen können. Stress und Jetlag durch die Zeitverschiebung machten ihr zu schaffen: »Sie kam herein und wirkte völlig verloren«, erinnert David E. Kelley sich noch heute. »Und dennoch strahlte sie Kraft und Zuversicht aus. Das war genau die Kombination, die ich mir für Ally wünschte – klug und beinahe schon arrogant, aber gleichzeitig total durcheinander!«

Calista Flockhart hatte David E. Kelley schon beinahe überzeugt, bevor sie auch nur vorgesprochen hatte. Sie las dann noch vor Kelley, seinen Produzenten und einigen Abgesandten des TV-Senders Fox aus dem Drehbuch, fand sich selbst aber schrecklich. Enttäuscht verließ sie das Studio und wartete draußen auf die Absage. Als sie dann erfuhr, dass sie nicht zurückfliegen, sondern die Hauptrolle in Amerikas wohl vielversprechendster TV-Serie übernehmen sollte, reagierte sie bereits in typischer Ally-Manier: »Na toll«, maulte Calista mit gerunzelter Stirn, »jetzt muss ich auch noch umziehen.«

Andererseits hatte sie nichts zu verlieren. Kelley bot ihr einen Vertrag für die ganze TV-Saison, also ein Jahr. »Wenn es nichts wird und ich nach New York zurückgehe«, resümierte Calista, »habe ich wenigstens wesentlich mehr Geld als vorher.« Aber so sehr das Geld sie auch lockte –

vor allem war Calista überzeugt von Kelleys Figuren und Drehbüchern: »Ich war mir absolut sicher, dass die Serie ein Erfolg wird«, sagt sie heute, »ich habe ganz fest an die Drehbücher geglaubt. Es war eine schwierige Entscheidung für mich – und andererseits doch ganz einfach.«

Geboren wurde Calista Flockhart in Freeport, Illinois – angeblich am 11. November 1964. Sie selbst weigert sich, ihr Geburtsjahr zu bestätigen; nicht einmal langjährige Freunde und Bettgefährten sind sich sicher. Klar ist nur: Calista ist Skorpion! Ally in der Serie war anfangs 27 und wird am Ende der dritten Staffel (äußerst ungern) 30.

Calista wurde nach ihrer Urgroßmutter benannt; ihr Name bedeutet auf Griechisch »die Schönste«. Calistas Mutter Kay war Lehrerin, ihr Vater Ron arbeitete bei Kraft Foods. Mit jeder Beförderung bei dem Lebensmittelriesen musste die Familie umziehen. Die Flockharts zogen von Illinois nach Minnesota, dann nach New York und weiter nach New Jersey. Um es Calista leichter zu machen sich einzuleben, meldete ihre Mutter sie zu allen möglichen Kursen an, von Flöten- bis Bowlingunterricht.

Als Kind stellte Calista sich oft als »Carol« vor, damit die Mitschüler in der neuen Schule sie nicht verspotteten. Calista sagt: »Wenn man umzieht, verliert man jedes Mal seine Geschichte. Ich war immer die Neue. Ich kann meine Sachen verdammt schnell packen und ich habe gelernt loszulassen und auf Wiedersehen zu sagen.« Das half ihr natürlich auch bei dem spontanen Umzug aus New York ins sonnige Kalifornien.

Der einzige Fixpunkt im Leben der jungen Calista war Boone, ein Kaff irgendwo in Iowa, wo sie jeden Sommer ihre vier Großeltern besuchte. Dort – und auch an ihrem jeweiligen Wohnort – inszenierte sie kleine Theateraufführungen mit ihren Freunden: Sie spielte die Hauptrolle und führte Regie, alle anderen bekamen Nebenrollen.

Auf Drängen ihrer Mutter bewarb Calista sich an ihrer Highschool in Medford, New Jersey, als Cheerleader und stand fortan bei Footballspielen im kurzen Röckchen Pompons schwingend am Spielfeldrand. Am liebsten mochte sie den »*spread eagle*«, einen Sprung, bei dem Arme und Beine in alle vier Himmelsrichtungen weggestreckt werden. Und da Calista auch damals schon leicht und gelenkig war, stand sie immer ganz oben, wenn die Cheerleader eine menschliche Pyramide bauten. Auf Fotos von damals sieht sie mit lockigen, schulterlangen Haaren und angestrengt vamphaftem Lächeln aus wie jedes andere Mädchen an jeder anderen Highschool Amerikas – genau wie sich jetzt (fast) jede arbeitende Frau mit ihrer Rolle der Ally McBeal identifizieren kann.

»Wenn unsere Mannschaft beim Football verlor, habe ich geweint«, erinnert Calista sich – schon damals war Ally, äh, Calista sehr emotional. Und zur Prom (dem wichtigsten Ball im Leben amerikanischer Teenager) ging sie zwar hin, aber nicht mit dem Boy ihrer Träume – ebenfalls ein typischer Ally-Augenblick.

Vater Ron betont weitere Parallelen zwischen Ally und Calista: »Wenn wir eine neue Folge sehen, sind wir immer wieder erstaunt, wie ähnlich die beiden sich sind. Den Satz

›Entschuldige bitte?!‹ zum Beispiel hat Calista schon als Kind benutzt.«

Mit dem Highschoolabschluss in der Tasche wechselte Calista auf New Jerseys Rutgers University, wo sie Kunst studierte. Am besten gefielen ihr Shakespeare und die Schauspielerei. Bereits während ihres Studiums trat sie an umliegenden Theatern auf und übernahm sogar einen Gastauftritt in der Seifenoper »Die Springfield-Story« (lief in Deutschland u. a. auf TM3). Nebenbei jobbte sie in der Kneipe »Enchanté« als Cocktailkellnerin, »aber ich war unglaublich ungeschickt und habe immer alles verschüttet«, lacht sie heute.

In Amerika gibt es nur zwei Ziele für junge, aufstrebende Schauspieler: New York für Theater, Hollywood für Kino und TV. Calista entschied sich für New York, wo sie sich ab 1989 ein 2-Zimmer-Apartment in einem Hochhaus mit drei Mitbewohnerinnen teilte. Für acht Wochen Spielzeit am Off-Off-Broadway gab es 400 Dollar (etwa DM 800; ein Monatseinkommen von DM 400). Aus Geldnot jobbte Calista nebenbei als Aerobiclehrerin.

Kurz nach ihrem Umzug nach New York ergatterte sie eine Hauptrolle in »Beside Herself«. Das Stück wurde am Off-Broadway gezeigt, das sind die ambitionierten Theater, die nicht direkt am Broadway liegen (dort laufen nur die Millionenshows), sondern in Nebenstraßen des Theaterbezirks. Calista spielte eine Teenagerin, weil sie viel jünger aussah, als sie war. Mit ihr auf der Bühne standen Kinostar William Hurt (»Die Reisen des Mr. Leary«) und Melissa Hart (die später als »Sabrina – total verhext« Erfolg hatte).

Calista nahm die noch jüngere Melissa unter ihre Fittiche und lehrte sie Stretching und Atemübungen.

Frank Rich, New Yorks wichtigster Theaterkritiker, urteilte schon damals in der »New York Times«: »Ms. Flockharts New-York-Debüt ist ungewöhnlich vielversprechend. Sie verleiht dem Stück durchgehend emotionale Stabilität.« Und Kollege John Simon vom »New York Magazine« bezeichnete Calista als eine »sehr begabte Nachwuchsschauspielerin«.

In den folgenden Jahren trat sie mit Ex-Supermann Christopher Reeve in »Death Takes A Holiday« auf (die Filmversion mit Brad Pitt hieß »Rendezvous mit Joe Black«), in »All for One«, in »Mad Forest« und mit Ethan Hawke (dem Mann von Uma Thurman) in »Sophistry«. Calista liebte ihre Arbeit und sie liebte das Theater, aber sie fragte sich auch: »Ich werde immer älter und hatte noch keinen einzigen großen Erfolg. Ich habe mit vielen tollen Schauspielern gearbeitet, aber ich kann einfach nicht vernünftig davon leben. Doch selbst wenn Freunde mir rieten, endlich einen richtigen Job anzunehmen, bestärkten meine Eltern mich, mir treu zu bleiben.«

1994 präsentierte die bekannte Roundabout Theatre Company Tennessee Williams' größten Erfolg »Die Glasmenagerie«, weil das Stück fünfzig Jahre alt wurde. Calista übernahm die ausgesprochen komplexe Rolle der Laura. Kritiker John Lahr wies darauf hin, dass die »Glasmenagerie« Amerikas erstes Theaterstück sei, das sich nicht mit politischen oder sozialen Themen beschäftige, sondern tatsächlich nur mit den persönlichen Problemen der Figuren. Insofern könne man »Ally McBeal« und die absolut und ausschließlich mit sich selbst beschäftigten Figuren darin beinahe als entfernte Nachfahren der »Glasmenagerie« ansehen.

Das »Time«-Magazin jubelte: »Laura in Tennessee Williams' ›Glasmenagerie‹ ist die wohl anspruchsvollste Rolle für eine junge Schauspielerin. Das scheue, verkrüppelte Mädchen mitten auf der Bühne ist ebenso zerbrechlich wie seine Glasfigürchen. Calista Flockhart spielte Laura großartig, sie nahm für das Mädchen ein und brach uns Zuschauern das Herz.« Und die Entertainment-Bibel »Variety« urteilte: »Calistas Auftritt ist ungewöhnlich gewagt und unbeschreiblich intensiv.«

Calista gewann für die »Glasmenagerie« einen »Actor's Equity Award«, den »Theatre World Award« und den »Clarence Derwent Award«. Im nächsten Jahr glänzte sie als Julia in Shakespeares »Romeo und Julia«. 1997 wurde sie als eine von Tschechows »Drei Schwestern« für den »Tony Award« nominiert. Und kaum war der Theatererfolg endlich in greifbarer, vorstellbarer Nähe, rief David E. Kelley aus Hollywood an und versuchte sie in das kreative Sündenbabel Los Angeles zu locken.

Calista Flockhart hatte durchaus Kameraerfahrung. In dem HBO-TV-Movie »The Secret Life Of Mary-Margaret: Portrait Of A Bulimic« spielte sie eine junge Frau mit Eß-Brechsucht – die ihr aufgrund ihres dramatischen Gewichtsverlustes während der Dreharbeiten von »Ally McBeal« Jahre später selbst unterstellt wurde. Wobei Fachleute zu Recht darauf hinweisen, dass Calista mit zeitweise unter 50 Kilo zwar das Ideal der superschlanken Blondine nicht gerade kritisch hinterfragt, aber auch nicht dem Krankheitsbild »Anorexia« entspricht – die ganze Hysterie verdanken wir wieder einmal ahnungslosen Reportern bei Boulevardzeitungen wie dem amerikanischen Sensationsblatt »National Enquirer«. Angeblich hat Calista sogar aufgehört, ihre Klamotten zu waschen und kam stinkig und ungeduscht zum Dreh, woraufhin Produzent Kelley persönlich ihr mehrere Assistenten zuwies, die auf sie aufpassten und für sie putzten. Calista kommentierte ironisch: »Wenn ich jeden Abend einen Becher Eiscreme esse, bin ich in wenigen Wochen nicht mehr zu dünn, sondern zu fett. Ich versuche einfach, den ganzen Medienrummel zu ignorieren.« Ganz cool nimmt sie einen Schluck von ihrem Bier und befindet abschließend: »Das alles war nicht besonders toll, aber ich habe mich davon auch nicht kaputtmachen lassen. Ich bin einfach weiter zur Arbeit gegangen, habe weitergelebt.« An einen Zwischenfall erinnert sie sich sogar gerne zurück: »Auf einem Flughafen waren sieben oder acht Fotografen hinter mir her, ich hatte richtig Angst. Und plötzlich rief eine junge Frau lauthals: ›Lasst sie in Ruhe! Lasst sie endlich in Ruhe!‹ Das hat mir sehr viel Kraft gegeben.«

Außerdem spielte Calista u. a. in »Drunks« eine Camel-Light-rauchende Alkoholikerin. Zusammen mit Faye Dunaway (Luc Bessons »Johanna von Orleans«), Richard Lewis (»Leaving Las Vegas – Liebe bis in den Tod«), Amanda Plummer (»Der König der Fischer«) und Lisa Gray Hamilton (»Naked In New York« mit Calista Flockhart, und später

David E. Kelleys Zweitserie »Practice – Die Anwälte«) gehörte auch Calista zu den Teilnehmern eines Treffens der Anonymen Alkoholiker. Der Film lief auf dem US-Pay-TV-Sender »Showtime«. Es folgten Auftritte in den Filmen »Quiz Show – Der Skandal« (Regie: Robert Redford), »The Birdcage – Ein Paradies für schräge Vögel« (mit Robin Williams, Regie: Mike Nichols), »Milk and Money« und »American Dreamer – Charmante Lügner« (Drehbuch von »Basic-Instinct«-Autor Joe Eszterhas). Im Sommer 2000 ist in den USA »Things You Can Tell Just By Looking At Her« angelaufen, in dem Calista neben Glenn Close und Cameron Diaz zu sehen ist. Regie führte Rodrigo García, der Sohn von Gabriel García Márquez. Calista spielt eine freigeistige lesbische Tarotkartenleserin. Amüsiert berichtet sie: »Ich musste natürlich auch meine Filmfreundin Valeria Golino küssen, aber damit hatte ich überhaupt keine Probleme. Ich hatte schließlich bei ›Ally McBeal‹ auch schon Courtney, Jane und Lucy geküsst. Letztlich geht es nur darum, ob einer der Beteiligten Mundgeruch hat. Wenn nicht, ist alles in Ordnung!«

»Birdcage«-Regisseur Mike Nichols befand schon 1996 nach den Dreharbeiten mit Calista: »Mädchen, du wirst ein großer Star werden, du hast diese ganz besondere Aura!« Er sollte Recht behalten.

Calista hatte durchaus auch versucht, Hauptrollen zu ergattern, aber Nirvana-Witwe Courtney Love schnappte ihr »Larry Flint – Die nackte Wahrheit« weg, und Cameron Diaz »Die Hochzeit meines besten Freundes«. Trotzig verschrieb sich Calista wieder dem Theater.

Doch dann kam alles anders. Im Winter 1997 rief Kelley an und machte sie zu seiner Ally. Calista packte ihre Klamotten in zwei Koffer und eine Segeltuchtasche, nahm Hund Webster (benannt nach einem Lexikon) an die Leine und zog nach Los Angeles. Webster gehörte eigentlich einer ihrer Mitbewohnerinnen in New York, aber bereits 1991 hatte der kluge Hund sich Calista als wahres Frauchen ausgesucht – und war nun ihr einziger richtiger Freund in der neuen Heimat. (In der »Ally McBeal«-Folge Nr. 2.16 »Sex, Lügen und Politik« ist übrigens ein Hund zu sehen, der Ally an die Pumps pinkelt. Da sie Webster sowieso meist mit ans Set bringt, sollte er diese Gastrolle übernehmen, konnte aber nicht auf Befehl das Bein heben, so dass letztlich doch ein Stunthund ranmusste.)

Calista suchte sich eine 2-Zimmer-Wohnung in Hollywood Hills. Dort haust sie abgeschirmt: »Ich bin geradezu psychopathisch auf meine Privatsphäre versessen«, gestand sie. Und: »Ich brauche nun einmal Zeit, mich neuen Menschen zu öffnen und Freundschaften zu schließen – wie jeder andere wohl auch.« Mit ihren neuen Freunden und Bekannten geht Calista – man glaubt es kaum – gern essen: »Ich liebe Sushi und Pasta, ich esse gern mexikanisch und ich trinke für mein Leben gern Margaritas« – zum Beispiel in der Kneipe »El Coyote« am Beverly Boulevard! Wenn sie sich mal richtig schick machen will, nimmt sie ein wenig Puder-Make-up und Black-Honey-Lipgloss von Clinique. Normalerweise verzichtet Calista auf Make-up ganz und trägt schlicht Jeans und Wollpullover.

Calistas Leben ähnelt Allys: Früh zur Arbeit, spät nach

Hause, vor dem Einschlafen noch ein bisschen lesen, kaum Freunde außerhalb des Jobs, die Wohnung ist schlicht eingerichtet (»ich stelle mir die Bude nicht einfach mit irgendwelchem Krempel voll«, erklärt Calista, »es dauert eine Weile, bis ich mich eingerichtet habe, aber mir gefällt es«). Und tatsächlich ist sie auch persönlich ihrer Rolle nicht unähnlich: »Freude haben mir schon oft gesagt: Hey, die Leute denken, du bist verrückt. Aber ich war immer der Meinung: Da kann man nichts machen, ich bin, wie ich bin.« Und das ist auch gut so, denn »jeder von uns ist für sein eigenes Leben verantwortlich«, sagt Calista – und versucht, das Beste daraus zu machen!

Schwierigkeiten hatte Calista vor allem mit dem Abschied vom Theater. Auf der Bühne kann man ein halbes Jahr proben, bei einer wöchentlichen TV-Serie werden nur sehr wenige Takes gedreht. »Ich musste lernen loszulassen und nicht so streng mit mir zu sein«, gesteht sie. Insofern hat die Schauspielerei für sie auch etwas Therapeutisches: »Wenn ich nicht Schauspielerin geworden wäre, dann wohl Psychotherapeutin«, vermutet sie, »denn zerbrechliche Menschen und Charaktere faszinieren mich.« Das erklärt auch ihre Reaktion nach einem New Yorker Theaterauftritt in »Bash« (1999): »Calista muss völlig tot und kaputt gewesen sein«, erinnert sich Costar Paul Rudd, »aber als nach der Aufführung ein junges Mädchen zu ihr kam und in Tränen ausbrach, weil es solche Schulprobleme hatte, setzte Calista sich mit ihm hin und hörte ihm zu.« Und auch »Ally«-Kollege Greg Germann ist der Meinung: »Calista ist jemand ganz Besonderes. Sie hat die Kraft und

Ausstrahlung einer Audrey Hepburn. Und sie wird nie selbst sehen können, wie ungewöhnlich sie ist!«

Für Beziehungen hat Calista im Augenblick keine Zeit mehr, ist darüber aber nicht so frustriert wie Ally. Sie hat laut eigener Aussage zwei wichtige lange und zwei wichtige kurze Liebesbeziehungen gehabt und nun steht eben – zumindest für einige Zeit – der Job im Vordergrund. Die Klatschzeitungen dichteten Calista aber natürlich sofort allerhand Lover an, darunter Matt Damon (»Good Will Hunting«), den sie noch nie auch nur getroffen hatte, sowie Ben Stiller (»Verrückt nach Mary«), Oscar-Regisseur Sam Mendes (»American Beauty«) und den »Ally McBeal«-Produzenten Jeffrey Kramer. Die beiden sollen ihre Romanze geheim gehalten haben, damit Kramers Ex-Frau Viktoria nichts davon erfährt. Die beiden Frauen sollen sogar beste Freundinnen sein, obwohl Jeffrey nachts in Verkleidung aus dem Haus schleicht und zu Calista fährt. Angeblich wurde er von David E. Kelley mehrfach angemahnt, die Liaison zu beenden!

Natürlich soll Calista auch eine Affäre mit »Ally McBeal«-Mastermind David E. Kelley persönlich gehabt haben. Nicht ganz unwahrscheinlich, denn immerhin sieht Calista Kelleys Frau Michelle Pfeiffer durchaus ähnlich. BILD fragte gar: »Die schöne Michelle Pfeiffer – zerbricht ihre Ehe an einer Jüngeren«? Die Vermutung: »David Kelley dachte an seine Frau Michelle, als er ›Ally McBeal‹ schuf: ein tougher, männermordender Vamp, der ewig zu kurze Röcke trägt. Jetzt spielt Calista diese Rolle – und prompt scheint Herr Kelley das Original mit der Fälschung zu verwechseln.«

Aber obwohl es damals (im März 1999) hieß: »Die Ehe von Michelle und David ist so gut wie am Ende«, sind die beiden immer noch zusammen und Calista ist immer noch Single. Viel heiße Luft um nichts.

Inzwischen traten Michelle und Calista sogar gemeinsam in dem Shakespeare-Kinofilm »Ein Mittsommernachtstraum« von Regisseur Michael Hoffman (»Tage wie dieser«) auf – und verstanden sich offenbar prächtig. In dem Film ist Calista übrigens nackt – nur bedeckt mit Blumen und schulterlangem Haar – zu sehen! Außerdem stand sie im Sommer 1999 in LaButes düsterem Stück »Bash« auf der Theaterbühne. Das »Time«-Magazine urteilte: »Calista Flockhart zeigt ihre dunkle Seite. Sie spielt ausgezeichnet.«

Im Februar 1998 war Calista erstmals außerhalb von »Ally McBeal« aufgetreten, als sie zusammen mit Whoopi Goldberg, Susan Sarandon, Glenn Close, Winona Ryder, Uma Thurman und Marisa Tomei an einer Lesung der feministischen »Vagina Monologues« teilnahm. Textprobe: »Du kannst eine Scheide nur lieben, wenn du Haar liebst«! Geschrieben hatte den Text Eve Ensler, die Stiefmutter von Dylan McDermott, dem Hauptdarsteller in David E. Kelleys zweitwichtigster Serie »Practice – Die Anwälte«. (McDermott trat zweimal als Gast in »Ally McBeal« auf, war aber als Bobby Donnell an einer Romanze mit Ally nicht interessiert.)

Was die Liebe angeht, gibt Calista offen zu: »Natürlich *will* ich nicht allein sein. Wer will das schon? Aber ich *brauche* keinen Mann, um ein erfülltes Leben zu führen. Ich *brauche* auch keine Familie. Was aber nicht heißt, dass ich keine *will.* Ich kann die biologische Uhr durchaus ticken hören.« Was wäre denn wichtig an einem potentiellen Ehemann? »Ich mag kreative Menschen«, gibt Calista unumwunden zu, »und ein Mann muss mich zum Lachen bringen können!« Wobei zu beachten ist, dass Freunde von ihrem ausgesprochen schwarzem Humor schwärmen.

Inzwischen hat Calista sich an ihr neues Leben gewöhnt. Neun Monate im Jahr wird gedreht, fünf Tage die Woche, notfalls auch mehr. Zwölf-Stunden-Tage sind die Regel, vierzehn-Stunden-Tage keine erwähnenswerte Ausnahme. Aber Calista wurde durch ihr unglaubliches Engagement und ihr großes Talent nicht nur zu einer der beliebtesten Schauspielerinnen, sondern auch zu einer der bekanntesten Frauen der Welt. Und auch der Spaß kommt nicht zu kurz: Im Januar 2000 flogen Calista, Greg Germann (Richard Fish) und Gil Bellows (Billy Thomas) mit einem Privatflugzeug nach Atlanta zum »Super Bowl«!

Der Umzug nach L. A. hat sich zweifelsohne gelohnt. »Es ist ein schönes Gefühl, zu wissen, dass ich auch nächsten Monat die Miete noch bezahlen kann«, gibt sie zu, »daran habe ich mich immer noch nicht so ganz gewöhnt.« Und als Calista kürzlich mit ihren Eltern Urlaub auf Hawaii machte, starrten andere Touristen sie fasziniert an. Calista war erstaunt und dachte, sie habe sich bekleckert. Ihre Mutter erinnerte sie daran, dass die Leute sie wahrscheinlich aus dem Fernsehen kannten.

Kommentar Calista: »Entschuldige bitte?!«

Film- und TV-Auftritte

Things You Can Tell Just By Looking At Her, 2000 (Christine)
Ein Sommernachtstraum, 1999 (Helena)
Like A Hole In The Head, 1999
Practice – Die Anwälte, 1998 (Gastauftritt als Ally McBeal)
Drunks, 1997 (Helen)
Milk And Money, 1997 (Christine)
American Dreamer – Charmante Lügner, 1997 (Diney Majeski)
The Birdcage – Ein Paradies für schrille Vögel, 1996 (Barbara)
Pictures Of Baby Jane Doe (auch: »Jane Doe«), 1996 (Jane)
Getting In (auch: »Student Body«), 1994 (Amanda Morel)
Naked In New York, 1994
Quiz Show – Der Skandal, 1994 (Barnard-Mädchen)
Darrow, 1991 (Lillian Anderson)
Die Springfield-Story, 1989 (TV-Serie, Elise)

Theater

Bash, 1999
Drei Schwestern, 1997 (Natalya Ivanova)
The Loop, 1994
Die Glasmenagerie, 1994 (Laura)
Sons And Fathers, 1994 (Joana)
Sophistry, 1993 (Robin Smith)
Wrong Turn At Lungfish, 1993 (Anita Merendino)
Mad Forest, 1992 (Lucia)
Beside Herself, 1989

Autogrammadressen

Calista Flockhart
c/o Manhattan Beach Studios
1600 Rosecrans Avenue
Building 4a, 3rd. Floor
Manhattan Beach, CA 90266
USA

Calista Flockhart
c/o The Gersh Agency
PO Box 5617
Beverly Hills, CA 90210
USA

Schwamm drüber – Greg Germann/Richard Fish

Greg Germann und Peter MacNicol sind die beiden wohl vielseitigsten Darsteller bei »Ally McBeal«. Greg Germann stellte erst kürzlich bei Robert Redfords weltberühmtem Sundance-Filmfestival sein Werk »Pete's Garden« vor: Er war Autor, Regisseur und Hauptdarsteller in Personalunion!

Germann wurde 1958 in Houston, Texas, geboren. Sein Vater gab Schauspielunterricht an der Universität in Denver, Colorado. Als Greg mit fünf Jahren seinen größeren Bruder in einem Theaterstück des Vaters auftreten sah, entschied er sich, Schauspieler werden zu wollen. In der Schule war Greg, wie er selbst sagt, »der, den alle Mädchen wollten – aber nur als Freund!«. Greg jobbte als Platzanweiser im Heritage Square Opera House, nahm Schauspielstunden und wechselte später zum angesehenen Circle Repertory Theatre in New York. Um sich das Theaterspielen leisten zu können, putzte Greg tagsüber

Apartments. In der Theaterszene machte ihn die Rolle des Attentäters John Hinckley in Stephen Sonderheims Perversions-Musical »Assassins« berühmt (Germann singt auch auf der Original-CD). Außerdem spielte er große Rollen in kleinen Filmen und kleine Rollen in großen Filmen. Germanns größter kommerzieller Erfolg vor »Ally McBeal«: Er verkörperte Eric in der Sitcom »Ned & Stacey«. 1986 lernte er bei einem Gastauftritt in »L. A. Law« den zukünftigen »Ally McBeal«-Autor und -Produzenten David E. Kelley kennen, der damals noch bei der Serie arbeitete. Die Rolle des Kanzleieigners Richard Fish übernahm Germann ohne zu zögern: »Das Drehbuch des Pilotfilms war ausgezeichnet, David E. Kelley war bekannt für interessante, gute Arbeit, und ich kannte die meisten anderen Schauspieler aus der Theaterszene in New York. Insofern war mir von Anfang an klar, dass es schief gehen würde«, scherzt er. Und immer noch ist Germann mit den Drehbüchern von David E. Kelley zufrieden: »Man fängt an zu lesen und denkt: Na klar, so und so wird das enden, wie

Achtung!

Für alle Autogrammwünsche gilt: Die Aussicht auf Antwort bzw. ein Autogramm erhöht sich stark, wenn man einen internationalen Antwortschein beilegt. Dies ist (leider) in den USA so üblich. Der deutsche "Ally-McBeal"-Sender VOX verschickt keine Autogrammkarten!

immer im TV. Aber David ist anders drauf. Er geht seine eigenen Wege. Er bringt Leser und Zuschauer aus dem Gleichgewicht. Das macht riesigen Spaß!«

Privat ähnelt Germann dem dauerzynischen Richard Fish kein bisschen. Er steht nicht auf faltige Kehllappen, sondern auf seine knackige Frau, die Schauspielerin Christine Mourad. Er will nicht bloß Geld verdienen, sondern spielt viel lieber mit seinem Sohn Asa (geboren 1997). Germann pendelt zwischen New York und Los Angeles. Eine Gemeinsamkeit mit Richard Fish allerdings weist er schon auf – stolz grinsend betont er: »Bei mir zu Hause gibt es auch einen Unisex-Waschraum!«

Germann lebt sein Leben gemäß der selbst erfundenen »Gregismen« – sprich: Er stellt seine eigenen Regeln auf. Aber er amüsiert sich köstlich über die kurzlebigen, pointierten »Fishismen« seines Alter Egos Richard: »Sie entstehen oft spontan; was Richard heute nützt, wird zum Fishismus.« Auch geht Greg durchaus wie Richard mit Fragestellern um. In einem Online-Chat wollte jemand wissen: »Boxershorts oder normale Unterhosen?« Greg konterte: »Ich müsste dich sehen, um zu entscheiden, was dir besser steht.« Grundsätzlich teilt Germann Richards Einstellung dem Leben gegenüber: »Wir sind hier, um eine schöne Zeit zu haben. Wenn wir das nicht hinkriegen – wozu sind wir dann überhaupt auf der Welt?!«

Für Germann ist klar, wie er den Spaß maximieren kann: »Ich liebe es zu schauspielern. Theater, Kino, Fernsehen – mir egal. Solange die Rolle nur gut ist!«

Film- und TV-Auftritte

I Was Made To Love Her, 2000
The Last Producer, 2000
Sweet November, 2000 (Vince Holland)
Jesus' Son, 1999 (Dr. Shanis)
Culture, 1998 (Tim Stevens)
Pete's Garden, 1998 (Pete)
Remember WENN, 1996 (Gastauftritt als Arden Sage in Folge 4.9)
Ned & Stacey, 1995 (Eric Moyer)
Sweet Justice, 1994 (Andy Del Sarto)
Das Kartell, 1994 (Petey)
Ellen, 1994 (TV-Serie, Gastauftritte als Rick)
Der steinige Weg zur Gerechtigkeit, 1994 (Bailey)
I.Q. – Liebe ist relativ, 1994 (Reporter)
Unsere Welt war eine schöne Lüge, 1994 (Mr. Drew)
Bakersfild P.D., 1993 (Gastauftritt als Hood in Folge 1.7)
Mörderische Hitze, 1993 (D.A. Kennedy)
Die Nacht mit meinem Traummann, 1993 (Eddie)
Liebling, hältst Du mal die Axt?, 1994 (Rezeptionist)
Big and Mean, 1991
Ein charmantes Ekel, 1991 (Jim Redstone)
Chucky 2 – Die Mörderpuppe ist zurück, 1990 (Mattson)
Endstation Gerechtigkeit, 1990
Tour Of Duty, 1987 (Gastauftritte als Lt. Beller)
L. A. Law, 1986 (Gastauftritt in Folge 7.18)
Miss Firecracker, 1989 (Ronnie Wayne)
The Whoopee Boys, 1986 (Tipper)
Streetwalkin', 1984 (Creepy)

Theater (Auswahl)

Assassins
Biloxi Blues

Autogrammadresse

Greg Germann
c/o Writers & Artists
924 Westwood Blvd., Suite 900
Los Angeles, CA 90024

Der Innehalter – Peter MacNicol/ John "das Gummibärchen" Cage

Peter MacNicol hat bereits zwanzig Jahre Kameraerfahrung, aber für den großen Durchbruch waren seine Rollen stets zu sensibel oder neurotisch. »Ally McBeal« verhalf ihm endlich zum wohlverdienten Ruhm. Multitalent MacNicol ist ein alter Freund von David E. Kelley und führte bei einigen frühen Folgen von »Ally McBeal« sogar auch Regie. Im Pilotfilm »Am Anfang war das Feuer« trat MacNicol gar nicht auf; in den nächsten vier Folgen wurde er als »*special guest*« angekündigt. In Folge 1.02 wird John vorgeworfen, eine Prostituierte bestellt zu haben. In der dritten Staffel erklärt er Nelle dieses ungewöhnliche Verhalten: »Da wusste ich noch nicht, wer ich bin.« Dies darf man wohl getrost Drehbuchautor David E. Kelley zuschreiben, der John Cage im Laufe der Serie stark veränderte (und wie alle anderen Figuren deutlich sympathischer werden ließ).

Erst in der sechsten Folge (»Frosch bleibt Frosch«) wurde Peter MacNicol zum Ensemble-Mitglied und John Cage zur festen Einrichtung. Wie David E. Kelley den Kanzleimiteigentümer Cage allerdings sonst aus der Serie hätte schreiben wollen, ist bis heute unklar. Wunderbar hingegen sind und bleiben seine Macken: Stottern (»po-po-po-kipsy«; ursprünglich sagt er »Poughkeepsie«, was eine Stadt im Staat New York ist), Nasenpfeifen, Schüchternheit und vor Gericht besteht John auf einem Krug mit auf 5 Grad temperiertem Wasser. Vieles an »Ally McBeal« mag unwahrscheinlich wirken, insbesondere John, aber zahlreiche Anwälte versichern: Vor echten Gerichten laufen jede Menge Leute herum, die sich noch viel merkwürdiger benehmen als John Cage – und damit Erfolg haben!

Peter MacNicol wurde am 10. April 1954 in Dallas, Texas, geboren. Aufgewachsen ist er in Minneapolis. Seinen ersten Bühnenauftritt feierte MacNicol im zarten Alter von neun Jahren: Er stand als Statue auf der Bühne, die allmählich lebendig wurde. Bezeichnenderweise spielte der junge Peter einen Heiligen namens St. Peter! Wenig später verkörperte er den Forscher Louis Pasteur, der einen Hund heilen sollte – allerdings sprang der Hund plötzlich auf und jagte ihn über die Bühne!

Von den Regionalbühnen in Minneapolis war es für den talentierten Peter MacNicol nur ein kleiner Schritt an den Broadway in New York, wo er u. a. mit Holly Hunter (»Lebe lieber ungewöhnlich«) auftrat und im »New Yorker« gelobt wurde: »Besser hätte er nicht sein können!« Bereits 1981 wurde MacNicol als einer der zwölf »vielversprechendsten Nachwuchsschauspieler« in John Willis' »Screen World« aufgeführt.

In Fernsehen und Kino war MacNicol anfangs in eher schwierigen, getragenen Rollen zu sehen. Nur durch Zufall bekam er 1989 einen Part in »Ghostbusters II« – sein Agent wollte eigentlich einen anderen Schauspieler vorschlagen, schickte aber ein Video mit MacNicols Auftritt in der TV-Serie »Days And Nights Of Molly Dodd« und prompt wurde Peter zum Geisterjäger. Es folgten Comedy-Auftritte in »Housesitter – Lügen haben schöne Beine«, »Die Addams-Familie in verrückter Tradition«, »Mel Brooks' Dracula – Tot, aber glücklich« und »Bean – der ultimative Katastrophenfilm«. Außerdem ist Peter MacNicol ein beliebter Sprecher für Hörbücher.

David E. Kelley und Peter kennen sich, seit MacNicol in Kelleys Serie »Chicago Hope« den schrulligen allein erziehenden Anwalt Alan Birch (genannt: »der Aal«) mimte. John Cage ist eine verschärfte Version von Birch, die Kelley seinem Freund MacNicol direkt auf den Leib schrieb. MacNicols Frau Marsue Cumming leitet eine Wohltätigkeitsorganisation für Kinder, die in der Innenstadt von Los Angeles aufwachsen.

In der Originalfassung von »Ally McBeal« wird John nicht »Gummibärchen«, sondern »*the biscuit*« genannt, was einerseits »Keks«, andererseits aber auch »Schwachkopf« heißen kann. Renée nennt ihn auch »*dough boy*« (»Teigmännchen«), wie das knuddelige Pilsbury-Männchen.

Film- und TV-Auftritte

Olive, The Other Reindeer, 1999 (Stimme von Fido)
Der Prinz und der Bettelhund, 1999
Die Baby-Gang, 1999 (Dan Bobbins)
The Secret of NIMH 2: Timmy To The Rescue, 1998 (Erzähler)
Silencing Mary, 1998 (Lawrence Dixon)
Bean – der ultimative Katastrophenfilm, 1997 (David Langley)
Toto Lost In New York, 1996 (Stimme von Ork)
Kleine Jessica – Ein Vaterherz in Not, 1996 (Roy Dowd)
Mojave Moon, 1996 (Reifenwechsler)
Mel Brooks' Dracula – Tot aber glücklich, 1995 (Renfield)
Radioland Murders – Wahnsinn auf Sendung, 1994
Chicago Hope – Endstation Hoffnung, 1994 (Alan Birch)
Roswell – Ufoabsturz über New Mexiko, 1994 (Lewis Rickett)
Die Addams-Familie in verrückter Tradition, 1993 (Gary Granger)
Housesitter – Lügen haben schöne Beine, 1992 (Marty)
The Powers That Be, 1992 (Bradley Grist)
Der Mann meiner Frau, 1991 (Stuart)
Condition Red, 1990 (Sedgewicke)
Ghostbusters II, 1989 (Janosz Poha)
Days And Nights Of Molly Dodd, 1987 (Steve Cooper)
American Blue Note, 1989 (Jack Solow)
Heat – Nick, der Killer, 1987 (Cyrus Kinnick)
Eine Frau geht ihren Weg, 1986 (Joe Kovacs)

Sophies Entscheidung, 1982 (Stingo)
Cheers, 1982 (Gastauftritt als Hotelmanager Mario in Folge 11.20)
Der Drachentöter, 1981 (Galen)

Theater (Auswahl)

Black Comedy/White Lies, 1993
The Dream Theme, 1991
The 52nd Street Project, 1990
Romeo und Julia, 1988 (Romeo)
Was ihr wollt, 1986 (Sir Andrew Aguecheek)
Rum And Coke, 1986 (Jake Stewart)
Found A Peanut, 1984 (Little Earl 5)
Crimes Of The Heart, 1980–1981 (Barnette Lloyd)

Autogrammadresse

Peter MacNicol
c/o InHouse Entertainment
7720 Sunset Blvd.
Los Angeles, CA 90046

Die neugierigste Sekretärin der Welt – Jane Krakowski/Elaine Vassel

Elaine Vassel (»*vassel*« bedeutet »Sklave«, ein typischer David-E.-Kelley-Scherz) darf man nicht unterschätzen. Am Anfang der Serie war sie noch Allys ganz persönliche Assistentin, aber mit der Zeit ist immer unklarer geworden, worin Elaines Aufgabe eigentlich besteht. So etwas wie »Büroleitung« könnte ihren Job wohl am besten beschreiben. Aber was auch immer sie eigentlich tun soll – wann immer es etwas zu tratschen, zu lästern oder zu belauschen gibt, ist Elaine bereits fertig mit ihrer Arbeit!

»Ich wollte immer, dass Elaine sehr intelligent ist und extrem gute Arbeit leistet«, erklärt Elaine-Darstellerin Jane Krakowski. »Man lässt ihr die ganzen Eigenarten nur durchgehen, weil sie all ihre Arbeit als Sekretärin schon verrichtet hat. Deswegen kann sie dauernd im Unisex-Waschraum rumhängen und irgendwelchen Unfug erfinden!« Krakowski ist es gelungen, aus der nymphomanischen Nervensäge Elaine eine sympathische, charmante (wenn auch zeitweise etwas aufdringliche) Figur zu machen. Stolz bestätigt sie: »Am Anfang der Serie sprachen mich Leute an und stöhnten: ›Wir haben auch eine Elaine im Büro!‹ Heute sagen sie stolz: ›*Ich* bin die Elaine in unserem Büro!‹« – Elaine hat sich zum guten Geist bei Cage/Fish gemausert.

»Krakowski« ist allen Ernstes ein Künstlername: Geboren wurde die Schauspielerin 1969 als Jane Krajkowski in Parsippany, New Jersey. Um US-Kritikern die Arbeit zu erleichtern, strich Jane das ›J‹ aus ihrem Nachnamen. Vater und Mutter Krajkowski fuhren jedes Wochenende aus New Jersey nach New York City, um ins Theater zu gehen. Als Baby Jane drei wurde, begannen ihre Eltern, das Geld für den Babysitter zu sparen, und nahmen Jane einfach mit. Der frühe Einfluss trug Früchte; wenige Monate später nahm Jane bereits erste Tanzstunden.

Jane trat bei dem wichtigsten Theaterfestival außerhalb von New York City auf, dem Williamstown Theatre Festival in Massachusetts. Dort lernte sie Gil Bellows (Billy aus »Ally McBeal«) und Calista Flockhart kennen. »Wir verdienten 200 Dollar die Woche«, erinnert Krakowski sich, »bekamen aber gleich wieder 50 Dollar für die Unterkunft abgezogen. Gil traf in Williamstown seine spätere Ehefrau. Wir drei waren mehrere Sommer nacheinander dort. Insofern fiel es uns leicht, mit den Dreharbeiten zu ›Ally McBeal‹ zu beginnen, weil wir uns schon kannten und einander vertrauten.« In Williamstown spielte Jane Krakowski übrigens in dem Stück »Picnic« die Schwester der zukünftigen »Oscar«-Preisträgerin Gwyneth Paltrow. Zuvor sauste sie in New York als Speisewagen Dinah auf Rollschuhen im Hitmusical »Starlight Express« umher.

Für ihre Broadway-Auftritte gewann Jane Krakowski den »Tony Award«, den »Drama Desk Award« und den »L. A. Drama Critics Award«. Außerdem wurde Jane zwei Mal für den »Emmy« nominiert (als Rebecca T. R. Kendall in »Search For Tomorrow«).

Mit der Rolle der manchmal durchaus etwas blonden Blondine Elaine ist Krakowski sehr zufrieden. »Erstens hat sich Elaine mit der Zeit sehr verändert, die Figur hat mehr Tiefe bekommen. Und zweitens lässt man Elaine mehr durchgehen als allen anderen Figuren. Das macht Spaß! Ihre Erfindungen sind sehr lustig. Anfangs sorgte ich mich, ob sie je wirklich zu den anderen gehören würde, aber das hat sich schnell geklärt; Drehbuchautor David E. Kelley hat sie in die Gruppe aufgenommen.«

Elaine liebt es, im Rampenlicht zu stehen – und sie singt auch gern einmal auf Firmenfeiern. Dazu kam es durch einen Zufall. »David E. Kelley und die anderen Produzenten wussten nicht, dass viele der Darsteller in ›Ally McBeal‹ auch recht gut singen können. Aber es gibt ein Unternehmen, das Sampler mit Broadway-Künstlern veröffentlicht. Die haben auch mich engagiert.« Zufällig hörte Jeffrey Kramer, einer der Produzenten, eines der Alben mit Jane Krakowski. Er war begeistert. Wenig später fand er heraus, dass auch Lisa Nicole Carson (Allys Mitbewohnerin Renée Radick) und Greg Germann (Richard Fish) singen können. Prompt schrieb David E. Kelley eine Weihnachtsepisode, in der mächtig viel gesungen wurde. Die Folge war ein Hit, also singt Elaine weiter, wann immer es passt. Jane Krakowski grinst: »Greg Germann und Lucy Liu nehmen übrigens beim selben Lehrer Akkordeon-Unterricht ... mal sehen, wann das in der Serie auftaucht!«

Privat sieht Jane Krakowski das Leben ähnlich locker wie Elaine: »Sie ist ein phantastischer Mensch. Sie kommt immer lächelnd zur Arbeit. Und am besten gefällt mir an Elaine, dass sie sich nicht für ihre Schwächen entschuldigt.«

Film- und TV-Auftritte

The Flintstones In Viva Rock Vegas, 2000 (Betty Geröllheimer)
Snoops, 1999 (TV-Serie von David E. Kelley, Gastauftritt in Folge 1.4)
Go, 1999 (Irene)
The Rodgers & Hart Story: Thou Swell, Thou Witty, 1999
Dance With Me, 1998 (Patricia)

Hudson River Blues, 1997
Mrs. Winterbourne, 1996 (Christine)
Early Edition, 1996 (Gastauftritt als Dr. Amy Handelman in Folge 1.3)
Ausgerechnet Chicago, 1994 (Gastauftritt als Katherine Burns in Folge 1.18)
Queen, 1993 (Jane)
The Young Indiana Jones Chronicles, 1992 (Gastauftritt als Sängerin in Folge 2.5)
Stepping Out, 1991 (Lynne)
Women & Men 2: In Love There Are No Rules, 1991 (Melba)
When We Were Young, 1989 (Linda)
Eine verhängnisvolle Affäre, 1987 (Babysitter)
Search for Tomorrow, 1984–86 (Rebecca »T. R.« Kendall)
Die schrillen Vier auf Achse, 1983 (Vicki)
No Big Deal, 1983

Theater (Auswahl)

Once Upon A Mattress, 1996–1997 (Lady Larkin)
Company, 1995 (April)
Stepping Out, 1991
Grand Hotel, 1990 (Flaemchen)
Starlight Express, 1987–1989 (Speisewagen Dinah)

Autogrammadresse

Jane Krakowski
c/o Sutton, Barth & Vennari
145 South Fairfax Ave., Suite 310
Los Angeles, CA 90036

Der letzte aufrechte Anwalt? – Gil Bellows/Billy Alan Thomas

Allys Ex-Freund Billy scheint der einzig vernünftige Anwalt bei Cage/Fish zu sein – aber warten Sie mal die dritte Staffel ab! (Mehr dazu erfahren neugierige Leser in dem Kapitel »Die neuen Folgen: alle Geheimnisse der dritten Staffel« ab Seite 24.)

Am Anfang waren Billy und seine Frau Georgia diejenigen, mit denen sich die meisten Zuschauer(innen) identifizierten. So nahe ihnen Allys Traumwelt war – ihre alltägliche Wirklichkeit entsprach doch eher Billys Sicht der Dinge. Billy war zudem die Brücke in Allys Kindheit. Er war derjenige, der ihre wirren Wünsche und Fantasien verstand und manchmal sogar teilen konnte. Und wenn er das kann, dann dürfen wir Zuschauer uns das auch erlauben. Billy und Georgia bilden zugleich den praktischen, bodenständigen Gegenpol zu ihren durchgedrehten Kollegen.

Vielen Fans war Billy erst zu langweilig und bieder, dann (in der dritten Staffel) zu schrill und frustriert. Dabei aber verkörperte er wieder einmal nur das, worüber Millionen Frauen weltweit Tag für Tag stöhnen: den ganz normalen Mann.

Im Gegensatz zu dem gradlinigen Billy kann Darsteller Gil Bellows auf allerhand unterschiedliche Erfahrungen verweisen. Er spielte in Al Pacinos Shakespeare-Hommage »Looking For Richard« (er musste nur einen Satz zu Pacino sagen, vergaß diesen aber vor lauter Aufregung beim Dreh um vier Uhr morgens und starrte den Altmeister des Kinos nur überrascht an), er blödelte sich durch »Miami Rhapsody – Heiße Nächte in Florida« (mit Herzensbrecher Antonio Banderas) und im Winter 1999/2000 verblüffte er Amerika in dem Historienschinken »The Courage To Love«.

Geboren wurde Bellows am 28. Juni 1967 in Vancouver, Kanada. Er verließ seine Heimatstadt erst spät, um die American Academy Of Dramatic Arts in Südkalifornien zu besuchen. Bellows trägt – anders als Billy – am liebsten Jeans und T-Shirt und nannte als Jugendlicher Lederjacken mit Bandlogos auf dem Rücken sein eigen: zuerst das der Schmachtrocker Boston, danach die Zunge der Rolling Stones.

Nach der Schauspielschule in Kalifornien zog Bellows nach New York, wie beinahe alle ambitionierten Schauspieler. Dort sprach er einmal zusammen mit Ally-Darstellerin Calista Flockhart für ein Theaterstück vor, aber aus der geplanten Zusammenarbeit wurde damals nichts. Bellows trat in Kinofilmen mit Tim Robbins, Jeanne Moreau, Emma Thompson und Vanessa Williams auf.

Gil Bellows ist mit der Schauspielerin Rya Kihlstedt verheiratet, die am 4. April 1999 die gemeinsame Tochter Ava Emanuelle zur Welt brachte. Rya und Gil standen zudem 1998 gemeinsam für »Say You'll Be Mine« vor der Kamera. Um mehr Kino- und TV-Spielfilme drehen zu können, verlässt Gil Bellows zum Ende der dritten Staffel »Ally McBeal«; er soll allerdings in der vierten Staffel einige Gastauftritte als Geist absolvieren.

Film- und TV-Auftritte

The Courage To Love, 2000 (Gerard Gaultier)
Beautiful Joe, 2000
Chasing Sleep, 2000
Say You'll Be Mine, 1999 (Mason)
Dinner At Fred's, 1999 (Richard)
Judas Kiss, 1998 (Lizard Browning)
Practice – Die Anwälte, 1997 (Gastauftritt als Billy aus »Ally McBeal« in der Crossover-Folge 2.26)
The Assistant, 1997 (Frank Alpine)
Schneewittchen, 1997 (Will)
Der Hexenclub von Bayonne, 1997 (Michael)
The Substance Of Fire, 1996 (Val Chenard)
Al Pacino's Looking For Richard, 1996
Radiant City, 1996 (Bert Kramer)
Miami Rhapsody – Heiße Nächte in Florida, 1995 (Matt)
Tage der Angst, 1995 (Dodge)
Navy Action, 1995 (Brian Del Piso)
Love and a .45, 1994 (Watty Watts)
Die Verurteilten, 1994 (Tommy Williams)
Flying Blind, 1992 (Gastauftritt als Gerald in Folge 1.4)
Law & Order, 1990 (Gastauftritt als Howard Metzler in Folge 1.14)

Autogrammadresse:

Gil Bellows
c/o William Morris
151 El Camino Drive
Beverly Hills, CA 90212

Immer wieder Billy – Cortney Thorne-Smith/Georgia Thomas

Serienfans kennen Courtney Thorne-Smith schon lange: Sie spielte von 1992 bis 1997 in »Melrose Place« die Alison Parker. Wie es der Zufall (bzw. der Drehbuchschreiber) so wollte, war sie in »Melrose Place« die Freundin von Billy Campbell (und zugleich auch mit Billy-Darsteller Andrew Shue zusammen), während sie nun in »Ally McBeal« die Frau von Billy Thomas ist. Da die verrückte Anwaltsserie in den USA als direkte Ablösung von »Melrose Place« geplant war (und auch gleich im Anschluss an die letzten MP-Folgen ausgestrahlt wurde), war es natürlich ebenso klug wie nahe liegend, eine bekannte MP-Schauspielerin zu verpflichten.

In den ersten paar Folgen von »Ally McBeal« war Courtneys Rolle der Georgia vor allem dekorativ: Kühl und blond stakste sie durchs Bild und Ally war höllisch eifersüchtig auf sie. Dann begann Georgia zu reden und Ally freundete sich mit ihr an. In der dritten Staffel ändert sich jedoch alles (und am Ende scheidet Courtney aus der Serie aus). In der vierten Staffel soll sie nur noch einige Gastauftritte absolvieren. Sicherlich aber muss man sich um die talentierte Schauspielerin keine Sorgen machen: Vor »Melrose Place« und »Ally McBeal« war sie bereits in zahlreichen anderen Serien zu sehen, darunter auch in David E. Kelleys »L. A. Law« und der US-Kultserie »Spin City«, in der nach dem Aus von »Melrose Place« auch Amanda alias Heather Locklear ihr neues Zuhause gefunden hat.

In San Francisco kam Courtney Thorne-Smith am 8. November 1967 zur Welt. In ihrem letzten Jahr an der Highschool trat sie der Mill Valley's Ensemble Theatre Company bei. Dort erhielt sie von ihrem Schauspiellehrer den wichtigsten Ratschlag ihrer ganzen Karriere: »›Vergiss, dass du eine Schauspielerin bist. Alle werden dich bedienen, wenn du es willst. Aber dann bleibst du ganz allein.‹ Das hat mir sehr geholfen. Ich kann schließlich auch selbst aufstehen, mir einen Kaffee holen und den anderen sogar auch noch einen mitbringen. Deshalb ist es am Set von ›Ally McBeal‹ auch so toll – weil alle so denken!«

Damals nannte sie sich noch Courtney Thorne Smith (ohne Bindestrich). »Thorne« ist rechtlich gesehen Courtneys zweiter Vorname. Zugleich ist es aber der Mädchenname ihrer Mutter. Courtney entschied sich später, die Familiennamen beider Elternteile gleichrangig zu behandeln und verband sie mit einem Bindestrich. Ihre Mutter, eine Psychotherapeutin, dankte es ihr angeblich durch ausführliche Beratungen, als Courtney die Rolle der gequälten Alison antrat. Ein weiteres Familienmitglied war sicher ebenfalls behilflich: Alison arbeitete in einer Werbeagentur, genauso wie Courtneys Schwester! Man darf gespannt sein, bei welchen Rollen ihr Verlobter Andrew Conrad (ein Genetiker) mitreden wird. Die beiden haben vor, noch im Oktober 2000 in L. A. zu heiraten.

Courtney war von Anfang an fasziniert von ihrer Rolle als Georgia. »Einmal springt sie auf und singt einen Song von Dusty Springfield. Dabei kann ich überhaupt nicht singen. Es klingt ganz schrecklich – und das soll es auch. Eine typische David-E.-Kelley-Szene. Das hat sehr viel Spaß gemacht!« Eine andere – sehr beliebte und viel diskutierte – Szene drehte Courtney allerdings nicht selbst: die Nacktszene in Folge 1.23 (»Herz zu verschenken«). »Das war nicht mein Hintern, da hat mein Body-Double TV-Geschichte geschrieben«, gibt sie offen zu.

Film- und TV-Auftritte

Venus Conspiracy, 1999
Chairman Of The Board, 1998 (Natalie)
The Lovemaster, 1997 (Deb)
Spin City, 1996 (Gastauftritt in mehreren Folgen)
Die Rache der Schönheitskönigin, 1995 (Cheryl)
Partners, 1995 (Gastauftritt in Folge 1.13)
Besessene der Macht, 1994 (Helen Lutz)
Duckman, 1994 (Gastauftritt in Folge 4.6)
Melrose Place, 1992–1997 (Alison Parker)
Grapevine, 1992 (Gastauftritt als Lisa in Folge 1.4)
Atemloser Sommer, 1990 (Samantha)
Day By Day, 1988 (Kristin Carlson)
Infidelity, 1987 (Eileen)
Die Supertrottel, 1987 (Sunny)
Summer School, 1987 (Pam House)
L. A. Law, 1986 (Gastauftritte in mehreren Folgen)
Fast Times, 1986 (Stacy Hamilton)
Lucas, 1986 (Alise)
Ein Mann, ein Wort, 1986 (Sheryl)
Welcome To 18, 1986 (Lindsey)

Autogrammadresse

Courtney Thorne-Smith
c/o Paradigm Talent
10100 Santa Monica Blvd., Suite 2500
Los Angeles, CA 90067

Ich geb Gas, ich will Spaß – Lisa Nicole Carson/Renée Radick

Lisa Nicole Carson wurde im Winter 1999/2000 kurz vor Drehschluss der dritten Staffel unter Drogen stehend in die Psychiatrie eingeliefert. Wochenlang wurde sie aus der Serie herausgeschrieben, blieb aber laut offizieller Pressemitteilung weiterhin festes Ensemble-Mitglied. In Folge 3.18 war sie erstmals nach ihrem Klinikaufenthalt wieder zu sehen.

Lisa Nicole spielt Allys bodenständige Mitbewohnerin Renée Radick, die stets etwas zu enge Pullis trägt und ihre Brüste durchaus als Waffen einzusetzen weiß. Renée hat gerne Spaß, aber sie zieht auch gerne Grenzen – was für die Serienmänner nicht immer leicht zu begreifen ist. Möglicherweise treibt Lisa Nicole Carson es privat noch schlimmer: »Ich bin ein ganz, ganz, ganz böses Mädel«, soll sie gesagt haben, »ich nehme jede Droge und saufe wie ein Loch!«

Geboren wurde Lisa Nicole am 12. Juli 1969 in Brooklyn, New York. Ihr Sternzeichen ist Krebs und deshalb ziert ein kleines Krabben-Tattoo ihren Bauch! Lisa Nicole fährt nicht gerne Auto und wird von ihren Freunden »Gypsy« (Zigeunerin) genannt. Neben »Ally McBeal« tritt sie auch regelmäßig als Carla Reese in »Emergency Room – Helden im O. P.« (kurz: »ER«) auf – der direkten Konkurrenz-Serie zu David E. Kelleys »Chicago Hope – Endstation Hoffnung«. Ihren größten Erfolg vor »Ally McBeal« feierte Lisa Nicole Carson in der Krimiverfilmung »Teufel in Blau«, in der »Oscar«-Preisträger Denzel Washington ihren »Punkt« findet ...

Als Lisa Nicole zwölf war, zog ihre Familie aus Brooklyn nach Gainesville in Florida. Mit 15 stand sie zum ersten Mal auf einer richtigen Theaterbühne, und zwar in »Der kleine Horrorladen«. Als ihre Eltern sich trennten, zog sie mit ihrer Mutter wieder zurück nach New York – in die South Bronx, wo die Mutter als Lehrerin arbeitete. Ihr Vater lehrte weiterhin Journalismus an der University of Florida. Er riet seiner Tochter, Krankenschwester zu werden. Sie aber hörte nicht auf ihn.

Lisa Nicole ergatterte erste Rollen am Theater, zugleich wurde sie Sängerin und Frontfrau der Frauenrockband »Mascara«. Auch in »Ally« singt sie dann und wann eine Soulnummer. Privat steht sie auf Rhythm'n'Blues – Barry White, Teddy Pendergrass, Diana Ross, Stevie Wonder –, aber auch auf Guns'n'Roses und Aerosmith.

Film- und TV-Auftritte

Joao Mata Sete, 2000 (Sandy Carmichael)
Aftershock: Earthquake In New York, 1999 (Evie Lincoln)

Lebenslänglich, 1999 (Sylvia)
Eve's Bayou, 1997 (Matty Mereaux)
Love Jones, 1997 (Josie Nichols)
Emergency Room – Helden im O. P., 1996–1998 (Carla Reese)
Divas, 1995 (Jewel)
Teufel in Blau, 1995 (Coretta James)
Jason's Lyric, 1994 (Marti)
The Apollo Comedy Hour, 1992–1993
Law & Order, 1991 (Gastauftritt als »Aria« in der Folge 2.3)

Autogrammadresse

Lisa Nicole Carson
c/o Fox Broadcasting
Box 900
Beverly Hills, CA 90213-0900

Eiskalt, aber sexy – Portia de Rossi/Nelle Porter

Nelle Porter war anfangs als zeitgemäße Variante von Rosalind Shys gedacht, die David E. Kelley rund zehn Jahre zuvor für »L. A. Law« erfunden hatte. Sie sollte in der wohlig warmen Kanzlei Eiseskälte verbreiten. Aber dann gewannen Kelley und die Mitarbeiter von Cage/Fish Nelle doch noch lieb – und überraschend wandelte sich die eisige Sexgöttin in eine zwar immer noch etwas hochnäsige, aber doch insgesamt recht nette Kollegin.
Portia de Rossi wurde am 31. Januar 1973 unter dem

Namen Mandy Rogers in Melbourne, Australien, geboren. Mit fünfzehn änderte sie ihren Namen in Portia: »Das war das Mutigste, was ich bis dahin getan hatte«, sagte sie. Noch bevor sie ihren Führerschein hatte, war Portia schon in ihrem ersten Werbespot zu sehen. Die einzige Serie, die sie regelmäßig im Fernsehen anschaute, war David E. Kelleys »L. A. Law«. Ganz besonders bewunderte sie die Figur der Susan Dey – und begann prompt, an der Universität Melbourne Jura zu studieren! Mit Teilzeitjobs als Model hielt sie sich über Wasser.

Abrupt änderte sich Portias Leben, als sie 1994 für »Die Verführung der Sirenen« engagiert wurde – den ersten wichtigen Kinofilm des australischen Supermodels Elle MacPherson. Die beiden blonden Sirenen spielten die Aktmodelle des Künstlers Sam Neill, die einen anglikanischen Priester (Hugh Grant) ständig zum Stottern bringen. Es war der erste große Erfolg für Hugh Grant, noch vor »Vier Hochzeiten und ein Todesfall«. Portia zog um nach Los Angeles und trat bald auch bekleidet vor die Kamera.

Ihr bislang größter Erfolg ist die Rolle der Nelle Porter in »Ally McBeal«, für die sie 1999 einen »Golden Globe« bekam. In ihrer Heimat Australien zierte sie bereits das Cover des Rock- und Lifestyle-Magazins »Rolling Stone« – wohlgemerkt: das Cover der »Hot-Hot-Hot«-Ausgabe! Und im Sommer 2000, während der »Ally«-Drehpause, steht Portia in einer Hauptrolle für den Kinofilm »Cletis Tout« vor der Kamera. Ihre Co-Stars: Tim Allen (»Guck mal, wer da hämmert«), Christian Slater (»Der Name der Rose«) und Richard Dreyfuss (»Was ist mit Bob?«).

Anfangs war Portia recht unsicher, ob sie sich in das eingespielte Ensemble von »Ally McBeal« einfügen könnte, aber da sie – im Gegensatz zu Nelle – hilfsbereit und offen ist, wurde sie von den anderen Schauspielern schnell akzeptiert.

Film- und TV-Auftritte

Stigmata, 1999 (Jennifer Kelliho)
American Intellectuals, 1999
Girl, 1999 (Carla)
The Invisibles, 1999 (Joy)
Perfect Assassins, 1998 (Lana Collins)
Scream 2, 1997 (Sorority Sister Murphy)
Nick Freno: Licensed Teacher, 1996 (Miss Elana Lewis)
Too Something, 1995 (Maria Hunter)
The Woman In The Moon, 1995
Die Verführung der Sirenen, 1994 (Giddy)

Autogrammadresse

Portia de Rossi
c/o Fox Broadcasting
Box 900
Beverly Hills, CA 90213-0900

Hart, aber gerecht – Lucy Alexis Liu/Ling Woo

Lucy Alexis Liu (gespr.: Lu) bewarb sich ursprünglich als Nelle Porter für »Ally McBeal«, doch engagierte David E.

Kelley Portia de Rossi als eisige Blondine. Aber auch Lucy gefiel ihm, und er erfand extra für sie die fiese Ling Woo (gespr.: Wu). Ling kam bei den Zuschauern gut an und wurde nach vier Folgen zum festen Ensemblemitglied.

Ihren ersten TV-Auftritt absolvierte Lucy als Kellnerin in »Beverly Hills, 90210«. Zuvor hatte die am 2. Dezember 1968 in Queens, New York, geborene Schauspielerin in Brooklyn, an der New York University und in Michigan asiatische Sprachen studiert. Sie kann fließend Mandarin und beherrscht »Kali Eskrima Silat«, eine Kampfsportart.

In »Ally McBeal« erscheint Ling Woo nur unwesentlich talentierter und vielseitiger als Lucy Liu im richtigen Leben: Ling besitzt u. a. einen Begleitservice, einen Schlamm-catcherinnen-Club und ist studierte Juristin (sodass Richard sie in die Kanzlei aufnehmen kann). Nur einmal zeigt sie wirklich Herz – als in Folge 2.13 (»Engel und Himmelsboote«) ein krebskranker Junge stirbt. In der dritten Staffel taut Ling ein wenig auf und lächelt sogar manchmal.

Privat ist Lucy nett, freundlich und bodenständig. Sie fotografiert gerne (angeblich ist der britische Fotograf Steve Shaw ihr Freund) und spielt Akkordeon. Im Sommer 2000 ist Lucy in »Knocked Out – Eine schlagkräftige Freundschaft« zu sehen (mit Antonio Banderas und Woody Harrelson), danach in der Neuverfilmung von »Drei Engel für Charlie« (die beiden anderen Engel sind Drew Barrymore und Cameron Diaz). Bei den Dreharbeiten verwechselte die flotte Lucy übrigens Brems- und Gaspedal eines Mercedes und krachte prompt in einen wertvollen alten Ferrari (Wert: DM 600.000). Der Schaden an den beiden Boliden betrug rund 120.000 Dollar (etwa DM 250.000).

Film- und TV-Auftritte

Charlie's Angels: The Movie, 2000 (Alex)
Shanghai Noon, 2000
Knocked Out – Eine schlagkräftige Freundschaft, 1999 (Lia)
Das merkwürdige Liebesleben der Erdlinge, 1999 (Freundin)
Ein wahres Verbrechen, 1999 (Mädchen im Spielwarenladen)
Payback, 1999 (Pearl)
Molly, 1999 (Brenda)
Riot, 1997 (Boomers Freundin)
City Of Industry – Tödliche Freundschaft, 1997 (Cathi Rose)
Gridlock'd – Voll drauf, 1997 (Cee-Cee)
Fliegenfänger, 1997 (Dot)
NYPD Blue, 1997 (Gastauftritt als Babysitter in Folge 4.17)
Jerry Maguire – Spiel des Lebens, 1996 (Ex-Freundin)
Pearl, 1996 (Amy Li)
Akte X, 1996 (Gastauftritt als Kim Hsin in Folge 3.19)
Guy, 1996 (Frau am Zeitungsstand, genannt als Lucy Lui)
Johnny Quest: The New Adventures, 1996 (Gastauftritt als Melana in Folge 1.45)
Nash Bridges, 1996 (Gastauftritt in Folge 1.1)
Bang, 1995 (Hure, genannt als Lucy Lui)

Hercules – The Legendary Journeys, 1995 (Gastauftritt als Oi-Lan in Folge 1.8)
Guck mal, wer da hämmert, 1995 (Gastauftritt als »Frau Nummer 3« in Folge 4.16)
Emergency Room – Helden im O. P., 1994 (Gastauftritte als Mei-Sun Leow)
Coach, 1994 (Gastauftritte als Nicole)
L. A. Law, 1993 (Gastautritt in Folge 8.4)
Beverly Hills 91210, 1991 (Gastauftritt als Kellnerin Courtney in Folge 2.6)

Autogrammadresse

Lucy Liu
c/o Fox Broadcasting
Box 900
Beverly Hills, CA 90213-0900

Der Neue – James LeGros/Mark Albert

James LeGros spielt in »Ally McBeal« die Rolle des Mark Albert, der direkt nach Billys Tod in die Kanzlei aufgenommen wird. Richards Begründung: Irgendjemand muss doch das Geld verdienen. Und außerdem könne er nicht immer an Billys leerem Büro vorbeigehen. Bei Cage/Fish wird LeGros sich um Kriminalfälle kümmern, damit Drehbuchautor Kelley wieder verstärkt spektakuläre Gerichtsfälle präsentieren kann.

LeGros selbst hat zwar keine besonders schönen Zähne, als Mark aber beschäftigt er sich obsessiv mit Zahnhygiene, er stellt sich sogar einen Zahnarztstuhl ins Büro und lässt vor wichtigen Plädoyers seine Zähne reinigen. Er baggert anfangs übertrieben heftig an Ally herum, die ihn so harsch abweist, dass man ein langfristiges Interesse nicht ernsthaft ausschließen kann. Privat ist LeGros nicht wirklich an Ally-Darstellerin Calista Flockhart interessiert – obwohl er Schauspieler wurde, »weil die Mädchen in der Theatergruppe eher mit mir ausgingen als die anderen«.

Sein Nachname machte es dem am 27. April 1962 in Minneapolis geborenen LeGros nicht leicht, berühmt zu werden, obwohl er in zahlreichen Kinohits auftrat – bis heute sammelt er fasziniert Falschschreibungen seines Namens, z. B. Jame McRoy, McGros, Legras …

Früher war LeGros sehr attraktiv und wurde oft mit Brad Pitt verwechselt (allerdings bekam er nie 6 Mio. Dollar pro Film). Seine Spezialität waren schöne Dummköpfe in Independent-Filmen. Inzwischen ist LeGros leider etwas schwammiger geworden, dafür spielt er diesmal keinen Dummkopf. Er lebt mit seiner Frau Kristina Loggia und dem gemeinsamen Sohn Noah in Kalifornien.

Film- und TV-Auftritte

If You Only Knew, 2000
Common Ground, 2000 (Amos)
There's No Fish Food In Heaven, 2000 (D. J.)
Border Line, 1999 (Dan Macivers)
Drop Back Ten, 1999 (Peter Barnes)
Jump, 1999 (Bicker)
Psycho, 1998 (Autohändler)

Der Staatsfeind Nr. 1, 1998 (Jerry Miller)
Thursday, 1998 (Billy Hill)
Bittere Rache, 1998 (Hunter)
Das Familiengeheimnis (Cezanne)
Pronto, 1997 (Raylan Givens)
Wishful Thinking, 1997 (Max)
Kalifornia Nightmare, 1996 (Cougar)
Eine Liebe für die Unendlichkeit, 1996 (John Wheeler)
Run Off, 1996 (Fenton Ray)
Countdown – Bombenterror in Seattle, 1996
(Lt. Michael Killip)
The Destiny Of Marty Fine, 1996
Safe, 1995 (Chris)
Panther, 1995 (Avakian)
Destiny – Hoher Einsatz in Las Vegas, 1995 (Thoreau)
Living Oblivion – Total abgedreht, 1995 (Chad Palomino)
Generation X – Don't Do It, 1994 (Dodger)
Mrs. Parker und ihr lasterhafter Kreis, 1995
(Deems Taylor)
Bad Girls, 1994 (William Tucker)
Haltlos, 1994 (John)
Straßenkinder, 1994 (Crasher)
The Low Life, 1994 (Mike, Jr.)
Singles – Gemeinsam einsam, 1993 (Andy)
My New Gun, 1992 (Skippy)
Guncrazy – Junge Killer, 1992 (Howard)
Lederjacken – Sie kennen kein Gesetz, 1992 (Carl)
Nicht ohne meinen Koffer, 1992 (Rusty)
Dunkle Erleuchtung, 1991 (Tommy)

Gefährliche Brandung, 1991 (Roach)
Blood, Drugs & Libido – Überleben in L. A./
Die Liebesdroge, 1991 (Lance)
Hollywood Heartbreak, 1990 (Carl)
Geboren am 4. Juli, 1990 (Platoon)
Drugstore Cowboy, 1989 (Rick)
Das Böse II, 1988 (Mike)
Das Wunder in der 8. Straße, 1987 (Gauner Nr. 2)
Fatal Beauty, 1987 (Zack Jaeger)
Near Dark – Die Nacht hat ihren Preis, 1987
(Teenage Cowboy)
Wahre Männer, 1987 (Buddy MacGruder)
The Ladies Club, 1986 (Jewe)
Solarfighters, 1986 (Metron)
T. V. – Total verrückt, 1984 (Parkwächter)

Autogrammadresse

James Le Gros
c/o Fox Broadcasting
Box 900
Beverly Hills, CA 90213-0900

Das Kehllappenwunder – Dyan Cannon/ Richterin Jennifer "Whipper" Cone

»Ich war total begeistert, als ich erfuhr, dass Dyan Cannon die Rolle meiner Freundin ›Whipper‹ übernimmt«, erinnert sich Richard-Fish-Darsteller Greg Germann. »Dann dachte ich: Wow, was ist mit der denn passiert, von Cary Grant über Burt Reynolds zu Greg Germann? Wie deprimierend! Aber sobald sie am Set ist, heißt es aufgepasst! Sie ist verdammt gut und deshalb muss ich auch ganz besonders gut sein!«

Dyan Cannon kam am 4. Januar 1937 als Samile Diane Friesen in Tacoma, Washington, zur Welt. Ihre erste Rolle war Dixie in »The Rise And Fall Of Legs Diamond«, 1960. Der 35 Jahre ältere Hollywoodstar Cary Grant verliebte sich in Dyan. Die beiden hatten eine heiße Affäre, die ganze Horden von Klatschkolumnisten mit Arbeit versorgte. 1962 heirateten sie. 1966 bekamen sie eine Tochter, Jennifer Grant. Jennifer ist inzwischen selbst Schauspielerin; sie war u. a. in »Beverly Hills 90210« und »Jahre der Zärtlichkeit« zu sehen. (Man beachte: David E. Kelley gab seiner Richterin »Whipper« Cone ebenfalls den Vornamen Jennifer.) 1968 ließen Grant und Cannon sich scheiden.

Dyan Cannon spielte in zahlreichen Filmen mit, wurde aber nie so berühmt wie ihr erster Ehemann. In Los Angeles ist sie vor allem für ihre regelmäßigen Besuche der Heimspiele der Baseballmannschaft L. A. Lakers bekannt. Cannon trat auch als Sängerin auf. Außerdem führte sie Regie bei dem Film »Number One«, dessen Drehbuch sie selbst geschrieben hatte, sie übernahm sogar auch den Schnitt – das brachte ihr eine zweite Oscar-Nominierung ein (die erste bekam sie als beste Nebendarstellerin in »Bob & Carol & Ted & Alice«).

Dyan ist sehr talentiert, hatte aber nie das richtige Händchen für die Auswahl ihrer Rollen. Die meisten ihrer

Filme floppten. Als Richterin »Whipper« Cone hat sie noch einmal die Gelegenheit, ihren unerschütterlichen Glauben an das Gute zu dokumentieren.

Film- und TV-Auftritte (Auszug)

Kiss Of A Stranger, 1999 (Leslie)
Diamond Girl, 1998 (Abby Montana)
Black Jaq, 1998 (Abby »Bubblin'« Browne)
Tango gefällig?, 1997 (Liz LaBreche)
8 Heads In A Duffel Bag, 1997 (Annette Bennett)
Dieser verflixte Kater, 1997 (Mrs. Flint)
Beverly Hills Family Robinson, 1997 (Marsha Robinson)
Allie & Me, 1997 (Karen Schneider)
Paranormal – Im Bann der Aliens, 1997 (Gina Fairfax)
The Rockford Files: If The Frame Fits, 1996 (Jess Wilding)
The Muppet Show, 1995
A Perry Mason Mystery: The Case Of The Jealous Jokester, 1995 (Josie Joplin)
Tödlicher Duft, 1993 (Varda Gray)
Stage Fright – Eine Gurke erobert Hollywood, 1993 (Ellen Stone)
Christmas In Connecticut, 1992 (Elizabeth)
Mitgefangen – Mitgehangen, 1991 (Rosie LaCroix)
The End Of Innocence, 1991 (Stephanie)
Rock 'n' Roll Mom, 1988 (Annie Hackett)
Caddyshack II, 1988 (Elizabeth Pearce)
She's Having A Baby, 1988 (Gastauftritt am Schluss)
Merlin und das Schwert, 1985 (Katherine)

Jenny's War, 1985 (Jenny Baines)
Master Of The Game, 1984 (Kate Blackwell)
Malibu, 1983
Having It All, 1982 (Thera Baylin)
Daddy! Daddy! Fünf Nervensägen und ein Vater, 1982 (Alice Detroit)
Das Mörderspiel, 1982 (Myra Bruhl)
Wilde Flucht nach Kalifornien, 1980 (Madie Levrington)
Honeysuckle Rose, 1980 (Viv Bonham)
Inspector Clouseau – Der irre Flic mit dem heißen Blick, 1978 (Simone Legree)
Der Himmel soll warten, 1978 (Julia Farnsworth)
Die Dame des Hauses, 1978 (Sally Stanforo)
Number One, 1976 (»nur« Regie, Drehbuch, Schnitt)
The Virginia Hill Story, 1974 (Virginia Hill)
Child Under A Leaf, 1974 (Domino)
Sheila, 1973 (Christine)
Der Spürhund, 1973 (Alexis)
Der Coup, 1972 (Lena)
The Love Machine, 1971 (Judith Austin)
Der Anderson Clan, 1971 (Ingrid)
Doctors' Wives, 1971 (Lorrie Dellman)
Such Good Friends, 1971 (Julie Messinger)
Bob & Carol & Ted & Alice, 1969 (Alice Henderson)
This Rebel Breed, 1960 (Wiggles)
Full Circle, 1960
The Rise And Fall Of Legs Diamond, 1960 (Dixie)

Autogrammadresse

Dyan Cannon
c/o Fox Broadcasting
Box 900
Beverly Hills, CA 90213-0900

Mehr als Billys Assistentin – Gina Philips / Sandy Hingle

Sandy Hingle ist wie bereits erwähnt ein typisches Wortspiel von Drehbuchautor David E. Kelley: Ein »*handy single*« ist ein leicht zu habender Single – also genau das, was Billy braucht, als er Sandy einstellt. Prompt verliebt er sich in der dritten Staffel (nach der Trennung von Georgia) auch in sie.

In den USA wurde spekuliert, ob Sandy nicht vielleicht eine Affäre mit Georgia (!) haben könnte, aber das war dann wohl doch etwas zu gewagt für die Hauptsendezeit. Gegen Ende der dritten Staffel verschwindet Sandy (vorerst?) aus der Serie. Darstellerin Gina Phillips begann direkt an die Dreharbeiten zu »Ally McBeal« anschließend mit dem Kinofilm »Nailed«, einer romantischen Komödie mit Harvey Keitel (»Pulp Fiction«). Der Film wird 2001 in die US-Kinos kommen.

Gina wurde 1971 in Miami geboren und ging auch dort zur Schule. Sie verließ die Uni nach nur einem Jahr, um Schauspielerin zu werden. Sie war bereits in erstaunlich vielen

Filmen zu sehen, u. a. »Angriff der Killerbienen« und »Wachgeküsst« (mit Holly Hunter und Danny de Vito).

Film- und TV-Auftritte

Nailed, 2001
Wachgeküsst, 1998 (Lisa)
Telling You, 1998 (Kristen Barrett)
Bella Mafia, 1997 (Rosa Luciano)
The Advocate's Devil, 1997 (Emma)
Born Into Exile, 1997 (Holly Nolan)
Schläge ins Herz, 1996 (Tammy Hegstrom)
Her Costly Affair, 1996
Danielle Steel's No Greater Love, 1996 (Alexis Winfield)
Angriff der Killerbienen, 1995 (Tracy Ingram)
Zeit der Bewährung, 1995 (Lindsay Kurtz)
Hölle auf Erden – Der Fall Laurie Kellogg, 1994 (Alicia)
Love, Honor & Obey: The Last Mafia Marriage, 1993 (Gigi)
Ermordet am 16. Juli, 1993 (Teenager-Mädchen)

Autogrammadresse

Gina Philips
c/o Fox Broadcasting
Box 900
Beverly Hills, CA 90213-0900

David E. Kelley: Der "Vater" von "Ally McBeal"

David Edward Kelley ist der im Augenblick erfolgreichste Drehbuchautor und Produzent Hollywoods (und der bestbezahlte Autor der Welt). Er arbeitete in Boston als Anwalt, schrieb in seiner Freizeit ein Drehbuch, verkaufte es, wurde als Drehbuchschreiber für »L. A. Law« angeheuert und verdiente mit 32 Jahren schon 420.000 Dollar im Jahr (das sind etwa DM 850.000). Nur wenig später steigerte er sich auf etwa 50.000 Dollar pro Woche (etwa DM 5 Mio. /Jahr) und inzwischen erreicht sein Jahreseinkommen laut »Forbes«-Magazin die stattliche Höhe von 118 Millionen Dollar (das sind knapp DM 240 Mio.). Kelley hat 10 »Emmys« im Schrank stehen, erfand »Picket Fences – Tatort Gartenzaun«, heiratete die Schauspielerin Michelle Pfeiffer, schuf die Krankenhausserie »Chicago Hope – Endstation Hoffnung«, hat zwei Kinder mit Michelle Pfeiffer (eines adoptiert), schrieb die Anwaltsserie »Practice – Die Anwälte«, erfand die Anwaltskomödie »Ally McBeal« und die Detektivinnenserie »Snoops« (schon wieder abgesetzt). Er gewann zahllose Preise (darunter mehrere »Golden Globes«), entwickelt derzeit die Highschoolserie »Boston

Public«, verdient pro Woche mehr Geld als andere Leute im Jahr ausgeben und ist immer noch mit Michelle Pfeiffer verheiratet.

Noch Fragen?

David E. Kelley sieht außerdem auch noch gut aus – er wirkt wie der Mann, mit dem Ally endlich Kinder bekommen würde. Dabei ist Kelley alles andere als eine Hollywood-Schönheit, meist trifft man ihn unrasiert, gutgelaunt und in bequem zerknitterten Klamotten. Kelley sieht aus, als sei er glücklich und zufrieden mit seinem Leben – und er hat auch allen Grund dazu!

Geboren wurde David E. Kelley 1956 in Waterville, Maine, aber aufgewachsen ist er in Boston – der Stadt, in der auch die Kanzlei Cage/Fish und die Kollegen von »Practice – Die Anwälte« ihre Heimat haben. Davids Vater Jack Kelley war Hockeytrainer (er wurde in die American Hockey Hall of Fame aufgenommen), seine Mutter Ginny liebte ebenfalls den Sport. David war ein ganz normaler US-Teenager: keine tragischen Ereignisse, keine schrecklichen Entstellungen, keine heimlich verfassten Gedichte. Alles ganz normal. Selbst mit seinen Eltern kam David gut klar.

»Was soll das heißen, du kommst mit deinen Eltern gut klar?«, fragte ihn seine zukünftige Frau Michelle Pfeiffer, als sie sich kennen lernten. »Ich dachte, entweder lügt der Typ oder er hat eine Meise. Aber dann habe ich seine Eltern kennen gelernt und alles verstanden – sie sind einfach reizend.«

David war einer der besten Schüler an seiner Highschool,

entschied sich – weil ihm nichts Besseres einfiel – für ein Jurastudium und wechselte mühelos an eine der angesehensten US-Universitäten: Princeton. (Dort studierte auch der Urvater aller modernen amerikanischen Schriftsteller, F. Scott Fitzgerald.) Da Princeton in New Jersey lag, musste David zu Hause ausziehen. An der Uni wurde er bald zum Kapitän der Hockey-Mannschaft. Einmal brach er sich bei einem Spiel die Nase, man sieht es heute noch ein wenig – nicht uninteressant. Der Schwerpunkt seines Studiums lag im Bereich Politik, da David sich brennend für Gesetze, Moral, Soziologie und die Entwicklung der Gesellschaft interessiert. All diese Themen finden sich auch in seinen Fernsehserien wieder.

Aus Spaß verfasste David seine Abschlussarbeit über die amerikanische Verfassung in Form eines Theaterstückes. Darin tritt das Recht zur freien Rede als ein Mann mit großem Mund auf, der ewig vor sich hin plappert. Das Recht auf Waffenbesitz ist ein Kerl, der dauernd mit seinen Knarren angibt, und das Recht des Staates, über alle ungeregelten Fragen zu entscheiden, ist ein Mensch ohne jedes Selbstbewusstsein. Exzentrische Typen, wie sie auch in »Picket Fences – Tatort Gartenzaun« oder »Ally McBeal« auftreten könnten.

Die ungewöhnliche Arbeit musste von zwei Professoren beurteilt werden. Der Politik-Prof gab David ein B (entspricht einer Zwei), aber der Englisch-Professor gab ihm ein A (eine Eins).

Anschließend wechselte David an die Boston University School of Law in seiner Heimatstadt. Dort lernte er seine zukünftigen Kollegen kennen: geldgeile Haie wie Richard Fish, sympathische Wirrköpfe wie John Cage und herzensgute Idealisten wie Bobby Donnell in »Practice – Die Anwälte«. David schrieb Sketche für Studentenpartys, war aber davon abgesehen weiterhin ein gradliniger, ehrgeiziger, erstklassiger Student. Nach dem Uniabschluss ging er zu der 50-köpfigen Kanzlei Fine & Ambrogne, wo er Zivilrecht praktizierte. Beispielsweise zählte auch ein Transportunternehmen zu seinen Mandanten, und wann immer ein Busfahrer Ärger bekam, stand David ihm bei sämtlichen Verhandlungen zur Seite. Jahre später benutzte Kelley die Namen seiner ehemaligen Kollegen bei Fine & Ambrogne spaßeshalber als Richter, Räuber, Vergewaltiger.

»Ich habe gedacht, Anwalt sein wäre spannender«, gibt David E. Kelley inzwischen zu. David verdiente 70.000 Dollar pro Jahr und hätte zweifelsohne Jura-Karriere machen können. Stattdessen aber verfasste er in seiner Freizeit und beim Warten vor Gericht das Drehbuch zu einem Kriminalfilm, dessen Held durchaus schon an den skurrilen John Cage erinnert. David schrieb die erste Fassung auf gelben Notizblöcken. Für die zweite Fassung investierte er 1.200 Dollar in einen PC. Er tippte mit zwei Fingern und nannte sein Werk »From the Hip«. David gab sein Drehbuch einem Mandanten zu lesen, der gerade eine neue Filmfirma gründete. Dem gefiel das Script und er bot David eine Option auf Verfilmung an – David dürfe das Drehbuch ein Jahr lang keinem anderen anbieten und bekäme dafür einen (recht geringen) Betrag. Er war einverstanden.

Der Film war noch nicht gedreht, da suchte sich Kelley schon einen Hollywood-Agenten: Marty Adelstein. Adelstein sollte versuchen, neue Drehbuchaufträge für David zu ergattern, dafür bekam er zehn Prozent der Einnahmen.

Produzent Steven Bochco (»Hill Street Blues«) entwickelte damals gerade das Konzept für die TV-Serie »L. A. Law«. Er mochte Davids Stil in »From the Hip« und lud den jungen Anwalt nach L. A. ein. Davids Vorteil: Er konnte einigermaßen schreiben *und* kannte sich mit Jura aus. David nahm unbezahlten Urlaub bei Fine & Ambrogne, zog nach Los Angeles und begann, Drehbücher zu verfassen.

Wenig später erfuhr er, dass »From the Hip« tatsächlich gedreht würde. Als Honorar bekam er 150.000 Dollar (rund DM 300.000) – der PC-Kauf hatte sich also gelohnt! Der Film hieß auf Deutsch »Karriere mit links« und war ein Flop. Kommentar Kelley: »Ein schrecklicher Film! Aber dem Drehbuch verdanke ich die Chance, für ›L. A. Law‹ zu schreiben – und das lief deutlich besser!«

David E. Kelley ging durch die harte Schule des Schreibens. Seine ersten Drehbücher folgten noch den von den Produzenten vorgegebenen Storys und waren trotzdem schrecklich – langweilig, langatmig, unlogisch. Die Produzenten gingen jedes Script Seite für Seite mit ihm durch. David nahm sich ihre Ratschläge zu Herzen. Mit jedem Drehbuch wurde er besser. Und je schriller die Fälle wurden, mit denen die Anwälte in »L. A. Law« sich herumschlugen, desto besser gefielen sie Kelley. Wie später auch bei »Picket Fences – Tatort Gartenzaun«, »Practice – Die Anwälte« und »Ally McBeal« lag seine Stärke darin, völlig absurde Handlungsstränge glaubwürdig miteinander zu verweben. Viele Kleinigkeiten in »Ally McBeal« (der Unisex-Waschraum, »Happy« Boyles Faszination für Zähne, Richards Kniekehlen-Sextrick, der Mini-Anwalt Oren) lassen sich zurückverfolgen in diese ersten Jahre David E. Kelleys in Hollywood.

1992 verabschiedete Kelley sich von »L. A. Law«. Er war seit zwei Jahren in der Stadt, »aber ich war höchstens dreimal am Strand und kann immer noch nicht surfen«, gab er zu. Er hatte sich vom Drehbuchautor zum Produzenten hochgearbeitet. Die »New York Times« jubelte: »Wenn jemand die Story von David E. Kelleys Karriere bei ›L. A. Law‹ unterbringen wollte, würde das Script abgelehnt – zu unglaubwürdig!«

Doch es sollte noch viel besser kommen. Stephen Bochco, Davids Chef bei »L. A. Law«, bat Kelley, mit ihm zusammen eine neue Serie zu entwickeln: »Doogie Howser, M. D.«; die Arztserie wurde ein großer Erfolg.

Der TV-Sender CBS nahm ihn daraufhin für drei neue Serien unter Vertrag und betonte: »Wir sind überzeugt, dass David E. Kelley der kommende TV-Serien-Superstar ist!«

David hatte sich derweil seine erste Hollywood-Schauspielerin geangelt: Marlee Matlin (»Gottes vergessene Kinder«). Die beiden trennten sich allerdings 1991 wieder.

1992 dann startete David E. Kelley endlich seine erste eigene Serie: »Picket Fences – Tatort Gartenzaun«. Er erfand alle Figuren, schrieb alle Drehbücher und produzierte die Serie auch noch. »Picket Fences« war eine zynische, witzige Story, die allerdings die US-Zuschauer komplett überforderte – »wenn man von einer ›Perry-Mason‹-Wiederholung geschlagen wird, ist das schon frustrierend«, gab Kelley zu. Kritiker und europäische Zuschauer hingegen waren begeistert von dem schrägen Mix aus »Twin Peaks« und »Ausgerechnet Alaska«. Eine weitere Eigenheit, die später auch in »Ally McBeal« wiederkehrt: David schrieb schon in »Picket Fences« gern über fette Menschen, die im US-TV fast nie zu sehen sind. Typisch Kelley: In »Picket Fences« tötet eine dicke Frau ihren Mann, indem sie sich auf ihn setzt.

Weil »Picket Fences – Tatort Gartenzaun« keinen rechten Erfolg hatte, war David E. Kelley auf der Suche nach einer massenwirksamen Idee. Stattdessen aber traf er die Frau seiner Träume.

Michelle Pfeiffer war bereits ein etablierter Kinostar (»Batmans Rückkehr«, »Frankie und Johnny«, »Die fabelhaften Baker Boys«, »Gefährliche Liebschaften«). Nach ihrer Scheidung von Serienstar Peter Horton (»Thirtysomething«) hatte sie sich auch von Schauspieler Fisher Stevens (»Nummer 5 gibt nicht auf«) getrennt. Michelle war 35 und hörte ihre biologische Uhr immer lauter ticken. Gemeinsame Freunde arrangierten daher ein Blind Date für Michelle und David, bei dem die beiden bowlen gingen. Wenige Tage später rief David an und lud Michelle ins Kino ein. Sie gestand ihm, dass sie einen Antrag auf Adoption eines Babys gestellt habe. »Ich dachte mir, das sage ich ihm mal besser gleich«, erinnert sie sich. Die Taufe von Baby Claudia war für den 13. November 1993 geplant. David war begeistert.

Michelle Pfeiffer verschickte siebzig Einladungen zur Taufe an Freunde und Verwandte. Einen Tag vor dem Fest rief sie alle Gäste an und verkündete aufgeregt: »Überraschung! Wir heiraten morgen!« Claudia Rose Kelley trug daher von Anfang an Kelleys Familiennamen – und angeblich sorgten David und seine frisch vermählte Gattin Michelle Pfeiffer gleich in der Hochzeitsnacht für den eigenen Nachwuchs! Fest steht nur: Im August 1994 kam der gemeinsame Sohn John Henry zur Welt; zeitlich passt das.

Michelle ist immer noch total verliebt in ihren Mann David: »Er ist so süß!«, freut sie sich, und außerdem schickt er ihr fast jeden Tag Blumen, meist Gardenien – in den USA ein kostspieliges Vergnügen. »Ich muss mich immer noch jeden Tag zwicken«, fährt Michelle fort, »und wenn ich irgendwo mit ihm hingehe, dann bin ich die glücklichste Frau im ganzen Saal!«

Wie geht das?, fragen sich die Neider nun und vermuten, dass David E. Kelley die Tage, Nächte und Wochenenden im Studio verbringt, Drehbücher schreibt, Serien produziert und Karriere macht – aber dem ist nicht so. »Mein Leben ist furchtbar langweilig, ich gucke wenig Fernsehen, und um halb zehn bin ich im Bett«, sagt er. Die Wochenenden verbringt er zu Hause. Und »er kann sich hinsetzen und zwanzig Minuten schreiben, dann badet er die Kinder, liest ihnen eine Gutenachtgeschichte vor und danach schreibt er weiter«, staunt Michelle Pfeiffer immer noch.

Aber auch David liebt und bewundert seine Frau, und es gilt in der Branche als offenes Geheimnis, dass »Ally

McBeal« ihr gemeinsames TV-Baby ist. Dafür spricht nicht zuletzt die offensichtliche Ähnlichkeit von Calista Flockhart und Michelle Pfeiffer. David sah Michelle vor sich, als er die Dialoge schrieb, und dementsprechend besetzte er die Rolle auch.

»Picket Fences – Tatort Gartenzaun« war kein großer Erfolg, aber die Programmplaner bei CBS glaubten an David E. Kelley und baten ihn, eine weitere Serie zu entwickeln. Er erfand »Chicago Hope – Endstation Hoffnung«. Er dachte sich: Arztserien laufen immer gut, außerdem würde er nicht alle Folgen selbst schreiben müssen, weil ihn Arztserien nicht sonderlich interessierten und er deshalb leichter loslassen könnte. Denn das war (und ist) Davids größtes Problem: Er erfindet und produziert eine Serie, aber er kann nicht aufhören und schreibt dann auch noch alle Drehbücher für die 20 bis 22 Folgen einer Staffel höchstpersönlich.

Im Herbst 1994 startete »Chicago Hope – Endstation Hoffnung«, verlor aber den Quotenkrieg gegen »Emergency Room – Helden im O. P.«. Die Kritiker liebten »Chicago Hope« und die schrulligen Figuren in der Serie (u. a. Peter MacNicol als Anwalt Alan Birch; eindeutig ein Vorläufer von John Cage in »Ally McBeal«). Die Zuschauer(innen) aber wollten lieber George Clooney sehen.

David E. Kelley war enttäuscht. Deswegen schrieb er nicht nur – wie geplant – die ersten sechs Folgen, sondern entschied sich, die Serie die ganze erste Staffel über zu begleiten. Was hieß: Er schrieb 1994/1995 20 Drehbücher für »Picket Fences – Tatort Gartenzaun« und 20 Drehbücher für »Chicago Hope – Endstation Hoffnung«! Weil die Serien beim selben Sender liefen, konnte David sogar eine so genannte Crossover-Folge schreiben, in der Dr. Jill Brock mit dem Anwalt Douglas Wambaugh ins Krankenhaus Chicago Hope fährt.

Zufällig traf Kelley im gleichen Herbst auf dem Parkplatz der 20th. Century Fox Chris Carter, den Erfinder, Produzenten und Drehbuchautor von »Akte X«. Die beiden mochten sich und beschlossen, eine Crossover-Folge zwischen »Akte X« und »Picket Fences – Tatort Gartenzaun« zu schreiben. David Duchovny, der »Akte X«-Hauptdarsteller, sollte in »Picket Fences« nach einer Kuh mit Alien-Genen suchen. Davids Haussender CBS lehnte den Vorschlag allerdings ab, denn »Akte X« lief auf einem anderen Sender. Statt den Erfolg von »Akte X« zu nutzen und die Zuschauer auf »Picket Fences« aufmerksam zu machen, pochten sie auf das Kleingedruckte in den Verträgen. Trotzig schrieb David Kelley den »Akte-X«-Star wieder aus der Folge heraus, ließ aber alles andere unverändert.

Dennoch blieb der ersehnte Erfolg beider Serien (»Chicago Hope – Endstation Hoffnung« und »Picket Fences – Tatort Gartenzaun«) aus, und David E. Kelley verschaffte sich eine Atempause, indem er sich von beiden Serien zurückzog und nur mehr als Berater auftrat. (1999 kehrte er allerdings kurzzeitig als Drehbuchschreiber zu »Chicago Hope« zurück, um die Serie aus einem neuen Tief zu holen.) Erst dreieinhalb Jahre nach dem Start von »Chicago Hope – Endstation Hoffnung« ging seine nächste Serie auf Sendung: »Practice – Die Anwälte« (startete im Sommer 2000 in Deutschland auf Pro7).

Zwischendurch hatte David einen Kinofilm gedreht: »Schatten einer Liebe«. Er schrieb das Drehbuch nach einem Theaterstück von Michael Brady (»To Gillian On Her 37th. Birthday«), er produzierte ihn selbst und Gattin Michelle Pfeiffer übernahm die Hauptrolle. Der Film kam 1996 in die Kinos, er war kitschig und wurde als Abklatsch von »Ghost – Nachricht von Sam« kritisiert.

Nach den Ausflügen in Nachbarschaftsstreitigkeiten und Notaufnahmen konzentrierte David sich wieder auf das Thema, von dem er am meisten verstand: Jura. »Gesetze sind interessant. In ihnen liegt alles, Richtig und Falsch, Gut und Böse«, hatte Steven Bochco ihm Jahre zuvor bei »L. A. Law« eingebläut – und er hatte Recht. Also erfand Kelley »The Practice« (wörtl.: »Die Kanzlei«) mit Bobby Donnell (Dylan McDermott). Das Prinzip der Serie: krasse Fälle, viele rechtliche Tricks, ein sympathisches und einigermaßen realistisches Team. »Practice – Die Anwälte« ist praktisch der Negativabzug der (zu diesem Zeitpunkt noch gar nicht vorhandenen) Kanzlei Cage/Fish aus »Ally McBeal«. Kein Fall ist zu aussichtslos, kein Honorar zu gering, um dafür zu kämpfen. Bobby Donnell ist Anwalt, um der Gerechtigkeit zum Sieg zu verhelfen!

Der TV-Sender ABC wollte »Practice – Die Anwälte« unbedingt im Herbst 1996 starten, aber David lehnte ab, weil die Serie dann am Donnerstag gegen »Seinfeld« oder »Emergency Room – Helden im O. P.« antreten müsste – zwei absolute Hits, gegen die nichts und niemand eine Chance hätte. Kelley und ABC einigten sich auf einen Starttermin zur Halbzeit der Serien-Saison, im März 1997. Kelley unterschrieb für acht Folgen, die im direkten Anschluss an »NYPD Blues« laufen sollten – die neue Serie von Davids altem Freund und Mentor Steven Bochco.

Der Hauptanziehungspunkt bei »Practice – Die Anwälte« war – neben den packenden Storys – Hauptdarsteller Dylan McDermott. Producer Jeffrey Kramer befand zufrieden: »Frauen unter 40 wollen ihn heiraten und Frauen über 40 wollen ihn adoptieren.«

Als am 4. März 1997 der Pilotfilm lief, hatte David Kelley bereits mit der Arbeit an einer neuen Serie begonnen: »Ally McBeal«. Vonda Shepard und Calista Flockhart waren sogar schon unter Vertrag genommen. »Picket Fences – Tatort Gartenzaun« war abgesetzt worden. Bei »Chicago Hope – Endstation Hoffnung« war er nur noch Berater und schaute alle paar Wochen auf dem Set vorbei.

Auch »Practice – Die Anwälte« hatte Anlaufschwierigkeiten. ABC verschob die Serie daher auf den Samstag – in den USA der schlechteste TV-Abend überhaupt. Kelley kochte vor Wut, blieb der Serie aber dennoch treu. Im Herbst 1997 verlegte ABC die Serie erneut auf Montagabend, mittlerweile läuft »Practice – Die Anwälte« am Sonntagabend.

Im Herbst 1997 startete dann »Ally McBeal«. Wiederum schrieb David E. Kelley die Drehbücher für zwei Serien parallel, bloß waren es diesmal beides Anwaltsserien. Die Programmplaner von 20$^{th.}$ Century Fox hatten David E. Kelley gebeten, für sie ebenfalls eine Serie zu entwickeln. Zielgruppe waren Frauen zwischen 18 und 34. Fox wollte nach »Melrose Place« eine weitere einstündige Serie ausstrahlen. Kelley fand die Aufgabe reizvoll und schuf »Ally

McBeal« – denn was könnte junge Frauen mit einer mehr oder weniger erfolgreichen Karriere und Männerproblemen stärker interessieren als eine andere junge Frau mit einer mehr oder weniger erfolgreichen Karriere und Männerproblemen? David E. Kelley erkannte schon damals den wichtigsten Erfolgsfaktor der Serie: »Ally ist stark genug, schwach zu sein.« David nutzte Spezialeffekte und Voice overs, um Allys Gedanken sichtbar zu machen. Von Anfang an war »Ally McBeal« als Mix aus Komödie und Drama gedacht, allerdings standen zu Beginn noch die Fälle im Vordergrund, während es inzwischen Folgen ganz ohne Mandanten und Gerichtsszenen gibt.

Kelley kam es keineswegs komisch vor, eine Frauenserie zu schreiben: »Ich finde es nicht schwer, Dialoge für Frauen zu schreiben. Es ist genau wie für Männer. Im Grunde sind Männer und Frauen nicht so unterschiedlich, wie viele Leute denken. Ich suche einfach nach den Stärken und den Schwächen der einzelnen Figuren, und dann schreibe ich. Ich finde es unterhaltsam, eine Person zu beschreiben, die nicht immer nur nett und durchdacht handelt, sondern spontan und manchmal geschmacklos, dann aber auch wieder heldenhaft sein kann.«

David E. Kelley hat alle wichtigen Rechts-Newsletter abonniert und lässt sich (vor allem für »Practice – Die Anwälte«) von wahren Fällen inspirieren. »Der Großteil der Storys aber entspringt meiner verrückten Fantasie«, gesteht er grinsend. »Und manchmal treffe ich dann auch noch durchgeknallte Anwälte, die mir noch mehr Munition verschaffen.«

Nach wie vor übrigens schreibt David linkshändig mit einem »Paper-Mate«-Kugelschreiber auf gelben Notizblöcken, allerdings muss er seine Drehbücher inzwischen nicht mehr im zwei-Finger-Adler-such-System selbst abtippen. Alle zwei Tage hat er die Rohfassung eines neuen Drehbuchs fertig. »Gott sei Dank kann meine Sekretärin meine Handschrift lesen«, grinst er. »Ich erledige all meine Arbeit im Studio und nehme nie etwas mit nach Hause. Das habe ich von meinem Dad gelernt: Auf dem Spielfeld war er Trainer, daheim war er bloß Dad!«

»Ally McBeal« hatte überraschend schnell großen Erfolg. Spätestens nach Folge 1.12 (»Das Tier im Manne«) mit dem computeranimierten »Dancing Baby« sprach ganz Amerika über die Serie. Unzählige Frauen kauften Allys Schaf-Schlafanzug von Nick & Nora (den übrigens sowohl Calista Flockhart als auch Michelle Pfeiffer privat tragen). Frus-

Schlafen wie Ally!

In den USA wird der Schlafanzug über die Nobelkaufhausketten "Bloomingdale's" und "Nordstrom's" vertrieben. Er war eine Weile ausverkauft, ist aber derzeit wieder im Handel. Er ist auch über die offizielle "Ally McBeal"-Website http.//www.fox.com/allymcbeal/default.htm ("Merchandise" anklicken) zu bestellen. Dort soll es bald auch Notizblöcke mit Allyismen und andere witzige Kleinigkeiten geben.

triert maulte Dylan McDermott: »Sie haben das geschafft, worauf wir bei ›Practice – Die Anwälte‹ gehofft haben. Wir mussten drei Jahre auf den Erfolg warten, ›Ally McBeal‹ war von Anfang an ein Hit!« Aber auch »Practice – Die Anwälte« hat inzwischen Erfolg und gewann zahlreiche Preise, darunter den begehrten »Emmy Award«!

Immer wieder verknüpft Kelley seine Erfolgsserien: So schaute Schauspieler Mark Harmon in einer Folge von »Chicago Hope – Endstation Hoffnung« (wo David E. Kelley immer noch Berater ist) im Vorbeigehen auf einen Fernseher. Darauf ist John Cage aus »Ally McBeal« zu sehen – Peter MacNicol, der einst den Anwalt in »Chicago Hope« gespielt hatte. Harmon bemerkt beiläufig: »Hey, der Typ kommt mir irgendwie bekannt vor.«

Von ähnlichem Humor zeugt Kelleys Ankündigung, zu Weihnachten 1999 würden die Zuschauer erfahren, »dass Ally ihre kleine Schwester mit einem Hammer erschlagen hat – war nur Spaß!«.

Witzig auch die Geschichte vom Mini-Abspannspot der »DEK Productions«, in dem eine alte Frau aus dem Schaukelstuhl gestoßen wird und schimpft: »*You stinka!*« (»Du Stinker!«) Kelley: »Das ist tatsächlich meine 97-jährige Großmutter Mildred, bei der ich lebte, während ich zur Uni ging; sie hat mich früher immer ihren kleinen Stinker genannt.«

Mittlerweile hat David E. Kelley zwei weitere Kinofilme verfasst und produziert – »Lake Placid« und »Mystery, Alaska« – die aber nicht an den Erfolg seiner TV-Serien heranreichen. Ende 1999 startete »Snoops«, eine neue

Serie um die Detektivin Glenn Hall, die aber nach wenigen Folgen mangels Zuschauerinteresse wieder abgesetzt wurde. Auch dies ist ein für David E. Kelley typischer Fall: Entweder seine Ideen sind eigenwillig und klasse – und faszinieren zahllose Zuschauer. Oder sie sind einfach nur eigenwillig und interessieren außer ihm kaum jemanden. Gerade diese Unberechenbarkeit macht den Charme seiner Erfolgsserien aus!

Etwa zeitgleich mit »Snoops« startete »Ally«, ein knapp 30-minütiger Zusammenschnitt aus alten »Ally-McBeal«-Folgen. Die Mini-Serie wurde ausschließlich aus kommerziellen Gründen produziert, denn 30-Minuten-Komödien lassen sich international besser vermarkten. »Es war wahrscheinlich das erste Mal«, gibt Kelley zu, »dass ich eine rein geschäftliche Entscheidung getroffen habe.« Prompt floppte die Serie in den USA; die letzte Folge von »Ally« lief am 28. Dezember 1999, die Serie wurde ersatzlos gestrichen. Kommentar David E. Kelley: »Mit den Jahren bin ich älter und klüger geworden, ich bin bloß nicht sicher, ob man das den Drehbüchern anmerkt.«

Angeblich soll im Herbst 2000 – direkt vor »Ally McBeal« – Davids neue Highschool-Serie »Boston Public« starten. (Der Arbeitstitel von »Boston Public« lautete übrigens »The Faculty«.) Zudem unterschrieb Kelley gerade einen langfristigen »*first-look*«-Deal mit Fox Communications, was heißt: Fox bezahlt Kelley eine Menge Geld, um die nächsten fünf bis sechs Jahre lang all seine Ideen zuerst zu erfahren. Ob man sich dann handelseinig wird, ist eine ganz andere Frage. Jedenfalls bekommt »der

Goethe unter den TV-Autoren« (so »TV-Spielfilm«) jetzt erst mal 300 Millionen Dollar Garantiehonorar, womit er zum bestbezahlten Autor der Welt avanciert.

Kelleys aktueller Traum: »Ich würde gern einmal wirklich in meiner Heimatstadt Boston drehen. Deswegen spielen all meine Serien dort, weil ich immer hoffte, dort auch zu drehen. Bisher können wir immer nur die Luftaufnahmen in Boston machen, der Rest wird hier in Hollywood gedreht. Aber vielleicht ist es ja eines Tages soweit?«

Bei »Practice – Die Anwälte« ist David E. Kelley inzwischen nur noch Produzent und Mastermind, aber für sein Lieblingskind »Ally McBeal« schreibt er immer noch alle Drehbücher selbst. Er sagt: »Ich muss noch lernen, zu delegieren und nicht alles selber machen zu wollen.« Denn: »Die Zuschauer sollen mich nicht als Fernsehproduzent in Erinnerung behalten, sondern als guten Familienvater und Ehemann.« Aber vielleicht liegt das Geheimnis seines Erfolges auch gerade darin, seine Zuschauer viel ernster zu nehmen als jeder andere TV-Autor oder Produzent. »Man sollte nicht vergessen«, gibt David E. Kelley zu bedenken, »dass die Menschen, die eine Serie anschauen, ihre wichtigsten Erfahrungen ganz bestimmt nicht beim Fernsehen machen.«

Sondern genau wie er selbst: zu Hause, bei Michelle Pfeiffer und den Kindern!

Ally und die Männer

Ally ist immerzu auf der Suche nach »Mr. Right«. In der dritten Staffel fasst sie ihre Anstrengungen pointiert zusammen: »Ich date nicht wirklich, ich bitte Männer zum Vorsprechen für die Rolle als Ehemann und Vater meiner Kinder. Wenn sie nicht infrage kommen, bin ich nicht interessiert.«

Die Männer, mit denen Ally (mehr oder weniger lange) zusammen war oder zumindest ausging, sind eine lustige, entlarvende Sammlung:

☆ **Billy Alan Thomas** ist Allys erste große Liebe. Die beiden waren schon als Kinder beste Freunde. Er verließ Ally für seine Frau Georgia. Dennoch ist es kein Zufall, dass Drehbuchautor David E. Kelley den beiden Ex-Lovern die wortwörtlich »nahe liegenden« Namen Ally und Billy gab! In den ersten beiden Staffeln arbeiten Ally, Billy und Georgia alle bei Cage/Fish. In der dritten Staffel trennen Billy und Georgia sich. Billy ist wieder frei, aber Ally ist nicht mehr wirklich an ihm interessiert. Bis er mit einem Knall aus der Kanzlei (und der Serie) ausscheidet ...

☆ Mit dem verheirateten Professor **James Dason** hatte

Ally im dritten Studienjahr eine heiße Affäre. Als er stirbt, bittet seine Witwe sie, die Grabrede zu halten.

☆ **Ron Cheanie** ist ein Mandant, wird mit Ally aber nicht so recht warm und küsst sie daher nur auf die Wange. Ally ist beleidigt.

☆ **Jason Roberts** kleckert sich Salatsoße aufs Kinn und disqualifiziert sich dadurch selbst. (In ihrer Fantasie sieht Ally sein ganzes Gesicht voller Jogurtsoße vor sich.)

☆ **Rabbi Stern** ist Allys feindseliger Zeuge vor Gericht, aber seine Prinzipientreue imponiert ihr. Allerdings ist er nicht sexy genug.

☆ **»Gummibärchen« John Cage** war mal in Ally verliebt, als sie nicht wollte. Später träumt sie, er sei »der Richtige«, aber da ist er schon längst mit Nelle zusammen. Schade eigentlich – die beiden sind verrückt genug füreinander.

☆ Mit **Nacktmodel Glenn** erlebt Ally zwei sehr zufrieden stellende »One-Night-Stands«, aber Glenn hat Angst vor erfolgreichen Frauen.

☆ Anwaltskollege **Bobby Donnell** (aus der Co-Serie »Practice – Die Anwälte«) ist sehr sexy, aber leider anderweitig engagiert.

☆ **Jason Trashem** ist 16, trägt einen drolligen Nachnamen (»*trash 'em*« ist die Abkürzung für »macht sie fertig«) und Ally fantasiert vor Gericht von Sex mit dem leckeren Bübchen. Aber daraus wird vor lauter Anstand dann doch nichts.

☆ **George Madison** ist ein Mandant und zudem Elaines

Freund, deshalb weist Ally seine Avancen zurück. Er ist sowieso zu feist für sie.

- ☆ **Fitzy** ist schrill, anhänglich, nervig und doof – die Karikatur des typischen, unsäglichen Versager-Dates!
- ☆ **Wallith Pike** ist ebenso nervig wie Fitzy, aber zudem auch noch überzeugter Moralist. Ganz schreckliches Blind Date!
- ☆ Die **Aufblaspuppe** ist immer da, wenn Renée oder Ally Trost brauchen, aber ganz das Wahre ist der Kerl auch nicht.
- ☆ Der Arzt **Dr. Greg Butters** hätte der Richtige sein können und Ally führte die nach Billy längste Beziehung ihres Lebens mit ihm. Doch die Romanze gerät immer wieder ins Stocken und irgendwann ist sie einfach Geschichte: genau wie im richtigen Leben.
- ☆ Mit Lings Begleitservice-Leihgabe **Kevin White** wollte Ally nur Greg eifersüchtig machen, allerdings liebt er schon Bimba. Deshalb verknallt Ally sich trotzig in Kevin, der aber zu professionell für eine Liaison mit einer Kundin ist.
- ☆ Dem hippen **Dennis** fährt Ally hinten rein, um ihn kennen zu lernen, aber er entpuppt sich als Idiot und lacht außerdem wie ein Schwein.
- ☆ Den **Richter Kevin Hammond** lernt Ally im Coffeeshop kennen. Sie kippt ihm Kaffee über den Kopf. Er ist bisexuell. Schade auch!
- ☆ Der junge **Chris** gibt sich beim Cybersex als 33-jähriger als (Ally hingegen behauptet, sie sei 25). Dummerweise ist Chris in Wirklichkeit erst 16 …

☆ Der britische Anwalt **Brian Selig** taucht erst gegen Ende der dritten Staffel auf – aber dann funkt es zwischen Ally und ihm auch gleich gewaltig. Und man gönnt es ihr und freut sich für die beiden, denn Brian ist wirklich süß!

McBealismen: Allys beste Sprüche

„Liebe und Jura sind sich ähnlich. Vom Konzept her romantisch, aber die alltägliche Praxis kann einem Magenschmerzen verursachen."

(Folge 1.01)

„Männer sind wie Kaugummi, wenn man sie länger kaut, verlieren sie den Geschmack."

(Folge 1.01)

„Heute wird der Tag … weniger schlimm. Ich spüre es. Manchmal wache ich auf und weiß einfach, dass heute alles … weniger schlimm sein wird."

(Folge 1.01)

„Manchmal bin ich überzeugender, wenn ich nicht überzeugt bin."

(Folge 1.01)

„In Wirklichkeit will ich wahrscheinlich gar nicht zu glücklich oder zufrieden sein. Denn was wäre dann? Eigentlich gefällt mir dieser Zustand, diese Suche. Genau darin liegt der Spaß. Je schlechter es einem geht, umso mehr gibt es, worauf man sich freuen kann. Wer hätte das gedacht? Es geht mir richtig gut, ich hab's bloß nicht gemerkt." (Folge 1.01)

„Wo steht denn, dass Frauen sich nicht gelegentlich wie Männer benehmen können? Ich habe ein schönes Stück Fleisch gesehen und mir gesagt, du lebst nur einmal, sei ein Mann!"

(Folge 1.02)

„Wer behauptet, es gebe immer noch genug andere auf der Welt, der lügt. Denn manchmal gibt es nur den einen. Glaub mir."

(Folge 1.02)

„Wahrscheinlich will ich daran glauben, dass es klappen kann. – Liebe, Zweierbeziehungen, Partnerschaften. Die Vorstellung, dass sich zwei Menschen für immer füreinander entscheiden. Ich muss das mitnehmen können, wenn ich abends ins Bett gehe, selbst dann, wenn ich allein ins Bett gehe. Das ist ein McBealismus."

(Folge 1.02)

„Ich bin immerhin ein Sexobjekt, er hätte mich ruhig ein bisschen befummeln können."

(Folge 1.03)

„Ich hab mir mein Leben lang gewünscht, einmal reich zu sein und Erfolg zu haben und drei Kinder zu Hause und einen Mann, der abends auf mich wartet, um mir die Füße zu massieren. Und sieh mich mal an, sieh dir an, wie ich … Mir gefallen nicht mal meine Haare!"

(Folge 1.03)

„Es ist so eine Sache mit Trauerfeiern, der Ehrengast ist immer tot."

(Folge 1.04)

„Man sollte sein Leben in die Reinigung geben können und es dann schön sauber, gefaltet und ordentlich zurückbekommen."

(Folge 1.05)

„Ich bin menschlich, ich bin sensibel, ich bin schuldig. Außerdem habe ich gerade meinen Eisprung."

(Folge 1.05)

„Ich wollte nicht, dass sie stürzt. Sie sollte bloß straucheln."

(Folge 1.05)

“Manchmal habe ich Lust, mich von der Gesellschaft loszusagen und als Penner weiterzuleben. Aber dann hätte ich keine Gelegenheit, meine Kostüme zu tragen.”
(Folge 1.05)

“Manchmal müssen wir einfach unsere Möglichkeiten betrachten und die beste davon wählen.”
(Folge 1.06)

“Eigentlich habe ich mehr Glück als die meisten Menschen. Ich darf mich jeden Morgen beim Aufwachen auf den neuen Tag freuen und darüber, dass ich den vergangenen hinter mir habe.”
(Folge 1.09)

“Wir könnten die Gesellschaft verändern. Immerhin besteht sie aus mehr Frauen als Männern. Und wenn Frauen die Gesellschaft wirklich verändern wollten, könnten sie es tun. Ich habe vor, sie zu verändern, ich will nur vorher einen Mann finden.”
(Folge 1.11)

“Renée, selbst wenn ich meine ganzen Probleme beseitige, dann nur, um mir gleich wieder neue zu suchen. Ich habe meine Probleme gern, so bin ich nun mal.”
(Folge 1.16)

„Ich schaue mir Eishockey nicht an.
Ich finde es grausam, Männer so zu verkleiden
und auf einander einschlagen zu lassen."
(Folge 1.18)

„Hören Sie, ich zahle nicht dafür,
mich beschimpfen zu lassen. Ich hab eine Mit-
bewohnerin, die das umsonst macht."
(Folge 1.18)

„Ich bin es gewohnt, sitzen gelassen zu werden.
Ich verspüre keinen Schmerz, sondern Nostalgie."
(Folge 1.19)

„Einen so toten Menschen
habe ich noch nie gesehen."
(Folge 1.20)

„Nur damals, als du mich verlassen hast,
da habe ich gebetet, lass mich wenigstens vor
ihm verheiratet sein, und wenn nicht, dann lass mich
wenigstens vor ihm Kinder haben, und wenn nicht,
dann lass mich wenigstens vor ihm sterben! Und jetzt
fürchte ich, dass sich bloß der dritte Wunsch erfüllt."
(Folge 1.21)

“Immer wenn ich deprimiert bin,
mache ich meine Röcke kürzer.
Wenn sich nicht bald was ändert,
werde ich bestimmt verhaftet.”

(Folge 1.23)

“Man stirbt nur einmal!”

(Folge 2.02)

“Nonnen dürfen mit niemandem schlafen.
Außer mit, Sie wissen schon, anderen Nonnen.”

(Folge 2.07)

“Vergib mir, Vater. Ich bin nur zu einem Viertel
katholisch, das ist meine erste Sünde.”

(Folge 2.07)

“Es ist keine Sünde, Männer zu lieben.
Es ist nur schmerzhaft.” (Folge 2.07)

“Glück bedeutet,
mit etwas ins Bett zu gehen, das dich wärmt
und woran du dich kuscheln kannst. Ich hab nur
gerade nichts anderes als einen Pyjama.”

(Folge 2.10)

„Wie kannst du so was nur aus deinem Mund rutschen lassen? Kannst du denn nicht dein Hirn als Filter benutzen?“

(Folge 2.11)

„Es ist immer das gleiche, Elaine. Ich will nicht das, was ich will. Und ich will das, was ich nicht will. Und um es noch komplizierter zu machen, im Moment weiß ich nicht, was ich will oder nicht will.“

(Folge 2.15)

„Wenn Männer sich mit einem ›Nein‹ nicht abfinden, wenn sie beharrlich sind, dann halten wir das für romantisch. Wir machen Filme über sie. Aber wenn es eine Frau ist, wird sie von Glenn Close gespielt.“

(Folge 2.20)

„Hier geht es darum, dass ich einen Partner will, ist das klar? Einen Partner, der mit mir das Leben teilt. Und da ich nun mal heterosexuell bin, beschränkt das die Wahl auf Männer, d. h. wenn ich Sex haben will. Und das will ich. Ich will Sex! Und wenn man mich deshalb als schwach ansieht, Pech, dann bin ich eben schwach. Ich will einen Partner! Ich will Sex! Ich will ein Haus mit Möbeln. Ich will ein Baby. Ich will das alles haben! Ich will dick werden! Ich will Umstandskleider tragen. Ich will meine Beine spreizen und zwei Betäubungsspritzen kriegen, den kleinen Wurm zwischen meinen Schenkeln ausspucken und ihn dann an meinen Brustnippeln saugen lassen. Und Papa soll die ganze Zeit dabeibleiben und den Camcorder draufhalten, klar? Das ist es, was ich will! Und anstatt darauf zu warten, dass es passiert, werde ich jetzt darauf hinarbeiten. Kommst du damit klar?“ (Folge 2.21)

„Aber wenn wir anfangen, jemanden wegen seiner Träume zu bestrafen, dann wäre es ja hier wie in Alabama.“

(Folge 2.22)

Fishismen: Richards beste Sprüche

Was Richard Fish zu sagen hat, ist oftmals nicht nur lustig, sondern (leider) nur zu wahr. Hier sind Richards beste und treffendste »Fishismen«:

“ Ich neige ein wenig zur Redundanz.
Zudem wiederhole ich mich.”

(Folge 1.01)

“ Kümmere dich ums Geld. Alles andere wird sich fügen.
Kannst mich zitieren. Das ist ein Fishismus.”

(Folge 1.01)

“ Nicht nur gewinnen, sondern auf schmutzige
Art gewinnen, darauf kommt’s an.”

(Folge 1.01)

“ Problem ist nur ein pessimistisches
Wort für Herausforderung.”

(Folge 1.02)

„Gute Neuigkeiten sollte
man immer feiern."

(Folge 1.02)

„Die Liebe ist eine Gleichung.
Ein ›ich‹ und ein ›du‹ ergeben ein ›wir‹.
Das ist wirklich ganz einfach. – Damit will
ich sagen, dass die Basis für jedes ›wir‹ immer
ein ›ich‹ ist. Und wenn das ›ich‹ noch nicht
ganz fertig ist, dann darfst du keinesfalls
anfangen, schon das ›wir‹ aufzubauen."

(Folge 1.03)

„Es ist nicht meine Art, mich um andere
zu kümmern, aber was ist denn los?"

(Folge 1.03)

„Wir sind alle allein. Es ist nur leichter
zu ertragen in einer Beziehung."

(Folge 1.03)

„Nichts ist peinlich, wenn
man damit Geld macht."

(Folge 1.04)

"Versuch doch mal, die Sache nicht als negativ anzusehen. – Viele seiner Studenten werden da sein, so wie bei einem Klassentreffen. Nur, statt eines Bowlegefäßes gibt es einen Sarg. Aber denk daran, solche Treffen sind dazu da, dass die erfolgreichen Studenten den weniger erfolgreichen zeigen, dass sie genau das sind – weniger erfolgreich. Du und ich, wir sind erfolgreicher. Ganz besonders ich. Immerhin habe ich meine eigene Kanzlei. Ich bin möglicherweise der Erfolgreichste. Ich will auf Folgendes hinaus, alles im Leben ist Einstellungssache. Und heute ist ein Abend, an dem du dich gut fühlen kannst." (Folge 1.04)

"Einer der Schlüssel zum Leben ist die Vorlauftaste. Jeder Film hat schlechte Passagen, der Trick ist, sie mit Zeitraffer zu durchlaufen. Nach einiger Zeit wirst du zurückblicken und sagen: ›Oh, dieser kleine Ehebruch. Ach ja.‹ Wenn du jetzt schon dahin vorspulst, hast du's hinter dir." (Folge 1.04)

"Ally, du bist vielleicht im gleichen Raum, aber auf einem anderen Planeten. Nicht doch, war ein Witz. Schwamm drüber." (Folge 1.05)

»Jemandem zu helfen bereitet am meisten Freude, wenn es dem Eigeninteresse dient.« (Folge 1.07)

»Ich hab vor, eines Tages Charakter zu besitzen. Einen tollen Charakter. Aber wenn du reich werden willst, musst du das Geld machen, bevor die Skrupel zu groß werden.« (Folge 1.08)

»Ich hatte mal eine Großtante, die meinte, wenn du eine schöne Frau zu lange anstarrst, wirst du zu Stein. In gewissem Sinne hatte sie Recht.« (Folge 1.09)

»Neue Firmenpolitik, hört zu. Wenn jemand diese Kanzlei verklagt oder mich persönlich, lassen wir alle Fälle liegen, an denen wir gerade arbeiten, und verwenden unsere ganze Energie und Anstrengung darauf, diese Person in den Ruin zu treiben. Haben wir uns verstanden? Ich gebe mich nicht allein mit Rache zufrieden, auch Vergeltung ist nicht stark genug. Ruin, das ist das Ziel. Irreversibler, irreparabler, irrationaler Ruin. Neue Firmenpolitik.« (Folge 1.09)

“Whipper, wenn du glücklich sein willst,
schau dich nicht um. Glück lässt sich
mit einem Wort beschreiben: Ignoranz!”

(Folge 1.11)

“Sie hat ihr erzählt, dass du ihr erzählt hast,
was sie dir erzählt hat. Ich hab keine Ahnung.
Ich komme mir vor wie Elaine.”

(Folge 1.11)

“Wenn die Frauen erst Kinder haben,
wollen sie nichts mehr vom Penis des Mannes
wissen. Je größer er ist, um so weniger wollen
sie von ihm wissen. So ist das. Fishismus.”

(Folge 1.12)

“Wenn ich eines kenne, dann Frauen.
Wenn sie schön sind, dann wollen sie hören,
sie seien klug. Wenn sie klug sind,
dann wollen sie hören, sie seien schön.”

(Folge 1.14)

“John, wenn du sie beim ersten
Date nicht küsst, bist du ein Gentleman.
Beim zweiten hält sie dich für schwul.”

(Folge 1.15)

❝ Euer Ehren, ich persönlich hasse die Gesetze zur sexuellen Belästigung. Dahinter standen doch bloß verärgerte Lesben, die meinten, sie hätten beruflich nicht die gleichen Chancen. Zusammen mit hässlichen Frauen, die neidisch waren, dass hübsche Mädchen mehr Chancen am Arbeitsplatz hatten. Sehen sie sich die Frauen an, die solche Klagen einreichen.❞ (Folge 1.18)

❝ Georgia, gib mir deinen Schuh. – Warum muss ein erwachsener Mensch in so etwas herumlaufen? Sie sind furchtbar unbequem, man fällt leicht hin und sie verursachen Rückenbeschwerden. Aber na ja, nennen wir's Mode. Was für ein Mensch verbringt insgesamt zwei Jahre seines Lebens damit, sich zu schminken? Reißt sich Augenbrauenhaare aus, lässt sich Silikon oder Kochsalz in die Brust implantieren. Es gibt einen Namen für so einen Menschen: Frau. Und das alles tut sie, damit es Männern gefällt. Erzähl mir nichts von Gleichberechtigung, erzähl mir nicht, ihr wärt nicht behindert.❞

(Folge 1.18)

“Wenn jemand in ein französisches Bistro geht, dann will er nicht nur essen. Er will dinieren, in gehobenem Ambiente. Er will sich elitär fühlen, kultiviert. Ein schwuler Kellner vermittelt den Gästen dieses Gefühl. Sie haben so was Snobistisches, Anspruchsvolles an sich. Das mögen die Leute. Schwule Kellner sind elitäre Snobs. Erstens sind sie schlauer. Sie lesen in der Pubertät mehr Bücher, wahrscheinlich auf der Suche nach der Antwort darauf, warum sie homosexuell sind. Außerdem sind sie miserable Sportler, haben also mehr Zeit zum Lernen. Folglich sind sie eben schlau. Sie wollen Künstler werden, enden aber als Kellner. Überqualifiziert, verbittert, snobistisch. Und das erwarten die Leute inzwischen, wenn sie einen fruchtigen Wein bestellen.”

(Folge 1.20)

“Georgia, leih mir deinen Schuh. – Wenn ich ihn verkaufe, wäre es besser, du führst ihn vor oder ich? – Alles dreht sich um die Präsentation. Das gilt für Restaurants wie für Schuhe. Was drinnen ist zählt nicht, Georgia. Nur Aussehen zählt. Fishismus.”

(Folge 1.20)

“Unter dieser Robe steckt außer einem tollen Körper auch eine gute Richterin!”

(Folge 1.22)

“Im Leben eines jeden Menschen kommt der Zeitpunkt, an dem man sich aufraffen und gemein sein muss.”

(Folge 1.22)

“Nein, überlegen Sie nur nicht so viel. Man denkt und denkt und kommt noch ins Grübeln.”

(Folge 1.22)

“Manchmal erregt es mich schon, wenn ich nur einen Blick auf meine Kontoauszüge werfe. Geht das anderen Menschen auch so?”

(Folge 201)

“Ich würd’s selbst übernehmen, wenn ich mich mit dem Gesetz auskennen würde.”

(Folge 201)

“Sie sind ein Mann, Sie atmen. Nach § 7 sind Sie verantwortlich.”

(Folge 2.03)

“Richard: ›Ganz einfach. Männer und Frauen, Reibung.‹ – George Madison: ›Das war’s? Reibung?‹ – Richard: ›Reibung, Reibung, Reibung, Orgasmen. Fishismus.‹”

(Folge 2.04)

❝ Georgia: ›Du musst mit ihr schlafen, ehe du weißt, ob du verliebt bist?‹ – Richard: ›'türlich.‹ – Georgia: ›Wieso?‹ – Richard: ›Weil ein Mann jede Frau liebt, mit der er schlafen will. Das ist die Eintrittskarte. Fishismus.‹ ❞ (Folge 2.05)

❝ Einen Moment. Ruhe! Dürfte ich euch bitte einzeln ignorieren? ❞ (Folge 2.06)

❝ Persönliche Fragen stören mich nicht, Ally. Ich lüge einfach! ❞ (Folge 2.07)

❝ Ich spiele ungern den Vorgesetzten, aber bei einem solchen Fall Frauen einzusetzen ist ein Vorteil. Wir sind es Ling schuldig, alles zu versuchen. Ganz zu schweigen davon, dass sie eine Mandantin ist, mit der ich immer noch sexuelle Erfüllung finden möchte. Nur einmal bitte ich euch, an jemand anderen zu denken als an euch selbst. Kannst du das, Georgia? Könntest du bitte mal an denjenigen denken, der deinen Gehaltsscheck unterschreibt? Was ist mit dir, Ally? Kannst du vielleicht mal auf jemand anderen als auf dich selbst Rücksicht nehmen? Mir ist klar, dass du einen neuen Muskel bemühen musst, aber ich finde, jeder Job ist sinnlos, wenn er nicht Gelegenheit zu persönlicher Entwicklung bietet. Auf geht's! Seid Anwälte. ❞ (Folge 2.09)

“Erreicht ein Mann die Pubertät, wird ihm klar, dass er für immer ein Halbidiot sein wird. Und das schwächt, es tut weh. Dann geht man in diese Stripteaselokale, sieht sich um, sieht die Frauen, und dann sieht man all diese Männer und begreift, dass man nicht allein ist. Der Raum ist voller Idioten und man fühlt sich sofort besser. Es ist befreiend. Als Heranwachsender versteckt man sich in Schränken mit einer Ausgabe vom Playboy und bemüht sich, die Seiten nicht klebrig zu machen. Man fragt sich, ob man abartig ist, hat Angst, pervers zu sein. Das kann einen in die Isolation treiben oder asozial werden lassen. Man fühlt sich als Außenseiter und will sofort bei der Post anfangen. Hat das Gefühl, dass man anders ist, nicht dazugehört. Aus der Unsicherheit wird eine Neurose. Und doch ist man normal, ohne es zu wissen. Geht man in diesen Club, erkennt man, dass man normal ist. Diese Clubs sind nicht nur Sexclubs, sie dienen der Erhaltung unseres psychischen Gleichgewichts.” (Folge 2.09)

“Dieser Job bedeutet ihm alles.
Der Mann hat keine richtige Familie.
Er zählt mich zu seinen Freunden,
was sagt euch das?”
(Folge 2.10)

“Du bist nicht der, der du bist. Du bist nur das, wofür dich die anderen halten. Das ist ein Fishismus.”

(Folge 2.11)

“Autsch. Diese Bemerkung würde wehtun, wenn ich Gefühle hätte.”

(Folge 2.11)

“Trotz aller feministischer Proteste hat Gott die Frauen nun mal dazu geschaffen, um der männlichen Lust zu dienen. Und wenn man ihnen diese ursprüngliche Bestimmung vorenthält, zerfetzt man ihre Selbstachtung.”

(Folge 2.11)

“Sex bei Männern: Wenn es richtig ist, ist es richtig. Wenn es falsch ist, ist es trotzdem richtig. Fishismus.”

(Folge 2.12)

“Die Gerechtigkeit ist nie süßer als dann, wenn man ein Drittel davon als Erfolgshonorar einstreicht.”

(Folge 2.14)

“Wahre Liebe heißt kurze Erholungsphase. Fishismus.”

(Folge 2.15)

“2 und 2 ergibt 69.”

(Folge 2.17)

„Frauen, ihre Periode einmal im Monat, das reicht für 3 Tage Leistungsabfall. Prämenstruelles Syndrom, noch ein Tag. Dazu kommen die 3,2 Stunden im Monat, die Frauen auf der Toilette verbringen. Und die ledigen Frauen, vergiss sie! Sie wollen nichts weiter als einen Mann kennen lernen. Ach, wo ich's grad erwähne, vielleicht sollten wir Ally als Beweisstück vorlegen." (Folge 2.19)

„Wenn du einen Mann willst, dann musst du raus und ihn dir greifen, einfach greifen. Dafür hat Gott den Männern den Henkel gegeben, damit Frauen zugreifen können. Fishismus." (Folge 2.23)

You want more?

Eine wesentlich vollständigere Auflistung wohl aller "Fishismen" in Deutsch und Englisch finden Sie im Internet unter http://www.fishismus.de.
Und noch eine Information: Da Richard in beinahe jeder Folge "Schwamm drüber" sagt, ist der Satz hier nicht aufgelistet. Im Original sagt er "Bygones", was eine Abkürzung der Redewendung "let bygones be bygones" ist – was wiederum so viel heißt wie: "Schwamm drüber"!

Elaines beste Erfindungen

In den ersten beiden Staffeln fasziniert Elaine durch ihre absolut schrägen Erfindungen. In der dritten Staffel erfindet sie weniger bis nichts und auch ihre gnadenlose Neugier wurde etwas zurückgenommen. Sie entwickelt sich von der Karikatur einer sympathischen Nervensäge zu einer sympathischen – wenn auch manchmal »schnippischen« – Nervensäge.

Das ist natürlich ein Grund mehr, ihre oft gar nicht so dummen Erfindungen Revue passieren zu lassen:

- ☆ **Die Ehemänner-CD:** Auf dieser CD verewigt Elaine all die Männer-Geräusche, die zum Eheleben gehören: Schnarchen, Schnaufen, Zeitungsrascheln, Furzen, Fußball im TV.
- ☆ **Die Eisbrille:** Wenn Teebeutel auf den Augen morgens nicht mehr reichen, hilft Elaines »Eisbrille« aus zweieinhalb Zentimeter dickem Eis. Sieht nach einer durchzechten Nacht oder direkt vor dem 30. Geburtstag cooler aus als jedes Coolpak.
- ☆ **Der Gesichts-BH:** Wer jemals im Fitnessstudio vor dem Spiegel auf dem Laufband stand, weiß, wovon Elaine

spricht: Schwerkraft und Schwingungen lassen nicht nur den Busen wippen und langfristig absacken, sondern auch die Gesichtszüge. Folge: Triefaugen und Hängebacken! Elaine schuf einen Prototyp, der alle Gesichtszüge straff am Platz hält. Ling finanzierte ihr den Werbespot.

☆ **Personalisierte Kondome:** Elaines Trick gegen Präser-Muffel: Für jeden ein ganz persönlich beschrifteter Überzieher!
für Richard: »Schwamm drüber« (Original: »*Bygones!*«)
für John: »Wühl mich auf« (Original: »*Enjoy the moment*«)
für Georgia: »Billy Boy komm« (Original: »*Pay the bill*«)
für Elaine: »Kommst du öfter?« (Original: »*Come here often?*«)
für Ally: »Hinten anstellen, bitte« (Original: »*Take a number*«)
für Nelle: »Achtung: Frostbeule« (Original: »*Caution: frostbite*«)

☆ **Der Cool-Cup:** Wärme (z.B. in zu engen Unterhosen) tötet Spermien ab. Elaines Folgerung: Durch ein geschickt montiertes Kühlsystem steigt die Schwangerschaftsrate. Geformt ist der Cool-Cup wie eine Unterhose, er wird aber (zumindest von John Cage im Versuchsstadium) über der Kleidung getragen. Das Stromkabel zur Steckdose schränkt den Bewegungsradius etwas ein, deshalb plant Elaine auch eine Akku-Version.

- ☆ **Der Mistelzweig-Hut:** Ganz einfach – Hut aufsetzen und küssen, wen und wo man will, am Hut steckt schließlich ein Mistelzweig!
- ☆ **Das Schwangerschaftskleid:** Um zu erfahren, wie sich eine Schwangerschaft anfühlt, und um an der Supermarktkasse immer vorgelassen zu werden, schlüpft Elaine in ihr ausgepolstertes Schwangerschaftskleid und fängt an, leise zu ächzen.
- ☆ **Die Toiletten-Fernbedienung:** John hat eine Fernsteuerung zum Vorspülen der Toilette erfunden, damit keine Reste mehr darin herumschwimmen. (Hintergrund dieses Scherzes ist die gesetzliche Begrenzung der Spülwassermenge in den USA, wodurch tatsächlich fast immer Reste übrig bleiben.) Elaine erweitert die Funktionalität des Gerätes um eine Klobrillenheizung und einen Kontrollschalter zum Auf- und Zuklappen der Brille.
- ☆ **Die Scheibenwischerbrille:** Um beim Windelwechseln nicht von einem Findelkind angepinkelt zu werden, aber trotzdem alles im Blick zu behalten, montiert Elaine kurzerhand kleine batteriebetriebene Scheibenwischer an eine große Schutzbrille aus Plastik.

Übrigens

Auch John Cage verblüfft durch Erfindungen! Nach der Klospülfernbedienung baut er für seine Freundin Nelle hochhackige Schuhe, deren Absätze er automatisch einfahren kann, um sie zu küssen, und ein Gerät, das auf Knopfdruck ihren Haarknoten sprengt und die blonde Mähne über ihre Schultern wallen lässt. Allerdings nimmt Nelle ihm letztendlich sehr übel, dass er sie "fernsteuern" und seinen Wünschen gemäß handhaben will – für sie der Hauptgrund für die Trennung am Ende der dritten Staffel.

Vonda Shepard: Mit "Ally McBeal" zum Millionendeal

Ally-Erfinder David E. Kelley bezeichnet Vonda Shepard als »die Stimme von Allys Unterbewusstsein«. Seine Frau Michelle Pfeiffer ist seit 1982 mit ihr befreundet. Als David und Michelle sich kennen lernten, stellten sie überrascht fest, dass sie beide Fans derselben, praktisch unbekannten Sängerin waren: Vonda Shepard!

Im Winter 1996 bereitete David den Dreh des Pilotfilms seiner neuen Serie »Ally McBeal« vor. Zufällig lud Vonda ihn und Michelle zu einem Billboard-Konzert in Los Angeles ein, bei dem sie ihr neuestes Album vorstellte. Am Tag darauf rief David bei Vondas Managerin Gail Gellmann an und fragte, ob die Sängerin bereit wäre, in seinem neuen Film aufzutreten. Vonda war sofort begeistert: »Ich hatte keine Ahnung, was für eine Serie das werden sollte«, erinnert sie sich. »Aber ich wusste, dass David ein brillanter Autor ist. Ich fühle mich immer noch sehr geehrt, dass seine Wahl auf mich gefallen ist. Und damals konnte ich kaum meine Miete zahlen. Es wäre also auch ganz schön dumm gewesen, das Angebot abzulehnen.«

Der Pilotfilm gefiel den verantwortlichen Redakteuren beim TV-Sender Fox, David begann mit der Arbeit an der ersten Staffel der Serie, und Vonda Shepard wurde zum festen Bestandteil von »Ally McBeal«. Sie spielt die Sängerin in der Bar unten in dem Haus, wo sich die Kanzlei »Cage/Fish & Associates« befindet. Außerdem sind oftmals weitere Songs von Vonda zu hören, wenn Ally am Ende einer Folge traurig (oder beschwingt) die Straße entlanggeht, oder wenn in der Mitte einer Folge wortlos ihre überwältigenden Gefühle ausgedrückt werden sollen. Anfangs konnte Vonda sich überhaupt nicht leiden, wenn sie die fertigen Folgen sah, aber Freundin Michelle Pfeiffer half ihr mit Make-up- und Schauspiel-Tipps.

Die meisten eingesetzten Lieder sind Coverversionen mehr oder weniger bekannter Hits. Zwischendurch werden auch immer wieder eigene Songs von Vonda gespielt. Die Auswahl der Stücke nimmt Produzent und Drehbuchautor David E. Kelley persönlich vor; er bezieht sich beim Schreiben häufig auf bekannte Songtexte. Wenn er einmal einen Song im Original einspielen will, tippt er neben den jeweiligen Songtitel einfach »*needle drop*« – eine Anspielung darauf, die Nadel eines Plattenspielers aufzusetzen, statt den Song neu einzuspielen. Der erste derartige Originalsong in der Serie war übrigens »Tracy« von den Cuff Links. Alle anderen Songs spielt Vonda innerhalb von ein bis zwei Tagen ein (bis zu vier Titel pro Tag). »Unmittelbar vor Drehbeginn ruft David mich an und sagt mir, welche Songs ich aufnehmen soll. Das ist schon eine Herausforderung. Ich habe all die Jahre so viel geübt und hart an mir gearbeitet – aber jetzt weiß ich auch, warum!« Meist werden nur kurze Stückchen von maximal zwei Minuten Länge produziert und eingesetzt. Auch die Lieder, die Vonda in der Bar spielt, werden vorher aufgezeichnet. Denn manche Szenen müssen bis zu zwanzig Mal wiederholt werden, sodass ihre Stimme zu sehr litte, wenn sie live sänge. Um die höchstmögliche Qualität der Musik sicherzustellen, besteht Kelley darauf, alle Songs vorab aufzunehmen. Also muss Vonda wenige Tage nach ihrem Studiobesuch vor der Kamera Playback zu ihrer eigenen Stimme singen.

Den restlichen so genannten »Score« (also den Teil der Hintergrund-Filmmusik, bei dem nicht gesungen wird) steuert Danny Lux bei – mit 30 Jahren einer der jüngsten und zugleich einer der besten und gefragtesten Filmkomponisten Amerikas. Lux komponierte u. a. Scores für »NYPD Blue«, »Sabrina – total verhext«, »Dawson's Creek«, »Party Of Five« und die halbstündige Kurzserie »Ally«. Sein Arbeitsmotto: »Filmmusik muss das Bild ergänzen und erweitern.« Bei »Ally McBeal« schlägt David oft Scherze, Pointen oder Anspielungen vor; beispielsweise ließ Kelley anfangs immer das aggressive Motiv »The Wicked Witch Of The West« aus dem Musical »Das wunderbare Land« (»The Wizard of Oz«) spielen, wenn die zickige Ling auftrat. »Wenn die Musik eine Szene nicht deutlich verbessert, sollte man sie einfach weglassen«, schließt Lux. Im Gegensatz zu Vonda Shepard arbeitet Lux fast ausschließlich auf Samplern und Keyboards, während Vonda mit einer traditionellen akustischen Kapelle ins Studio geht.

Interessanterweise schrieb Danny Lux 1996 einige Scores

für die US-Serie »Party Of Five«, in der wiederum auch Songs von Vonda Shepard eingesetzt wurden.

Vonda Shepard wurde in New York geboren, wuchs aber in Südkalifornien auf. Ihr Name »ist griechisch für ›Ich konnte mich nicht zwischen Wanda und Verleen entscheiden, als ich hinten im Wagen die Wehen bekam‹«, lästert US-Autorin Kathy Mitchell. Vondas Mutter heißt übrigens Hadria, auch kein besonders weit verbreiteter Name, und war Model. Vondas Eltern waren so arm, dass sie ihre Tochter zeitweise in einem Pappkarton umhertrugen. Vonda hat drei Schwestern, die sie als »fest eingebaute beste Freundinnen« bezeichnet. Als sie zehn war, ließen ihre Eltern sich scheiden. Die vier Mädchen lebten bei ihrem Vater Richmond, einem Schauspieler und Schriftsteller. Seit Vonda sieben ist, spielt sie acht Stunden Klavier täglich. Mit 14 trat sie zum ersten Mal live als Sängerin auf – und entdeckte damit ihren Traumberuf. Mit 18 verschickte sie erste Demoaufnahmen, als 20-Jährige tourte sie mit Rickie Lee Jones. 1987 unterschrieb Vonda bei Reprise Records. Zwei Jahre später erschien ihr erstes Album: »Vonda Shepard«. Es wurde am 1. April 1997 auf Vondas neuem Label »Vesperalley Records« wieder veröffentlicht und ist im Vertrieb von Sony Music weltweit erhältlich.

Vonda Shepard

1. Don't Cry Ilene (4:11)
2. He Ain't With Me (4:30)
3. Baby, Don't You Break My Heart Slow (5:15)
4. Hold Out (4:54)

5. Looking For Something (4:57)
6. I Shy Away (3:40)
7. I've Been Here Before (3:32)
8. A New Marilyn (3:52)
9. Say The Words (4:32)
10. La Journée (1:18)
11. Jam Karet (Time Is Elastic), (4:46)

»Don't Cry Ilene«, der erste Song, wurde als Single ausgekoppelt. Den Titel »Baby Don't You Break My Heart Slow« nahm Vonda 1999 für ihr viertes Album »By 7:30« erneut auf.

Vondas Debütalbum ist gut gemeint, aber recht unspektakulär – das Album lohnt sich nur für ernsthafte Fans. Es klingt zu einheitlich; Vonda hat ihre Identität wohl noch nicht gefunden.

Drei Jahre später, 1992, veröffentlichte Vonda »The Radical Light«, ebenfalls auf Reprise Records (wieder veröffentlicht auf Vesperalley Records, Vertrieb über Sony Music).

The Radical Light

1. Searchin' My Soul (4:27)
2. The Radical Light (5:07)
3. 100 Tears Away (4:52)
4. Wake Up The House (4:17)
5. Clean Rain (5:54)
6. Dreamin' (4:46)
7. Good To Yourself (6:07)

8. Love Will Come And Go (5:35)
9. Out On The Town (4:36)
10. Cartwheels (4:02)

Dieses zweite Album wirkt bereits viel eigenständiger, dennoch haftet ihm noch immer eine gewisse Poesiealbum-Romantik an. David E. Kelley hat Recht: Vonda Shepard verkörpert perfekt den manchmal deprimierenden Glauben an das Gute und die Liebe, der auch seine »Ally McBeal« so beliebt macht.

Auf »The Radical Light« finden sich zwei Songs, die später (neu produziert) in »Ally McBeal« zu hören waren: Der Opener »Searchin' My Soul« – in jeder Folge als Titelsong – und die Nummer »100 Tears Away« wurde sogar zum Titel einer Serienfolge (»Aufstand der Hormone« auf Deutsch).

Einige Songs auf »The Radical Light« und alle Tracks auf dem folgenden Album »It's Good, Eve« produzierte Vonda zusammen mit ihrem (mittlerweile Ex-)Freund, dem Gitarristen Michael Landau, der auch auf vielen Joni-Mitchell-Alben zu hören ist.

Das Album war nicht sonderlich erfolgreich, es verkaufte weniger als 6000 Exemplare. Zugleich strukturierte die Reprise-Mutterfirma Warner Bros. weltweit die Vertriebskanäle um, sodass zahlreiche Verträge mit Künstlern beendet wurden. Darunter auch der mit Vonda Shepard. Die Sängerin gab aber nicht auf, sondern ging mit Jackson Browne auf Tour: Sie trat solo als Voract auf und sang anschließend die Background-Vocals bei Browne. Manchmal schleppte sie ihr Keyboard sogar ganz allein durch den Regen in einen Club, bloß um vor 20 bis 30 Zuschauern aufzutreten. Erst ganze drei Jahre später, 1996, unterschrieb Vonda bei Vesperalley Records und brachte am 24. Januar ihr drittes, mit geliehenem Geld finanziertes Album »It's Good, Eve« heraus.

It's Good, Eve

1. Maryland (3:52)
2. A Lucky Life (4:31)
3. Grain of Sand (4:25)
4. The Wildest Times of the World (5:15)
5. Like a Hemisphere (4:47)
6. Naiveté (4:21)
7. Long Term Boyfriend (2:58)
8. Every Now & Then (3:03)
9. Mischief & Control (5:52)
10. Hotel Room View (5:14)
11. This Steady Train (3:58)
12. Serious Richard (3:34)

Auf »It's Good, Eve« waren ebenfalls zwei Songs, die David E. Kelley später für »Ally McBeal« auswählte: »Maryland« und »The Wildest Times Of The World« (für den Pilotfilm). Auch dieses Album klingt etwas zu glatt, um wirklich begeistern zu können, aber als David E. Kelley die Songs live hörte, wusste er: Das ist die »innere Stimme« von »Ally McBeal«! Immerhin verkaufte sich die Scheibe etwas besser als der Vorgänger: Ganze 9000 Einheiten gingen über die Ladentische!

»It's Good, Eve« ist übrigens Vondas Lieblingszeile aus dem Film »Willkommen, Mr. Chance«: »Ich liebe diesen Film und wollte unbedingt ein Stückchen daraus auf mein Album packen. Entweder ›It's Good, Eve‹ – oder ›Yes, Ben, I understand‹!«

Am 5. Mai 1998 schließlich erschien bei Sony Music das lang erwartete Soundtrack-Album »Songs From ›Ally McBeal‹ Featuring Vonda Shepard«. Auf dem Cover strahlt Ally die potentiellen Käufer an – Sängerin Vonda ist nur auf der Rückseite zu sehen. Den Verkäufen des Albums tat das gut: Am 23. Mai debütierte die Platte auf Platz 7 der Billboard-US-Charts – der höchste Neueinstieg aller Zeiten für einen TV-Serien-Soundtrack. Die Single »Searchin' My Soul« schaffte es bis auf Platz 12 der Single-Charts.

Songs From "Ally McBeal" Featuring Vonda Shepard

1. Searchin' My Soul
2. Ask The Lonely
3. Walk Away Renee
4. Hooked On A Feeling
5. You Belong To Me
6. The Wildest Times Of The World
7. Someone You Use
8. The End Of The World
9. Tell Him
10. Neighborhood
11. Will You Marry Me?

12. It's In His Kiss (The Shoop Shoop Song)
13. I Only Want To Be With You
14. Maryland

»Songs From ›Ally McBeal‹« ist Vondas bislang erfolgreichstes Album. Vier der insgesamt vierzehn Songs hat sie selbst geschrieben und für den Soundtrack neu eingespielt. Am 4. Mai 1998, einen Tag vor Album-Veröffentlichung, ließ David E. Kelley statt der üblichen Opening-Credits vor »Ally McBeal« das Video zur ersten Single »Searchin' My Soul« laufen – in den folgenden sieben Tagen kauften allein in den USA 143.000 Fans das Album, das sind 14 pro Minute, Tag und Nacht! Inzwischen hat die Sängerin eine Platin-Auszeichnung für über eine Million verkaufte Scheiben erhalten!

In Deutschland erschien 1998 die erste Shepard-Single »Hooked On A Feeling«. Wer davon ein Exemplar besitzt, sollte es gut aufbewahren: Es ist ein Sammlerstück in englisch/deutscher Fassung; außerdem steht auf der CD versehentlich die Jahreszahl 1996.

Hooked On A Feeling (Single Deutschland)

1. Hooked On A Feeling (2:58)
2. I Only Want To Be With You (2:12)
3. Grain of Sand (4:25)

Kaum ein Jahr später, am 20. April 1999, erschien Vondas viertes Soloalbum »By 7:30« auf Jacket Records. Für »Ally

McBeal« hat Vonda inzwischen über 140 Songs produziert – und diese Erfahrung hört man ihrem neuesten Solowerk an. »By 7:30« ist ein erstklassiges Album.

By 7:30

1. By 7:30
2. Mercy
3. Clear
4. Sail On By
5. Confetti
6. Cross To Bear
7. This Is Crazy Now
8. Baby, Don't You Break My Heart Slow (Duett mit Emily Saliers von den Indigo Girls)
9. You And Me
10. Venus Is Breaking
11. Newspaper Wife
12. Soothe Me
13. Souvenir

»By 7:30« stieg auf Platz 79 in die Top 100 ein. Drei der Songs aus diesem Album – »This Is Crazy Now«, »Baby, Don't You Break My Heart Slow« (eine Coverversion von Vondas eigenem Song) und »Confetti« schafften den Sprung in die Serie und erschienen prompt auf dem zweiten Soundtrack-Album »Heart And Soul – New Songs From ›Ally McBeal‹ Featuring Vonda Shepard«. Diesmal auf dem Cover: Ally und Vonda traut vereint! Das Album wurde am 9. November 1999 bei Sony Music veröffentlicht.

Heart And Soul – New Songs From Ally McBeal Featuring Vonda Shepard

1. Read Your Mind
2. 100 Tears Away
3. Some Day We'll Be Together
4. To Sir, With Love (Duett mit Al Green),
5. Sweet Inspiration
6. Crying
7. Vincent (Starry Starry Night),
8. What Becomes Of The Broken Hearted?
9. World Without Love
10. Confetti
11. Baby, Don't You Break My Heart Slow (Duett mit Emily Saliers von den Indigo Girls),
12. This Is Crazy Now
13. This Old Heart Of Mine (Is Weak For You)
14. I Know Him By Heart

Auf der internationalen Version des Albums findet sich zudem der Bonustrack »Hidden Persuasion«. Das Album stieg auf Platz 61 in die Charts ein und ist eine gute Gelegenheit, Vondas eigene Songs und die von David E. Kelley ausgewählten Coverversionen kennen zu lernen.

Seit Vonda Shepard bei »Ally McBeal« auftritt, hat sich ihr gesamtes Leben verändert. Sie hat etliche Millionen Platten verkauft und tritt vor Hunderttausenden von Zuschauern auf. Vor ein paar Jahren noch war sie froh über 35 zahlende Gäste! Im Sommer 2000 sollte sie (zusammen mit Bob Dylan, dem Urvater aller Singer und Songwriter) auch nach Deutschland kommen. Vonda: »Es ist einfach genial! Ich komme mir vor wie der glücklichste Mensch auf der ganzen Welt.«

Eingefleischte Fans können nach folgenden Sammlerstücken Ausschau halten:

- ✰ Englische Single vom November 1998 (auf Epic) in zwei Versionen. Eine reguläre mit »Searchin' My Soul«, »I Started A Joke« und »I Only Want To Be With You« sowie eine Sonderausgabe, deren CD-Hülle sich zu einem Aufstellkalender für das erste Halbjahr 1999 ausklappen läßt (mit »Searchin' My Soul«, »100 Tears Away« und »I Only Want To Be With You«).
- ✰ 1987 landete Vonda ihren ersten Top-10-Singlehit mit »Can't We Try«, einem Duett mit Dan Hill. Es wurde auf dem Sampler »Duets: A Woman and Man« wieder veröffentlicht.
- ✰ Vonda sang 1994 Background-Vocals bei Julia Fordhams Hit »Falling Forward«.
- ✰ »Catwalk T.V. Soundtrack« von 1994
- ✰ Vondas Song »Maryland« ziert die Sampler »Travel The World With Putumayo« (1996) und »Women's Work« (1997) des engagierten Labels Putumayo.
- ✰ Für »Winnie The Pooh: Pooh's Grand Adventure« sang Vonda 1997 ein Duett mit Barry Coffing.

"Ally McBeal": Preise und Ehrungen

1999

2 »Viewers for Quality Television Awards«
- ☆ beste Comedy-Serie
- ☆ beste Comedy-Schauspielerin (Calista Flockhart)

2 weitere Nominierungen für den »Viewers for Quality Television Awards«
- ☆ beste Comedy-Nebendarstellerin (Lucy Liu)
- ☆ bester Comedy-Nebendarsteller (Peter MacNicol)

»George Foster Peabody Award«

11 Nominierungen für den »Emmy Award«
- ☆ beste Comedy-Serie
- ☆ beste Comedy-Hauptdarstellerin (Calista Flockhart)
- ☆ bester Comedy-Hauptdarsteller (Peter MacNicol)
- ☆ beste Comedy-Nebendarstellerin (Lucy Liu)
- ☆ bestes Comedy-Drehbuch (David E. Kelley)
- ☆ bester Comedy-Gastauftritt männlich (George Ritter)
- ☆ bester Comedy-Gastauftritt weiblich (Tracy Ullman)

- ✰ beste Art Direction (Folge: »Das letzte Einhorn«)
- ✰ beste Besetzung
- ✰ beste Comedy-Regie (Arlene Sanford)
- ✰ beste Comedy-Tonmischung

1998

»Golden Globe«

- ✰ beste Comedy-Serie

2 weitere Nominierungen für den »Golden Globe«

- ✰ beste Nebenrolle weiblich (Jane Krakowski)
- ✰ beste Schauspielerin (Calista Flockhart)

2 Nominierungen »NAACP Image Awards«

- ✰ beste Drama-Serie
- ✰ beste Drama-Nebendarstellerinnen (Lisa Nicole Carson, Jennifer Holiday)

»Viewers for Quality Television Awards«

- ✰ beste Comedy-Schauspielerin (Calista Flockhart)

3 weitere Nominierungen für den »Viewers for Quality Television Awards«

- ✰ beste Comedy-Nebendarstellerin (Lisa Nicole Carson)
- ✰ bester Comedy-Nebendarsteller (Peter MacNicol)
- ✰ bester regelmäßiger Gaststar (Dyan Cannon)

2 »Television Critics Association Awards«

- ✰ beste Comedy-Schauspielerin (Calista Flockhart)
- ✰ beste Serie

3 Nominierungen für den »Screen Actors Guild Award«

- ☆ Calista Flockhart als beste Schauspielerin in einer Comedy-Serie
- ☆ Peter MacNicol als bester Schauspieler in einer Comedy-Serie
- ☆ Bestes Ensemble einer Comedy-Serie

»Emmy Award«

- ☆ beste Tonmischung einer Comedy-Serie (Folge »Zu kurz gekommen«)

7 weitere Nominierungen für den »Emmy Award«

- ☆ beste Comedy-Serie
- ☆ beste Comedy-Hauptdarstellerin (Calista Flockhart)
- ☆ beste Art Direction
- ☆ beste Besetzung
- ☆ beste Kostüme
- ☆ beste Comedy-Regie (Allan Arkush, James Frawley)
- ☆ bester Einzelkamera-Bildschnitt

Nominierung für den »Golden Laurel Award«

- ☆ Produzent des Jahres (David E. Kelley)

»Electronic Media Critics' Poll«

- ☆ bestes Ensemble
- ☆ bester Produzent (David E. Kelley)

1997

2 »Golden Globes«

- ☆ beste Comedy-Schauspielerin (Calista Flockhart)
- ☆ beste Comedy-Serie

Ally McBeal/Calista Flockhart: »Frau des Jahres« (Time magazine)

»Television Critics Association Awards«

- ☆ beste neue Serie

»Viewers for Quality Television Awards«

- ☆ beste Comedy-Serie

2 Nominierungen für den »Screen Actors Guild Award«

- ☆ Calista Flockhart als beste Schauspielerin in einer Comedy-Serie
- ☆ bestes Ensemble einer Comedy-Serie

Nominierung für den »Directors Guild Awards«

- ☆ beste Comedy-Regie (James Frawley, Gary Strangi)

Ally & Co. im Internet: Die aktuellsten Infos weltweit

"Ally McBeal" – Infos zur Serie

- ☆ Die wohl beste internationale Ally-Site ist die von Dana: http://allymcbeal.tktv.net/index.html
- ☆ Das deutsche Pendant: http://allymcbeal.notrix.net
- ☆ Die ausführlichste (und stets aktuelle) Sammlung von Inhalten, Besetzung und Stab findet sich bei http://www.chebucto.ns.ca/recreation/EMA/misc/allymcbeal
- ☆ Ally-Fans schreiben ihre eigenen Ally-Storys unter http://allymcbeal-litsociety.hypermart.net
- ☆ Bei »AllExperts« kann man Fragen zu »Ally McBeal« loswerden und bekommt (angeblich) kompetente Antworten: http://www.allexperts.com/getExpert.asp?Category=1121
- ☆ Sehr ausführliche Infos zu den deutschen Ausstrahlungen gibt's auf http://www.tzi.de/~tokra/allymcb.htm
- ☆ Die offizielle Site des US-Senders FOX: http://www.fox.com/allymcbeal/splash.htm
- ☆ Ally-Webroulette: http://www.data-village.com/links/AllyMcBeal.htm

- ☆ Die »Ally-McBeal«-Webringe listen ihre Mitglieder unter http://www.webring.org/cgi-bin/webring?ring=allyring&list oder http://www.webring.org/cgi-bin/webring?ring=amcb&list
- ☆ Schrecklicher Look, aber seltene Bilder: http://www.geocities.com/Hollywood/Guild/2131
- ☆ Deutscher FAQ (Liste häufiger Fragen und die Antworten darauf): http://home.knuut.de/apein/info.htm
- ☆ Filmographien aller Hauptdarsteller: http://ccwf.cc.utexas.edu/~sikkid/filmographies.html
- ☆ Deutsches Nachrichtenforum: http://f12.parsimony.net/forum19640
- ☆ Deutsche Mailingliste (sehr zu empfehlen), alle Infos unter http://home.knuut.de/apein/faq.htm
- ☆ Weitere Fan- und Infoseiten:
- ☆ http://www.amaina.myokay.net/allymcbeal.htm
- ☆ http://www.bygones.de (mit Java-Web-Chat)
- ☆ http://www.ally-forever.de (mit SMS-News aufs Handy)
- ☆ http://www1.uni-bremen.de/~taechl/pal.htm
- ☆ http://members.friendfactory.com/taechl/epg/alepfi.htm
- ☆ http://www.geocities.com/TelevisionCity/Set/8532/allymcbeal.html
- ☆ http://www.crosswinds.net/~cataldo/allymcbeal
- ☆ http://www.ally-mcbeal.co.uk
- ☆ http://dekland.tripod.com/allymcbeal
- ☆ http://www.allymania.com
- ☆ http://www.allymcbeal.com
- ☆ http://www.w3pg.com/ally/index.html

- ☆ http://allymcbeal.tvsite.de
- ☆ http://members.xoom.com/ally_mcbeal/index.html
- ☆ http://kkcs.home.texas.net/allyfaq.html
- ☆ http://members.theglobe.com/vonda3
- ☆ http://www.lawgirl.com/ally.shtml
- ☆ http://www.mcbeal.de
- ☆ http://www.geocities.com/Hollywood/Boulevard/4697/mcbealisms.html
- ☆ http://www.ally-mcbe.co.uk
- ☆ http://ovrdedge.simplenet.com/ally
- ☆ http://community-2.webtv.net/BluEyedBoy/TheWomenOfAllyMcBeal
- ☆ http://clubs.yahoo.com/Entertainment_Arts/Television/Genres/Lawyer_Shows/Titles/Ally_McBeal
- ☆ http://de.dir.yahoo.com/Nachrichten_und_Medien/Fernsehen/Sendungen/Anwaltsserien/Ally_McBeal
- ☆ http://dir.yahoo.com/News_and_Media/Television/Shows/Lawyer_Shows/Ally_McBeal

Calista Flockhart

- ☆ http://members.tripod.com/AllyCalista/Articles.html
- ☆ http://www.geocities.com/TelevisionCity/Studio/2307/bio.html
- ☆ http://calista-flockhart.homepad.com
- ☆ http://www.webring.org/cgi-bin/webring?ring=flockhart/index
- ☆ http://www.webring.org/cgi-bin/webring?ring=calista/list

- ☆ http://www.time.com/time/magazine/1997/dom/971110/the_arts_tele.woman_of_the_.html
- ☆ http://features.yahoo.com/webceleb/flockhart

Cage/Fish & Associates

- ☆ Eine ganze Site nur über die Kanzlei: http://dekland. tripod.com/cagefish/

Greg German

- ☆ Großartige deutsche Site, die sich nur Richard Fish widmet: http://www.fishismus.de
- ☆ Fishismen im Original: http://www.angelfire.com/la/Boggled98sCyberCrib/Fishisms.html

Gil Bellows

- ☆ http://www.acmi.canoe.ca/JamMoviesArtistsB/bellows_gil.html

Peter MacNicol

- ☆ http://www.petermacnicol.net

Courtney Thorne-Smith

- ☆ http://www.algonet.se/~bergman/thorne/gallery.html

- ☆ http://www.geocities.com/Hollywood/Hills/6813/cts/ctsinfo.html
- ☆ http://www.mrshowbiz.go.com/people/courtneythornesmith/Index.html
- ☆ http://members.xoom.com/ctsfan/cts.htm

Portia de Rossi

- ☆ http://www.geocities.com/SouthBeach/Pier/9687/index.html
- ☆ http://www.geocities.com/Hollywood/Land/9541/Pages/Portia_Pages.html/p_top
- ☆ http://www.geocities.com/Hollywood/Guild/9959/
- ☆ http://www.portiaderossi.net
- ☆ http://www.portiaderossi.co.uk

Lucy Liu

- ☆ http://www.canadawired.com/~katina
- ☆ http://members.aol.com/mikeyjake/fan/lucy-liu.html

Vonda Shepard

- ☆ http://www.west.net/~lsprod/vonda/albums.htm
- ☆ http://www.astro.rug.nl/~wlane/allylist.htm
- ☆ http://www.aumusic.com/c/c00010.shtml
- ☆ http://members.tripod.com/gwagener/vonda.html
- ☆ http://www.vesperalley.com/shepard.htm

David E. Kelley

- David E. Kelley plant eine eigene Website unter http://www.dekproductions.com, auf der u. a. die kompletten Drehbücher zu »Ally McBeal« abrufbar sein sollen. Allerdings war die Site bei Redaktionsschluss noch nicht geschaltet.
- Weitere Infos:
- http://dekland.tripod.com
- http://www.time.com/time/magazine/articles/0,3266,25704,00.html
- http://clubs.yahoo.com/clubs/davidekelleyfanclub

Dancing Twins

- http://members.aol.com/allytwins

Dancing Baby

- http://www.neoland.com/dancingbaby

Ally auf den ersten Klick!

Alle Links direkt zum Anklicken finden Sie auf der Webseite des Autors: http://www.jeeny.com ("Ally McBeal" wählen).

Ally aktuell:
Die neuesten Gerüchte direkt aus Hollywood – und ein Ausblick auf die vierte Staffel

»Die Serie handelt von Liebe, Hoffnung und Einsamkeit«, fasst David E. Kelley die wichtigsten Themen von »Ally McBeal« zusammen. »Und solange Ally sich weiterentwickelt und durch neue Einflüsse verändert, so lange wird die Serie frisch und erfolgreich bleiben!«

Wenn Kelley so weitermacht, wird auf jeden Fall auch der eine oder andere Skandal nicht ausbleiben. Beispielsweise weigerte sich die Television Corporation of Singapore, die Folge 3.02 zu zeigen, in der sich Ally und Ling küssen. »Ally McBeal« ist zwar eine der beliebtesten Serien Singapurs, aber die Folge »drehe sich um die Erforschung alternativer sexueller Orientierungen«, und das sollen die Asiaten nicht sehen dürfen. Ein Vorfall wie aus einer von Kelleys eigenen Serien!

Man kann »Ally McBeal« getrost als Kelleys Lieblingsserie betrachten. »Die Personen, für die ich Dialoge schreibe, erwachen von neun Uhr morgens bis sechs Uhr abends zum Leben«, erklärt Kelley. »Und genauso, wie man die Leute, mit denen man jeden Tag arbeitet, nicht verwechselt, komme ich auch mit den Mitarbeitern von Cage/Fish nicht durcheinander.« Kelley hat bislang alle Drehbücher für »Ally McBeal« selbst geschrieben, ein sicheres Zeichen seiner Zuneigung zu der Serie. Allerdings wird es wohl auch niemanden auf der Welt geben, der diesen Job von ihm übernehmen könnte – viel zu eigenwillig sind seine Ideen und Dialoge!

Solange Kelley Lust hat, wird »Ally McBeal« also eine packende, atemberaubende Serie bleiben. Und danach sehen wir – im wahrsten Sinne des Wortes – weiter.

Für die vierte Staffel wurden einige Änderungen angekündigt. »Billy und Georgia verlassen die Serie. Sie werden aber beide in Gastauftritten zu sehen sein«, verrät Kelley. »Außerdem führen wir neue Personen ein, erforschen weiter die Emotionen von Allys Kollegen und vor allem werden wir Allys Persönlichkeit weiterentwickeln.«

Es sieht manchmal so aus, als hätte David E. Kelley zwar durchaus Schwierigkeiten, all seinen Aufgaben – Produzent und Drehbuchautor von »Ally McBeal«, Produzent von »Practice – Die Anwälte«, Berater bei »Chicago Hope – Endstation Hoffnung« sowie Erfinder, Produzent und Drehbuchautor der geplanten Serie »Boston Public« – gerecht zu werden. Vielleicht liegt es daran, dass die dritte Staffel nur 21 statt der üblichen 23 Folgen lang ist. Andererseits ist Kelley so etwas schon öfter passiert, und jedes Mal erhob er sich wie Phönix aus der Asche. Wir warten also gespannt und voller Vorfreude auf Allys neue Abenteuer!

Bei Redaktionsschluss dieses Buches stand die Zukunft von »Ally McBeal« offiziell noch in den Sternen. Fans und Kritiker beschwerten sich über schlechtere Drehbücher, aber trotzdem schalteten allwöchentlich mindestens 13 Millionen Amerikaner ein! Und David E. Kelley zeigte es ihnen: Zum Ende der dritten Staffel hin wurden die Drehbücher wieder deutlich besser. Bis zur letzten Folge blieb die spannende Frage offen, ob (und wie) Nelle der Kanzlei erhalten bleibt. Mittlerweile steht fest: Portia de Rossi wird in der vierten Staffel wieder zur festen Besetzung gehören, und auch Billy-Nachfolger James LeGros bleibt an Bord (Marks Ausbildung als Kriminalrechtler soll es Kelley ermöglichen, der Kanzlei spannendere Fälle aufzubürden). Allys Mitbewohnerin Renée Radick hingegen soll in der kommenden Staffel nicht mehr dabei sein: Die Producer hatten die ewigen Alkohol-Eskapaden von Darstellerin Lisa Nicole Carson satt und feuerten sie. Ihren Part übernimmt Lela Rochon (»Die Kammer«) – ob Renée nur ein neues »Gesicht« bekommt oder durch eine andere WG-Bewohnerin ersetzt wird, stand bei Redaktionsschluss noch nicht fest.

Ob Allys neuer Freund Brian Selig die Sommerpause übersteht, ist ebenfalls noch unklar. Aber wünschen würde man es ihr. Ewig glücklich bleibt Ally bestimmt nicht. Aber vielleicht ein paar Monate?!

Hauptdarstellerin Calista Flockhart deutete in einem Interview mit dem Magazin »W« an, sie könne sich auch ein Leben ohne bzw. nach »Ally McBeal« vorstellen – aber üblicherweise erstreckt sich ein US-Serienvertrag über mindestens fünf Jahre, noch müssen wir uns also keine Sorgen machen.

Mit den letzten Folgen der dritten Staffel wies David E. Kelley auf jeden Fall den richtigen Weg für Ally: neue Personen, faszinierende Fälle, temporeiche Konfrontationen, heißkalte Küsse – und viel Musik! Wie es konkret weitergehen soll, verriet der erfolgreichste TV-Produzent der Welt natürlich nicht, aber anlässlich des großen »Ally«-Finales ließ er dann doch verlauten: »Die Serie wird sich weiterentwickeln, die Personen werden sich weiterentwickeln. Solange wir alle Spaß an ›Ally‹ haben, werden wir weiterdrehen. Und Spaß hat man nur, wenn die Figuren sich neuen Herausforderungen stellen müssen!«

Herausforderungen à la Kelley: das sind wild gewordene Mandanten, durchgedrehte Justizfälle und der aberwitzige Alltag in einer Kanzlei, wie es sie kein zweites Mal gibt. Ach ja, und außerdem ist da noch Ally, die Karriere macht, an die Liebe glaubt und nach dem Mann fürs Leben sucht. Genau diese Herausforderungen sind der Grund, dass Woche für Woche Millionen Fans in aller Welt begeistert auf die neuen Folgen von »Ally McBeal« warten! Und man muss sich offenbar keine großen Sorgen machen, dass Kelley die Ideen ausgehen …

Gott sei Dank!